Walther von Hörmann zu Hörbach

Die Desponsatio Impuberum

Ein Beitrag zur Entwicklungsgeschichte des Canonischen Eheschliessungsrechts

Walther von Hörmann zu Hörbach
Die Desponsatio Impuberum
Ein Beitrag zur Entwicklungsgeschichte des Canonischen Eheschliessungsrechts

ISBN/EAN: 9783743656857

Hergestellt in Europa, USA, Kanada, Australien, Japan

Cover: Foto ©ninafisch / pixelio.de

Weitere Bücher finden Sie auf **www.hansebooks.com**

DIE DESPONSATIO IMPUBERUM.

EIN BEITRAG ZUR ENTWICKLUNGSGESCHICHTE

DES

CANONISCHEN EHESCHLIESSUNGSRECHTES

VON

Dr. WALTHER v. HÖRMANN.

INNSBRUCK
VERLAG DER WAGNER'SCHEN UNIVERSITÄTS-BUCHHANDLUNG.
1891.

HERRN K. K. HOFRATHE

DR. JULIUS R. v. FICKER

IN VEREHRUNG UND DANKBARKEIT
ZUGEEIGNET.

Inhalt.

	Seite
Einleitung § 1—3	1
Voraussetzungen und Beurtheilung der Eheschliessung Unmündiger nach den einzelnen historischen Rechten § 4	6
A. Jüdisches Recht § 5	7
B. Deutsches Recht § 6—8	8
C. Römisches Recht § 9—10	15
D. Späteres römisches Recht § 11	20

Recht der Kirche.

A. Vor Gratians Decret.
1. Allgemeines § 12 . . . 22
2. Auffassung der vorgratianischen Rechtsquellen
   a) Gebiet der römischen bezw. italischen Kirche § 13—15 . 26
   b) Gebiet der Ecclesia Gallicana § 16—21 34

B. Das Decretum Gratiani § 21—27 49

C. Die Literatur über das Decret Gratians bis zur Benützung der Decretalen Alexander III. § 28—29 56
1. Die Summa des Paucapalea § 30—31 60
2. Die Summa des Rolandus Bandinellus, nachherigen Papstes Alexander III. § 32—34 64
3. Incerti auctoris questiones § 35 69
4. Tractatus de matrimonio des Codex Gottwicensis § 36—37 . 71
5. Die Summa des Stefanus Tornacensis § 38—41 74
6. Die Summa des Johannes Faventinus § 42—46 83
7. Die Summa Coloniensis § 47—52 94
8. Die Summa Parisiensis § 53 109

D. Die nachgratianische Decretalengesetzgebung bis Innocenz III.
1. Die Praxis der Kirche zur Zeit Gratians.
2. Das Jus novum der Decretalen bis Innocenz III (1198—1216) § 54—55 111
   a) Vorbemerkungen § 56 117
   b) Die Entscheidungen der Decretalen § 57—73 118

E. *Die weiteren Bearbeitungen des Decrets nach Alexander III.*
  1. Vorbemerkungen § 74 158
  2. Die Summa des Simon de Bisiniano § 75—76 160
  3. Die Summa des Sicardus Cremonensis § 77—79 165
  4. Die Summa Lipsiensis § 80—84 172
  5. Die Summa Bambergensis § 85—86 182
  6. Die Summa des Huguccio § 87—97 187
F. *Das Eherecht des Bernhard von Pavia* § 98—102 214
G. *Die Decretalen Innocenz III. und seiner Nachfolger* § 103—106 . 232
H. *Die eherechtliche Literatur nach Innocenz III.* § 106—110 . . . 242

Ueberblick und Gesammtresultat. § 111—116 253

Vorwort.

Zu dem Versuche, die canonischrechtliche Beurtheilung der *Desponsatio impuberum* in monographischer Darstellung zum Gegenstande quellenmässiger Untersuchung zu machen, erhielt ich die erste Anregung von Seite des Herrn Hofraths Dr. Julius Ritter v. Ficker, der mich auf diese interessante Frage des canonischen Eherechts aufmerksam machte. Behufs eingehender Berücksichtigung der bisher noch ungedruckten Werke der canonistischen Jurisprudenz des zwölften und dreizehnten Jahrhunderts stellte mir Ficker sämmtliche von ihm selbst angefertigten Copien der eherechtlichen Partien aus den Handschriften der Decretistenliteratur in liebenswürdigster Weise zur Verfügung und verwies mich zugleich auf die noch nicht benützten einschlägigen Quellenstellen in den Epistolae Ivonis und den Werken des Hugo de St. Victore, welche für die vorgratianische Periode besonders in Betracht kommen.

Ich erachte es daher an erster Stelle als meine Pflicht, dem genannten Gelehrten für die mir zu Theil gewordene Unterstützung meinen wärmsten und tiefgefühlten Dank auszusprechen.

Die vorliegende Arbeit stellt sich zur Aufgabe, auf Grund des gegebenen canonischrechtlichen Quellenmaterials die Frage zu untersuchen und zu beantworten, welche Beurtheilung die Eheschliessung unmündiger Personen im Laufe der Entwicklungsperiode des canonischen Eherechtes von Seite der Kirche erfahren hat. Ich bin hiebei einerseits insoferne über den engen Rahmen dieses eigentlichen Themas hinausgegangen, als ich es für nothwendig hielt, eine gedrängte Darstellung der verschiedenen Anschauungen und Normen zu geben, welche in jenen einzelnen historischen Rechten, mit denen die Kirche in nähere Berührung trat, bezüglich der allgemeinen Voraussetzungen der Ehefähigkeit, über die Momente der Eheschliessung und die Beurtheilung der Eheschliessungsacte Unmündiger zur Geltung gekommen sind. Denn es schien mir von vorn herein als begreiflich, dass die Kirche im Beginne ihrer normirenden Thätigkeit auf eherechtlichem Gebiete sich den Bestimmungen des jeweiligen weltlichen Rechtes wenn auch nicht direct anschliessen, so doch mit denselben sich zurechtfinden musste. Andererseits glaubte ich es nicht umgehen zu sollen, die vorliegende specielle Frage in engem Zusammenhange mit dem Entwicklungsgange der allgemeinen canonischrechtlichen Eheschliessungslehre, wie er sich für das Gebiet des Rechtes und nach den controversen Theorien der Doctrin ergab, zu behandeln, und hielt mich hiezu um so berechtigter, als einmal selbstredend die Beurtheilung der Fähigkeit des Unmündigen zu eherechtlichen Acten mit der jeweiligen Auffassung eines Rechtes über das Wesen der Eheschliessung, über deren einzelne Phasen, Erfordernisse und Rechtswirkungen in inniger Wechselbeziehung steht.

Insbesondere musste aber gerade die mir zugänglich gewordene eherechtliche Literatur der hier hauptsächlich in Betracht kommenden Entwicklungsperiode auch bezüglich der allgemeinen Eheschliessungslehre aus dem Grunde unumgänglich zur vollsten Berücksichtigung herangezogen werden, weil die spätere Auffassung der Kirche im Allgemeinen wie in der besonders zu behandelnden Rechtsfrage fast durchwegs auf den durch die Doctrin zur Geltung gebrachten neuen Gesichtspunkten beruht und somit zu richtiger Würdigung nur durch die Darstellung des ganzen

Entwicklungsganges gelangen kann, den die Beurtheilung der einschlägigen eherechtlichen Fragen in Folge der weiterbildenden und kritisirenden Thätigkeit der Schule durchgemacht hat, bis sie auch für das Recht der Kirche, und hier in vieler Beziehung fast unvermittelt zu dessen bisherigen Standpunkte zur Geltung kam.

Die vorliegende Rechtsfrage ist noch nirgends besonderer Berücksichtigung gewürdigt worden, obwohl der Umstand jedenfalls Beachtung verdiente, dass das Decretalenrecht seit den Siebziger Jahren des XII. Jahrhunderts in zahlreichen Entscheidungen über die *Desponsatio impuberum* eine bestimmte, in steter Fortentwicklung befindliche Anschauung zur Geltung zu bringen suchte, für welche jeder Zusammenhang mit dem im Decrete Gratians gesammelten älteren Rechtsstoffe fehlt. Die Erklärung für diese geringe Beachtung liegt eben darin, dass wir erst in neuerer Zeit dem Versuche begegnen, das canonische Eheschliessungsrecht lediglich an der Hand des vorhandenen Quellenmaterials in historischer Entwicklung zu behandeln. In den hier in Betracht kommenden Werken von Sohm (S. 140), v. Scheurl (S. 101), Friedberg (S. 50) u a. m. erscheint die eigentliche Rechtsfrage der *Desponsatio impuberum* nur flüchtig berührt, während in dem neuesten umfassenden Quellenwerke von Freisen dieselbe an zerstreuten Orten wie bei der Erörterung des Ehehindernisses der Unmündigkeit, des elterlichen Zustimmungsrechtes und der Wirkung der *Sponsalia de futuro* einige Beachtung gefunden hat. Die auffallende Thatsache, dass eine im Rechte früher nicht berücksichtigte Frage durch die kirchliche Ehegesetzgebung mit einem Male in so detaillirter, klarer und zielbewusster Weise zur Entscheidung gebracht wird, legte mir sofort die Folgerung nahe, dass hier eine bereits vorher von der Theorie ausgebildete Auffassung zur gesetzlichen Geltung gekommen sei, der äussere Anlass hiezu jedoch in dem Bedürfnisse nach klaren kirchlichen Bestimmungen gegeben war, welches sich gegenüber der aus deutschen

Rechtgebieten eingebürgerten Sitte, Kinder in unmündigem Alter förmlich zu vermählen, immer mehr fühlbar machte. Ebenso erscheint die später in ganz anderem Sinne als durch Alexander III. und dessen Nachfolger gegebene und seither massgebend gebliebene Entscheidung Innocenz III. nur als die Sanctionirung der durch die Doctrin ausgebildeten Anschauung, welche infolge der allgemeinen Anerkennung der mit der bisherigen Lehre der Kirche widersprechenden Eheschliessungslehre der Schule auch in dieser besonderen Frage zur Geltung kommen musste. Stellte sich somit der ganze Entwicklungsgang der letzteren als eine Parallele zu jenem der allgemeinen kirchlichen Eheschliessungslehre dar, so lag einerseits die Frage nahe, wie die Kirche jenen Brauch des practischen Lebens mit ihrer strengrechtlichen Auffassung, mit dem immer mehr von ihr betonten Principe der Freiheit der Eheschliessung und dem Dogma der Unlöslichkeit christlicher Ehe zu vereinen suchte, ohne der vom weltlichen, namentlich vom deutschen Rechte unter bestimmten Voraussetzungen gebilligten Sitte schroff mit einem Verbote entgegentreten zu müssen, andererseits erschien es mir gewiss berechtigt, aus den hiebei zu Tage tretenden Resultaten auf den jeweiligen Standpunkt des Rechtes der Kirche, der Doctrin und ihrer Vertreter zur allgemeinen Eheschliessungslehre rückschliessende Folgerungen zu ziehen. Neben dem Mangel einer eingehenden Erörterung der besonderen Frage gab der Zusammenhang derselben mit der Beurtheilung der Eheschliessung im Allgemeinen als inneres Moment mir Berechtigung, nach neuen Resultaten zu forschen, und dies umsomehr, als die einzelnen in der Wissenschaft bisher geltend gemachten Theorien bezüglich dieser vollständig auseinander gehen.

Nach der Art der Behandlung des Quellenstoffes habe ich mich vor Allem darauf beschränkt, sämmtliches einschlägiges Material so gründlich als möglich zu untersuchen, aus den vorfindlichen Belegstellen die hauptsächlichsten und sichersten Folgerungen zu ziehen, hiebei jedoch wesentlich die Quellen selbst sprechen zu lassen, ohne mich viel auf eigene Conjecturen einzulassen. Ausser den vorhin genannten ungedruckten Quellen, hinsichtlich welcher ich die Benützung der mir von Ficker gebotenen Handschriften stets in der Anmerkung ersichtlich machte, habe ich fast sämmtliches gedrucktes Quellenmaterial, soweit es mir zugänglich war, in möglichst eingehender Weise für die Arbeit herangezogen. Für das Decret und die Decretalen benützte ich den Text von Friedberg: Corpus iuris canonici (1879—1881), für die Compilationes antiquae die Ausgabe von Friedberg: Quinque compilationes antiquae (1882), für die Glosse zum Decret und den Decretalen Gregor IX. eine Ausgabe: Lugduni 1671. Soweit von bekannten älteren Quellen solche nicht benützt erscheinen, sind dieselben mir entweder nicht zugänglich gewesen oder boten kein irgendwie bemerkenswerthes Material für die Untersuchung, welche ich so viel als möglich von unnöthigem Ballast frei halten und bei dem grossen Umfange des zu verarbeitenden Stoffes auf die gedrängteste Darstellung beschränken wollte.

Da ich einen stetig fortschreitenden und wechselreichen Entwicklungsgang zur Darstellung zu bringen hatte, entschied ich mich für die vollständig chronologische Anordnung der einzelnen Quellen und hienach der denselben entnehmbaren Resultate, während ich für das Recht der Decretalen, das für die Zeit von Eugen III. bis Innocenz III. zur besonderen Rechtsfrage der *Desponsatio impuberum* denselben Standpunkt beibehält, eine systematische Behandlungsweise der in den Entscheidungen zum Ausdrucke kommenden Anschauung nach den einzelnen Detailfragen für übersichtlicher hielt.

Betreff der Entstehungszeit der einzelnen Werke der canonistischen Jurisprudenz und der sonst hiefür in Betracht kommenden formellen Bemerkungen habe ich mich an die Ergebnisse der eingehenden Forschungen gehalten, welche von Fr. v. Schulte in seiner »Geschichte der Quellen und Literatur des canonischen Rechts» Stuttgart 1875 und in seinen in den einzelnen Bänden der Sitzungsberichte der Wiener Academie (phil. hist. Klasse Bd. 21, 57, 63—66, 68) enthaltenen Abhandlungen, sowie von Maassen in «Paucapalea, Beitrag zur Literaturgeschichte des canonischen Rechtes im Mittelalter 1859» (W. S. B. Bd. 31 S. 449 ff) und «Beiträge zur Geschichte der jur. Literatur des Mittelalters« (W. S. B. Bd. 24, S. 44), sowie in den Ausgaben der einzelnen Quellenwerke von Thaner, Laspeyres, v. Schulte u. a. niedergelegt sind.

Noch einen Punkt glaube ich an dieser Stelle besonders erwähnen zu sollen. Um bezüglich der Bezeichnung der einzelnen eherechtlichen Acte und Stadien der Eheschliessung nach den jeweilig in Recht oder Doctrin herrschenden Auffassungen, welche sich als Consens- und Consummationstheorie hauptsächlich gegenüber stehen, nicht Widersprüche und Missverständnisse hervorzurufen, habe ich constant im Sinne unseres modernen Sprachgebrauchs nur das einfache Eheversprechen bezw. die *Sponsalia de futuro* des späteren canonischen Eherechts mit Verlobung bezeichnet, während ich für die gratianische *Desponsatio* und die daraus hervorgegangenen *Sponsalia de praesenti*, soweit ich nicht den lateinischen Ausdruck gebrauchte, die Bezeichnung Vermählung oder Eheschliessung für entsprechender hielt. Gegenüber dem blossen Eheversprechen und der Eheschliessung ergibt sich durch den im römischen Rechte nicht vorhandenen, sondern der deutschrechtlichen Anschauung entsprechenden Unterschied in bloss contrahirte und consummirte Ehe die Bezeichnung Ehevollziehung als der beste Ausdruck für den nach der Consummationstheorie die Ehe erst endgiltig begründende Akt der Copula. Für die rechtshistorische Forschung über die *Desponsatio impuberum* schien es mir nun im Interesse klarer Darstellung nothwendig, hier schon durch die äussere Bezeichnung den Unterschied ihres Thatbestandes von jenem blosser Verlobung zum Ausdruck zu bringen, und rechtfertigt sich dieses Vorgehen umsomehr, als für diese *Desponsatio*, wie sich ergeben wird, nach der Auffassung des Decretalenrechts vor Innocenz III. die Bezeichnung Vermählung als charakterisirender erachtet werden muss, obschon auch für diese Zeit unter einer bestimmten Voraussetzung der *Desp. impuberum* nur die Wirkungen einer Verlobung zugesprochen erscheinen. Für die Auffassung Innocenz III. und der späteren Doctrin würde allerdings wieder die Bezeichnung Verlobung die treffendere sein. Ich schloss mich in dieser Hinsicht der von Ficker in seinen «Erörterungen zur Reichsgeschichte des dreizehnten Jahrhunderts VI.: Konradins Vermählung» (Separatabdruck aus den »Mittheilungen des Instituts für österreichische Geschichtsforschung« IV. Bd. 1. Heft) vorgeschlagenen genaueren Bezeichnungsweise an. In dieser Abhandlung wird auch die *Desponsatio impuberum* näher berührt und verweise ich daher auch hinsichtlich der Sache auf deren Erörterungen, welche meines Wissens bisher die einzigen sind, die sich mit dieser Frage, soweit dieselbe für die rechtshistorische Forschung Interesse bietet, in der Wissenschaft näher beschäftiget haben.

Zum Schlusse habe ich noch zu erwähnen, dass ich, soweit meine Untersuchungen ein verschiedenes Resultat auch hinsichtlich der Beurtheilung der allgemeinen canonischrechtlichen Eheschliessungslehre ergeben haben, es für unpassend hielt, mich in directe Polemik mit den Vertretern anderer Ansichten einzulassen, da ich einerseits grösstentheils auf Grund bisher unbekannten Quellenmaterials meine Schlüsse zog, daher diese nothwendigerweise manches neuartige Resultat ergeben mussten, andererseits ich hiebei den engen Rahmen dieser Arbeit in unverhältnismässiger Weise hätte überschreiten müssen.

Mit der Hoffnung, zur historischen Darlegung und Klärung einer bisher unberücksichtigten Rechtsfrage des canonischen Eherechts ein Schärflein beigetragen zu haben, übergebe ich meine Arbeit der Oeffentlichkeit und spreche die Bitte aus, dieselbe möge als bescheidene Quellenstudie aus dem noch so vielfach ungeklärten Gebiete des canonischen Eherechts eine wohlwollende Aufnahme finden.

Innsbruck, im Jänner 1891.

Dr. Walther v. Hörmann.

Zu meinen Bedauern ist eine ungewöhnliche Anzahl von Druckfehlern stehen geblieben, was ich mit der durch äussere Verhältnisse veranlassten Beschleunigung des Druckes zu entschuldigen bitte.

DIE
DESPONSATIO IMPUBERUM.

Einleitung.

1. Die Wirkungen der Ehe — der vollsten Lebensgemeinschaft zwischen Mann und Weib — äussern sich sowohl auf dem Gebiete der Ethik wie auf dem des Rechtes. Demnach erscheint die Eheschliessung einerseits als die Begründung eines sittlichen Verhältnisses zwischen den beiden Ehegatten, andererseits als ein Rechtsgeschäft, welches die gegenseitigen Rechte und Pflichten, welche die Ehe geben und schaffen soll, als gegenwärtige sofort entstehen lässt. Ein blosses in Aussicht Stellen dieses Rechtsinhaltes, sei es in Form eines Versprechens oder wie immer, kann vom rechtlichen Standpunkte aus nicht als Eheschliessung erachtet werden. Während aber die Ehe als sittlicher Begriff wesentlich die Herstellung der thatsächlichen, für die Oeffentlichkeit erkennbar gewordenen Lebensgemeinschaft zur Voraussetzung hat, ist für deren rechtlichen Inhalt, für das eheliche Rechtsverhältnis als solches die Wirklichkeit des Zusammenlebens unwesentlich. Die Gründung einer Familie, die Anforderungen, welche Sitte, Herkommen, Stand und Gesellschaft hieran knüpfen, die gegenseitige Liebe und Achtung, kurz alle ethischen Wirkungen der Ehe, welche harmonisch in einander greifen, sind Sache der Ehegatten und an ihnen ist es, dieselben zur vollen Geltung kommen zu lassen. Charakter, Stand, Neigung, Bildung und Moral bestimmen hier, das Recht kann da keinen Zwang eintreten lassen, noch weniger Regeln für die Ausübung dieser sittlichen Rechte und Pflichten aufstellen. Das Recht hat sich wesentlich mit der Ehe als Rechtsverhältnis, mit der Eheschliessung als Rechtsgeschäft zu befassen, die Forderungen der Sitte gehen über seine Sphäre hinaus. Als Rechtsverhältnis nun kann die Ehe als der Inbegriff der Rechte jedes

Ehegatten an der Person des Anderen bezeichnet werden. Mit der Begründung dieser Rechte ist die Ehe als Rechtsverhältnis geschlossen.

Der Zeitpunkt, an welchen Gesetz und Recht die Wirksamkeit dieses rechtlichen Inhaltes knüpfen, fällt nach unserer modernen Auffassung mit dem Eheschliessungsacte zusammen, da es als dessen wesentliches Moment bezeichnet werden muss, das Rechtsverhältnis der Ehe als sofort wirksames, gegenwärtiges zu begründen; die historischen Rechte gehen jedoch in der Auffassung dieses Punktes vielfach auseinander. Nicht alle verbinden mit dem Rechtsacte der Eheschliessung das volle rechtliche Dasein der Ehe. Die Voraussetzungen für dieses letztere, ob es nun in seiner Gänze oder nur nach der vermögensrechtlichen Seite gefasst wird, erscheinen an verschiedene Momente geknüpft, lassen sich jedoch grösstentheils unter dem Gesichtspunkte vereinen, dass das Thatsächlichwerden der Ehe eine besondere Betonung findet. Folgerichtig sollte mit jenem Zeitpunkte nicht die wirkliche Ehe, sondern nur ein derselben ähnliches Verhältnis vorliegen. Diese Consequenz haben die geschichtlichen Rechte in der Mehrzahl nicht gezogen. In ihnen spiegelt sich eben jenes Stadium der Entwicklung wieder, in dem sich das Eheschliessungsrecht des einzelnen Volkes zu jener Zeit befand. Eheschliessungsakt und Wirksamwerden der ehelichen Rechte fallen daher bei denselben nicht zusammen. So fordern die einen Rechte für letzteres einen äusserlich erkennbaren Beginn des *Consortium vitae,* andere die vollzogene Beiwohnung, dritte die Geburt eines Kindes, den Verlauf von «Jahr und Tag». Das **jüdische** Recht z. B. lässt die Rechtsfolgen der Ehe mit dem Beilager eintreten, obwohl die Willenseinigung die Ehe schliesst. Die spätere Anschauung dieses Rechtes knüpft die vermögensrechtlichen Wirkungen an die Geburt des ersten Kindes.[1]) Das **römische** Recht erachtet hiefür den Zeitpunkt massgebend, mit welchem die thatsächliche Lebensgemeinschaft nach aussen erkennbar gemacht wird,

---

[1]) Duschak, mosaisch-talmudisches Eherecht. Wien 1864. S. 71 ff. Vergl. Freisen, Geschichte des canonischen Eherechts. Tübingen 1887. S. 92 ff.

und zwar als Regel die den *Nuptiae* unmittelbar nachfolgende *Traductio sponsae in domum mariti*.[1]) Im deutschen Rechte galt die Ehe als legitime d. h. mit Rechtsfolgen betheilte Verbindung erst nach Uebertragung der Mundialgewalt auf den Mann. Die Unterscheidung von contrahirter und consummirter Ehe ist ein besonderes Moment dieses Rechtes, so dass auch nach dem Verschwinden des *Mundium* und dem Uebergange des alten ehelichen Gewaltverhältnisses in ein Genossenschaftsverhältnis die ehelichen Rechtsfolgen an die Beiwohnung, nach Particularrechten an die Geburt des ersten Kindes oder an die Frist von «Jahr und Tag» geknüpft werden.[2]) Das Gemeinsame dieser Auffassungen ist die Betonung der **Ehevollziehung** für den rechtlichen Bestand der Ehe. In diesen Rechten handelt es sich hauptsächlich nur um die vermögensrechtlichen Folgen.

2. Dem gegenüber lässt das **canonische** Eherecht im Beginne seiner Entwicklung schon mit der ehelichen Willenseinigung, dem rechtlichen Acte der Eheschliessung, die meisten ehelichen Rechtswirkungen ins Leben treten, welche nach dem Character dieses Rechtes vielfach auch die innere Seite des ehelichen Verhältnisses und das Gebiet der Moral berühren. Die besondere Wirkung kirchlicher Eheschliessung — die Begründung eines unlöslichen Bandes — hat jedoch die Herstellung der thatsächlichen Lebensgemeinschaft zur Voraussetzung, welche die Kirche mit der Consummation der ehelichen Verbindung durch die *Copula carnalis* gegeben sein lässt. Die Betonung der Consummation für die **Unlöslichkeit der Ehe** war nun bei dem Grundsatze, jede giltige christliche Ehe für unlöslich zu erklären, gleichbedeutend damit, dass mit dem Ehevertrage *(Desponsatio)* noch keine Ehe im Sinne der Kirche vorlag, da dieselbe sonst hätte löslich sein müssen. Es blieb sich somit gleich, ob man die Frage aufwarf: Ist die bloss contrahirte oder nur die consummirte Verbindung unlöslich oder: Schliesst

---

[1]) Dig. de donationibus inter virum et uxorem L. 66. § 1 (24, 1). D. de condit. et dem. L. 15. (35,1) Dig. de ritu nupt. L. 5. (23,1) ff. l. 6. C. de don. a. n. (5, 3), vgl. auch Glück, Erläuterung der Pandecten, Bd. 22 S. 395 ff. Freisen. a. a. O. S. 102 ff. u. a.

[2]) Vergl. Freisen a. a. O. S. 116 ff. u. a.

die Desponsatio oder die Copula die Ehe? Dies bildete daher auch durch Jahrhunderte die schwebende Streitfrage des älteren kirchlichen Eheschliessungsrechts und kommt in allen Rechtsquellen bis Innocenz III. durchgehends zu wiederholtem Ausdrucke. Diese Entwicklung gelangt allmählig damit zum Abschlusse, dass die Kirche mit dem in bestimmten Formen erfolgten Ehevertrage, in dem die Willenseinigung der Nupturienten die Begründung des ehelichen Rechtsverhältnisses als eines gegenwärtigen, sofort wirksamen im Auge hatte, die Ehe als im Princip unlösbare Verbindung geschlossen erklärte, ohne jedoch in letzter Consequenz dieses Satzes von der Bedeutung der Copula, des Vollzuges des Ehevertrages, als Voraussetzung für die ausnahmlose Unauflöslichkeit der Ehe abzugehen. Diese Consequenz haben nur die gallicanische Kirche mit Ivo v. Chartres, Hugo a St. Victore, Petrus Lombardus und die Vertreter der strengen Consenstheorie gezogen.

3. Die Anschauung, die ein Recht in dieser Hinsicht festhält, ist wesentlich massgebend für alle Normen, welche dasselbe über die Voraussetzungen der Eheschliessung, Art, Umfang und Inhalt der damit verbundenen Rechtsfolgen, über die zu beobachtenden Formen, kurz über die materiellen und formellen Erfordernisse einer giltigen Eheschliessung aufstellt. Die Thätigkeit eines jeden Rechtes wird hiebei hauptsächlich auch darauf besonderes Augenmerk zu richten haben, dass der thatsächlichen Verwirklichung des ehelichen Verhältnisses, die Zweck und Vollzug des Rechtsgeschäfts der Eheschliessung ist, keine im Wesen der Ehe begründeten Hindernisse im Wege stehen, insbesondere, dass jene Personen, die mit einander eine Ehe eingehen wollen, des Beginnes und der Durchführung des ehelichen Lebens physisch und rechtlich fähig sind. Während nun die physische Ehefähigkeit nur hinsichtlich der thatsächlichen Lebensgemeinschaft und der geschlechtlichen Zwecke der Ehe in Betracht kommt, gibt die rechtliche Ehefähigkeit das Vermögen, das eheschliessende Rechtsgeschäft, welches das eheliche Rechtsverhältnis sofort und definitiv entstehen lassen soll, auch gültig und wirksam abzuschliessen. Jene Rechte jedoch, welche noch keinen eigentlichen Eheschliessungsact in diesem Sinne kennen, sondern das Dasein der Ehe erst mit dem Vollzuge des

Rechtsgeschäfts der ehelichen Willenserklärung gegeben sein lassen, werden somit, da Vertrag und Vollzug in der Regel auseinanderfallen, die Fähigkeit zum Abschlusse dieses Rechtsgeschäftes von der Eignung zum Vollzuge desselben insoferne trennen können, als die Voraussetzungen dieser Fähigkeiten sich nicht decken. Es liegt also nichts im Wege, dass ein solches Recht eine Person zum Abschlusse dieses ehelichen Rechtsgeschäfts für fähig erklärt, welche für die eheliche Gemeinschaft noch nicht geeignet ist.

Wenn nun, um das ältere canonische Eherecht speciell ins Auge zu fassen, zum Dasein der Ehe im kirchlichen Sinne noch die thatsächliche Vereinigung der Vermählten erforderlich ist, auf welche allerdings ein wirksamer Anspruch schon gegeben erscheint, welche aber zeitlich getrennt, aufgeschoben oder an eine Bedingung z. B. an die Mündigkeit geknüpft sein kann, so kann es keinem Zweifel unterliegen, dass der zur Copula Unfähige des durch das eheliche Rechtsgeschäft begründeten Verhältnisses, das noch nicht Ehe nach kirchlicher Auffassung ist, und daher auch des genannten Rechtsactes selbst in der Regel — wenn auch nicht unter allen Umständen — mit Recht für fähig erachtet werden darf. Wohl wird aber die Kirche, wenn es sich um die Frage der eigentlichen Ehefähigkeit handelt, die körperliche Eignung zur Ehevollziehung betonen und fordern müssen. Thatsächlich verlangen auch die Quellen für jenes Rechtsgeschäft *(Desponsatio)* nur das Vermögen zur Einwilligung, die Fähigkeit, sich rechtlich wirksam zu verpflichten, welche mit der nöthigen Einsicht und dem für den Rechtsact erforderlichen Verständnisse vorliegt. Für die Ehe *(Matrimonium, copulam inire)*, welche nach kirchlicher Ansicht erst mit der Ehevollziehung definitiv ins Dasein gerufen wird, ist aber stets das Erfordernis der körperlichen Eignung betont. Sobald jedoch die Entwicklung eines Eheschliessungsrechtes dahin gelangt ist, einen Rechtsact festzustellen, mit dem die Ehe sofort ins Leben tritt, gleichviel ob zu dem begründeten rechtlichen Inhalte des ehelichen Verhältnisses auch die thatsächliche Lebensgemeinschaft sich gesellt oder nicht, wird sich von selbst die Nothwendigkeit ergeben, für das eheliche Rechtsgeschäft, welches nun eigentliche Eheschliessung geworden ist, dieselben Voraussetzungen und dieselbe

Fähigkeit zu fordern, welche aus dem Wesen der Ehe selbst entspringen, da nunmehr der rechtliche Act den Beginn der Ehe überhaupt zur unmittelbaren Folge hat, somit eine zeitliche Kluft zwischen beiden nicht mehr besteht. Es wird daher auch die physische Fähigkeit zu den Zwecken der Ehe Voraussetzung des giltigen Zustandekommens des Eheschliessungsactes als Rechtsgeschäftes werden und damit auch der Zeitpunkt, mit dem das Vermögen zu giltiger Eheschliessung eintritt, sich weiter hinausschieben als dies das bisherige Erfordernis blosser geistiger Reife zu diesem Acte verlangte.

Dass wir dieser Entwicklung und diesem Resultate auch im canonischen Eherechte begegnen werden, wird das Ergebnis aus den Quellen desselben bestätigen. Sicher ist es dann gerechtfertigt, aus dieser speciellen Entwicklung einer abgegrenzten Rechtsmaterie auf jene der allgemeinen Eheschliessungslehre der Kirche Schlüsse zu ziehen.

Voraussetzungen und Beurtheilung der Eheschliessung Unmündiger nach den einzelnen historischen Rechten.

4. Nach dem vorhin Gesagten ist vor Allem die allgemeine Anschauung eines Rechtes über das Wesen der Eheschliessung massgebend für die Bestimmung der Ehefähigkeit. Aber auch die der Ehe als solcher zu Theil werdende Beurtheilung, an welcher Lebensgewohnheiten, Sitten und Gebräuche eines Volkes, physische geistige, moralische Entwicklungsstufe desselben, wie seine culturellen und socialen Verhältnisse überhaupt bildend und ändernd im Laufe der Zeit wirken, wird die Voraussetzungen obigen Begriffes beeinflussen und verschieden sich gestalten lassen. In der That sind auch die gegensätzlichsten Gesichtspunkte bei den einzelnen Rechten hiefür massgebend gewesen. Die Einen fordern das Vorhandensein der körperlichen Reife allein, andere lassen eine bestimmte geistige Entwicklung, welche das Verständnis dessen, um was es sich bei der Ehe handelt, voraussetzen lässt, genügen, die meisten verlangen beides: geschlechtliche und sittliche Reife. Diese Vorbedingungen sollten nun in jedem einzelnen Falle constatirt

werden. Die meisten Rechte setzen jedoch, um die einer jedesmaligen Fesstellung entgegenstehenden Schwierigkeiten zu vermeiden, eine bestimmte Altersgrenze fest, mit deren Erreichung das Vorhandensein der Ehefähigkeit rechtlich vermuthet wird. Die Wirkung einer solchen Präsumption gegenüber einem erbrachten Gegenbeweise hat wiederum verschiedene Beurtheilung erfahren.

An dieser Stelle sind nur jene Rechte in Betracht zu ziehen, welche zu dem Rechte der Kirche in näherer oder entfernterer Beziehung stehen. Zugleich wird es nunmehr nöthig erscheinen, auch auf die Bestimmungen besondere Rücksicht zu nehmen, welche sich in diesen Rechten hinsichtlich der Behandlung jener ehelichen Verbindungen finden, die von gesetzlich oder physisch Heirathsunfähigen eingegangen wurden. Denn hierin liegt die practische Bedeutung dieser Fragen und nach ihr ist auch die Wirkung zu beurtheilen, welche mit der bezeichneten gesetzlichen Vermuthung verbunden wurde.

A. Jüdisches Recht.

5. An erster Stelle erwähne ich hier das jüdische Recht, da es mir aus äusseren und inneren Gründen gerechtfertigt erscheint, eine nahe Verwandtschaft zwischen jüdischem und canonischem Eherechte anzunehmen.[1]) In diesem Rechte hat die Ehefähigkeit körperliche und geistige Reife zur Voraussetzung. Es hängt dies zusammen mit der Auffassung der Ehe als eines Vertrages, der durch die gegenseitige Willenserklärung sich zu ehelichen geschlossen wird. Daher verlangt das jüdische Recht vor Allem **sittliche Reife** und das erforderliche Verständnis der Nupturienten für den eheschliessenden Act, also das Vermögen zur Einwilligung und nimmt dieses mit der Erreichung eines bestimmten Alters (bei Knaben von 13 Jahren und 1 Tag, bei Mädchen von 12 Jahren und 6 Monaten) als vorhanden an. Da dieses Recht jedoch den Hauptzweck der Ehe in die Kindererzeugung legt und daher auch die geschlechtliche Seite des ehelichen Verhältnisses besonders be-

---

[1]) Duschak a. a. O. S. 10. Vgl. Freisen a. a. O. S. 323 u. Vorrede S. XI.

tont, so zwar, dass nicht nur alle Rechtsfolgen der Ehe an den Vollzug der Beiwohnung geknüpft sind, sondern dieser auch allein die Ehe zu begründen vermag, erscheint ebenso die **körperliche Reife** als weitere Voraussetzung der Ehefähigkeit besonders hervorgehoben. Diese muss von Fall zu Fall durch körperliche Untersuchung constatirt werden. Sind die Zeichen der Mannbarkeit in jenem Alter noch nicht vorhanden, so bleiben Knabe wie Mädchen unmündig bis zum 35. Jahre bezw. bis zur Constatirung dauernder Geschlechtsunreife. Ebenso bleibt bis zum gesetzlichen Alter der früher Geschlechtsreife unmündig. Die Ehe kann also nur nach dem benannten Alter und unter mannbaren Personen erfolgen. Eine von Unmündigen geschlossene Ehe ist, selbst wenn sie mit Genehmigung des Vormundes eingegangen wäre, nichtig, doch braucht sie nicht getrennt zu werden. Ist der männliche Theil hiebei unmündig, so muss derselbe im gesetzlichen Alter den Consens erneuern. Das Mädchen kann jedoch vom Vater (Bruder, Mutter) auch in unmündigem Alter verlobt werden. Kehrt das Mädchen vor der Consummirung der Ehe wegen Todes des Verlobten wieder in die väterliche Gewalt zurück, so kann ein neuer Ehevertrag für dasselbe abgeschlossen werden, nach der Consummirung nicht mehr. Die Möglichkeit oder der Vollzug der Beiwohnung macht die Ehe mit einem Unmündigen nicht gültig, sondern erst die im gesetzlichen Alter erfolgte freie Willenserklärung. Für die Fähigkeit zu dieser gilt die mit der Fixirung obiger Altersgrenze verbundene gesetzliche Vermutung. Das **Ehehindernis der Unmündigkeit** entsteht daher nach diesem Rechte ebenso aus dem alleinigen Mangel des Vermögens zur Einwilligung wie aus der Unfähigkeit zur geschlechtlichen Vereinigung.

B. Deutsches Recht.

6. Ich behandle dieses Recht vor dem römischen, um die Anschauung des letzteren in dieser Frage als Einleitung zur Darstellung und Beurtheilung der canonischrechtlichen Bestimmungen zu geben, da besonders das ältere kirchliche Recht in vielen Beziehungen, wenn auch nicht in allen, an dieses sich anlehnt.

Das deutsche Recht bietet in unserer Frage wenig positive Anhaltspunkte. In den älteren Quellen finden sich wol einige Bestimmungen zerstreut, welche die Ehe im jugendlichen Alter verbieten, doch wird oft nur die *Aequalitas* der beiden Contrahenten betont. So heisst es unter Anderem bei Hinkmar v. Rheims über Stefans Ehe a. 860: *Tantum dicere necessarium duximus, quia inter ingenuos et aequales legitima fiunt coniugia,* [1]) im Anschlusse an die in c. 12 C. 32 qu. 2. enthaltene Stelle aus Papst Leos Decreten an Bischof Rusticus v. Narbo c. 18 ep. 95. Ein Capitulare Karl d. Gr. fordert Mündigkeit und gleiches Alter: ... *Decrevimus ut nullus praesumat ante annos pubertatis puerum vel puellam in matrimonio sociare nec in dissimili aetate sed coaetaneos sibique consentientes.* (M. G. L. T. IV. S. 512.)

Aus den meisten Quellen scheint jedoch hervorzugehen, dass kein bestimmter Zeitpunkt festgesetzt gewesen sei, da einzelne Rechte allgemein nur die Fähigkeit, einem Hauswesen vorzustehen, fordern, in anderen vielfach eine Verbindung *in quali aetate* gestattet wird, während wiederum auch von einem gesetzlichen Alter als Zeitpunkt der Ehefähigkeit die Rede ist. So finden wir, um eine Quelle herauszugreifen, in den Leges Luitprandi c. 12. 112. 117. 129 u. a.[2]) die Ehe eines Mädchens vor vollendetem dreizehnten Lebensjahre und die des Knaben vor vollendetem vierzehnten Lebensjahre als verboten erklärt und mit Strafe bedroht. Dieses Alter wird als *Legitima aetas ad maritandum* darum bezeichnet: *Quod immatura causa sit ante expletos duodecim annos,* während die sonstige rechtliche Handlungsfähigkeit erst mit dem achtzehnten Jahre eintritt (c. 117). Das unmündige Mädchen hat nach erlangter Mündigkeit freie Wahl, ohne dass es bis dahin gebunden oder der mündige Knabe verpflichtet wäre, das gesetzliche Alter desselben abzuwarten. So bestimmt cap. 12 ebdt: *De puella quae intra aetatem est. Si quis puellam ante duodecim annos spunsaverit aut tolerit, tunc ille qui eam tolit aut spunsavit, conponat sicut edictum de raptu contenit, hoc est solidi nongenti ... et ipsa*

---

[1]) Syrmond, Op. II. p. 562, Migne Bd. 124, S. 650, 734.
[2]) M. G. L. T. IV S. 111, 152, 153, 161 u. 282 ff.

revertatur in casam et in pecuniam suam et sit quieta usque ad supradictum tempus. Postea autem elegat ipsa sibi et nubat, cui voluerit. Si autem mundoald eius consentiens fuerit aut tradederit eam ante supradictos duodecim annos componat in sagro palatio solidos trecentos et mundium eius amittat et sit ipsa cum rebus suis in mundio palatii. Dagegen heisst es weiter im selben Capitel: *Pater autem aut frater potestatem habeant cui aut in quali aetate voluerint ad dandum aut spunsandum filiam aut sororem suam.* Hiezu wird die Begründung beigefügt, dass diese Verwandten doch nicht *doloso animo aut contra rationem* handeln würden. In Uebereinstimmung hiemit sagt cap. 129 betreffend der Verbindung zwischen einem mündigen Mädchen und einem noch nicht im gesetzlichen Alter stehenden Knaben: .. *Quoniam adultae et iam maturae feminae copulabant sibi puerulos parvulos et intra aetatem legitimam et dicebant quod vir eius legitimus esse deberet, cum adhuc se cum ipsa miscere minime valeret. Nunc itaque statuimus ut nulla amodo femina hoc facere praesumat nisi pater aut avus pueri legitimis parentibus puellae hoc facere praeviderit. Nam si puer cum post mortem patris aut avi intra aetatem remanserit et ei se qualiscunque femina antequam ipse puer tertiodecimo anno compleat, copulare praesumpserit dicendo quod legitimus maritus eius esse debeat, irrita sit ipsa conjunctio et separentur ab invicem. Femina vero ipsa revertatur . . . . . et non habeat potestatem alio viro se copulare dum ipse puerolus ad aetatem supra scriptam pervenerit. Siquidem ipsa impleta aetate puer ipse sibi eam uxorem habere voluerit, habeat licentiam et si eam noluerit, tollat sibi uxorem aliam qualem voluerit aut potuerit.* Aus dieser Stelle lässt sich entnehmen, dass ein mündiges Mädchen einen unmündigen Knaben nur giltig heirathen kann, wenn zwischen Vater oder Grossvater des Knaben und den *Legitimi parentes* des Mädchens eine diesbezügliche Vereinbarung getroffen wurde. War der Knabe nach dem Tode seiner geborenen Vormünder noch unmündig, so ist die Verbindung ungiltig und zu lösen. Doch bleibt das Mädchen bis zur Mündigkeit desselben gebunden und kann keinen anderen Mann nehmen. Der Knabe jedoch hat nach Erreichung des gesetzlichen Alters freie Wahl, sie zu begehren oder eine andere zu heirathen.

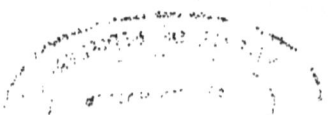

Erfolgt also kein Einschreiten der Eltern, so erscheint die gesetzliche Altersgrenze als massgebend. Hinsichtlich dieser muss die *Legitima aetas ad maritandum* von der *Legitima aetas* überhaupt getrennt werden. Von ersterer sagt cap. 112 ebdt: *De puella unde iam antea diximus, ut in duodecimo anno legitima sit ad maritandum, sic modo statuimus ut non intrante ipso duodecimo anno sed expleto sic sit legitima ad maritandum. Ideo nunc hoc dicimus quia multas intentiones de causa ista cognovimus et apparet nobis quod immatura causa sit ante expletos duodecim annos.* Die in cap. 12 aufgestellte Norm erscheint hiemit neuerdings eingeschärft. Dagegen heisst es cap. 117 unter Bezugnahme auf c. 18: *Si infans ante decem et octo annos, quod nos instituimus, ut sit legitima aetas, sponsalia facere voluerit aut sibi mulierem copulaverit, habeat potestatem et metam facere.... Quia nos ideo usque ad illam aetatem perduximus causam de infantibus ut ipsi res suas non debeant naufragare aut disperdere. Nam pro ista conjunctione, quam Deus praecepit, absolvimus ut fiat.* Rechtsfähigkeit und Ehefähigkeit werden hier ausdrücklich unterschieden. Eine frühzeitige Verehelichung scheint nach obiger Stelle in jener Zeit öfters vorgekommen zu sein.

7. Die Erklärung dieser Quellenstellen, deren Bestimmungen in den übrigen Volksrechten sich mehr oder weniger ähnlich wiederfinden, gibt uns das ältere deutsche Eheschliessungsrecht. Dieses kannte eine doppelte Art von Verlobung und Trauung.[1]) Der eine Verlobungsvertrag war rein rechtlicher Natur und wurde zwischen dem Manne oder dessen Vormündern und den Gewalthabern der Frau geschlossen. Gegenstand derselben war das *Mundium* über die Frau und Kauf derselben durch den Werber, so dass hiedurch ein Gewaltverhältnis des Mannes über die Frau (ähnlich der *Manus* des alten römischen Rechtes) begründet wurde. Die Mitwirkung bei diesem Vertrage bildete eines der wesentlichsten Rechte des Vormunds. Hiemit war aber noch keine Ehe geschlossen. Diese ist Gegenstand und Folge der Willenseinigung zwischen Mann und Weib.

---

[1]) Ich schliesse mich hier den Ausführungen von Freisen an, a. a. O. S. 103 ff. 310 ff. 324.

Diese Selbstverlobung und Selbsttrauung fällt zeitlich, gewöhnlich aber nicht nothwendig mit der Mundialverlobung zusammen. Durch Erwerb des Mundium durch den Mann erhält die Ehe die gegesetzlichen Rechtswirkungen, doch kann sie auch ohne diese als natürliches Verhältnis und als giltige Verbindung ohne Mundium des Ehemannes, aber dann nicht als *Matr. legitimum* fortbestehen. Ebenso kann das Mundium übertragen werden, ohne dass Eheschliessung damit verbunden wird. Das natürliche, innere Verhältnis zwischen den Ehegatten, das die Eheschliessung begründet, regeln die Quellen überhaupt nicht, sondern erachten dies als Sache der Eheleute. Die Bestimmungen des alten deutschen Rechtes beschränken sich auf die Ehe als Gewaltverhältnis und auf dessen Begründung durch Mundialerwerb.

Dies gibt auch die Erklärung der oben citirten, scheinbar sich widersprechenden Quellenstellen. Wo ein *Sponsare, dare, tradere* vor dem gesetzlichen Alter gestattet erscheint, handelt es sich um **Mundialverlobung**, für welche die genannten Ausdrücke fast durchwegs gebraucht werden. In c. 12 cit. ist somit die **frühzeitige und eigenmächtige Eheschliessung** *(ferre aut sponsare)* einer Unmündigen verboten, daher den Mann auch die Strafe für Raub *Sicut edictum de raptu* trifft, da der zur Eheschliessung nöthige und bei gehöriger Reife des Alters abzugebende Consens auf Seite des Mädchens fehlt. Darauf verweist auch c. 112. Wenn aber der Mundoaldus zustimmt oder das Mundium überträgt *(aut eam tradiderit)*, also auch eine Mundialverlobung vor mündigem Alter stattfand, so verliert der Vormund das Mundium. Nur die »geborenen« Vormünder: Vater und Bruder sind berechtigt die Unmündige *Cuidam homini* und *Cui voluerint,* also auch ohne Einwilligung der Puella zu verloben, was eben nur bei Mundialverlobung möglich war.[1]

Mit dieser Auslegung erklärt sich auch die Gegenüberstellung von **eigenmächtiger muntloser** Eheschliessung und der mit

---

[1] Betreff des Unterschiedes von Sponsare und In conjugium accipere vgl. Glosse zu c. 12 M. G. L. T. IV. S. 409 und zu den anderen cit. Capiteln.

Zustimmung des Vormunds oder mit Erwerb des Mundium erfolgten Verlobung, sowie der hiebei betonte Gegensatz von Mundoaldus und den »geborenen« Vormündern. Aber auch in c. 129 handelt es sich um Mundialverlobung. Es frägt sich um den offenbar nicht ungewöhnlichen Fall, dass für eine schon erfolgte eigenmächtige Verbindung *(Copulare)* mit einem Unmündigen trotz Unmöglichkeit der Copula die Legitimität verlangt wurde, welche eben mit dem Erwerb des Mundium verbunden ist. Dieser konnte natürlich nicht erfolgen, wenn der Knabe noch unmündig bei Tod seiner Eltern war, und diese für ihn das Mundium nicht erworben hatten. Das Gesetz bestimmt daher übereinstimmend mit cap. 12 cit., dass die geschlossene Verbindung nur bei vorausgehender Mundialverlobung durch die geborenen Vormünder gelten könne, da der Knabe noch unmündig sei. Es handelt sich also nicht um das elterliche Mitwirkungsrecht zur Eheschliessung, sondern um Uebertragung des Mundium zur Legitimirung der geschlossenen Ehe, und ist diese als ein von der *Conjunctio (Copulatio)* verschiedener, hier vorhergehender Rechtsact zwischen den beiderseitigen Vormündern gedacht *(hoc facere previderit).* Dieser erfolgt zwischen Avus und pater des Knaben und den *Legitimi parentes* des Mädchens, welch letzterer Ausdruck nach Ed. Roth. 182[1]) Eltern, welche das Mundium über ihre Töchter besitzen, bedeutet. Ohne eine solche Vereinbarung solle die Ehe nicht eingegangen werden. Sind die Vormünder des Knaben jedoch vor dessen Mündigkeit gestorben, so kann bis zu dieser kein Mundialerwerb mehr erfolgen. Die Verbindung wird daher getrennt, doch bleibt die Mündige durch ihre Willenserklärung bis zur Wahl des Knaben gebunden. Hiebei kommt also wie in den ersten 2 Sätzen des c. 12 cit. die gesetzliche Altersgrenze für die Mündigkeit zur Geltung, welche sowohl für die muntlose, als auch für die Eheschliessung mit Zustimmung oder Mundialübertragung von Seite des Vormunds, nicht aber dann beachtet werden muss, wenn die geborenen Vormünder das Mädchen verloben. Hier handelt es sich aber hauptsächlich um die Mitwirkung bei Uebertragung des Mundium, welche meist bei

---

[1]) Freisen a. a. O. S. 108 Anm. 16. M. G. L. IV. S. 332 al. 50.

der Ehe stattfand, nicht aber um das elterliche Zustimmungsrecht zum Eheschluss.

8. Diese Bestimmungen schienen mir deshalb einer besonderen Berücksichtigung werth zu sein, weil selbst in der Folgezeit, als das alte Mundialverhältnis sich mehr und mehr in ein Genossenschaftsverhältnis des Mannes zur Frau abschwächte, die feierliche Begründung desselben mit allen ihren Rechtswirkungen gegenüber der eigentlichen eheschliessenden Selbstverlobung allmählig in den Hintergrund trat und die Einwilligung der Puella daher mehr und mehr betont wurde, noch als Rest der alten Mundialverlobung, an welchelange und unverkennbar sich Anklänge in Sitten und Gebräuchen des deutschen Volkes erhalten haben, jenes willkürliche, elterliche Verlobungsrecht aufrecht blieb.

Auf eine Fortdauer dieser starken Betonung des elterlichen Verlobungsrechtes lässt sich meines Erachtens zurückführen, dass noch im elften und zwölften Jahrhundert die allgemeine Sitte bestand, die Kinder oft im zartesten Alter förmlich zu verloben.[1]) Da die alten Formen des Mundialerwerbs verloren gegangen waren, erfolgte diese Verlobung unter denselben Formen, die bei der muntlosen Eheschliessung (Selbstverlobung) Sitte geworden waren und jetzt in den Vordergrund traten. Wir haben daher hiebei nicht an ein formloses oder beschworenes Eheversprechen zu denken, sondern an einen formell vollständigen Eheschliessungsact, der als solcher beabsichtigt war und dieselbe bindende Kraft haben sollte, als wenn er unter Heirathsfähigen erfolgt wäre. Dies geschah hauptsächlich aus wichtigen Gründen z. B. Beilegung von Streitigkeiten (*Pro bono pacis*, wie die Quellen sich ausdrücken.) Besonders in fürstlichen Häusern fanden solche Vermählungen häufig statt. Ich verweise hier auf die eingehenden Ausführungen in Jul. Ficker, Erörterungen zur Reichsgeschichte des 13. Jahrhunderts (VI. Konradins Vermählung)[2]), wo neben

---

[1]) Siehe hierüber die Summa Coloniensis, wohl auch Hinkmar, Patr. Migne, Bd. 125 S. 1020.

[2]) Mittheilungen des Instituts für österreichische Geschichtsforschung IV. Bd. 1. H.

zahlreichen, den Reichsregesten entnommenen Beispielen solcher Verbindungen auch die correcte Bezeichnung solcher Formalacte für den Zweck geschichtlicher Darstellung zum Gegenstande ausführlicher Erörterung gemacht ist.

Zur Zeit als das Recht der Kirche mit dem deutschen in nähere Berührung trat, war diese Sitte sehr verbreitet. Die zahlreichen Decretalen, welche die *Desponsatio impuberum* zum Gegenstande haben und besonders an Bischöfe im germanischen Rechtsgebiete gerichtet sind, bestätigen diese Thatsache zur Genüge. Welche Stellung nun die Kirche zu dieser Sitte einnahm und welche Beurtheilung sie mit Rücksicht auf ihre abweichenden Bestimmungen der *Desponsatio impuberum* zu Theil werden liess, soll hier zum Gegenstande näherer Untersuchung gemacht werden. Namentlich wird es sich hiebei um die besondere Frage handeln, ob und inwieweit die Kirche eine solche Verbindung zweier Heirathsunfähiger oder eines Mündigen mit einer Unmündigen als gültige Eheschliessung aufgefasst und behandelt hat. Diese Frage gewinnt dadurch auch an Interesse, dass ihre Entscheidung in der Periode lebhaftester Entwicklung des kirchlichen Eheschliessungsrechtes, wie der ganzen canonischen Jurisprudenz überhaupt lebhaft discutirt wurde und daher mit dieser in innigem Zusammenhange steht.

An dieser Stelle erübrigt es noch die Bestimmungen des **römischen** Rechts über die Frage der Ehefähigkeit und der Vermählung Unmündiger kennen zu lernen, da das Recht der Kirche mit diesem hauptsächlich in Berührung gekommen ist und unsere Frage gerade in jener Zeit Gegenstand besonderer Berücksichtigung und mannigfacher Controversen wurde, in der das römische Recht durch seine Bearbeitung an den Lehrkanzeln der oberitalischen Rechtsschulen einer Periode neuer Blüthe und Bedeutung entgegengieng.

C. Römisches Recht.

9. Nach römischem Rechte wird die Ehe geschlossen durch den beiderseitigen freien, auf Eingehung der Ehe gerichteten und durch erkennbare Herstellung thatsächlicher Lebensgemeinschaft zur Ausführung gebrachten Consens. Die Abgabe dieser Willenserklärung geschieht in der Regel, aber nicht wesentlich durch sponsalia, d. h. durch ein in der Form eines verpflichtenden, materiell aber nicht zur Eheschliessung obligirenden Vertrages abgegebenes Eheversprechen. Diese auf Ehe gerichtete Willenseinigung schloss die Ehe, wenn sie in irgend einer feierlichen Form, welche rechtlich zwar nicht wesentlich, jedoch als Beweis der *Affectio maritalis* wichtig war, thatsächlich zum Ausdrucke und zur Ausführung gebracht wurde. In der Regel geschah dies durch die den *Nuptiae* nachfolgende *Traductio sponsae in domum mariti*, wodurch eben die thatsächliche Lebensgemeinschaft der Nupturienten hergestellt, der Zweck der Ehe ermöglicht war und so der beim Verlöbnis auf künftige Ehe gerichtete Consens stillschweigend seinen Inhalt insoferne veränderte, als er in den auf gegenwärtige Lebensgemeinschaft zielenden Eheschliessungswillen übergieng. Mit der *Traductio* wird das Verlöbnis zur Ehe, die *Sponsa* zur *Uxor*, auch vor Vollzug der *Copula carnalis*. Weder diese noch die *Nuptiae* allein ohne die *Affectio maritalis* genügen zur Eheschliessung.[1] Erst der vollzogene Eheschliessungswille schliesst die Ehe. Doch wird bei öffentlichem Concubinat mit einer *Persona ingenua* für Ehe präsumirt, wenn keine *Contestatio* dagegen erfolgt und der Beweis der *Affectio maritalis* nicht anderwärts erbracht werden kann.[2]

Da somit das Verlöbnis nur ein der Ehe ähnliches, rein persönliches Verhältnis begründete, das über einseitige Kündung löslich und ohne rechtliche Verbindlichkeit war, solche nicht einmal mittelbar durch Conventionalstrafe erhalten konnte,[3] so durfte es auch von Impuberes geschlossen werden, da diese eines solchen Verhältnisses fähig waren, sofern sie nur nöthige Einsicht und ge-

---

[1] Quinctilian, Declamat. 247. Institut. Orator. Lib. V. cap. 11. l. 24. C. de nupt. (5. 4.), l. 15 D. de cond. et dem. (35,4) l. 66 D. de don. (34,1) l. 6. C. de don. a. n. (5,3), siehe auch Scheurl, Eheschliessungsrecht S. 9 ff. Freisen, a. a. O. S. 101, Puchta, Institutionen 3. Bd. §. 287. Arnds, Pand. S. 393. Vering, Pandecten S. 553, 566. Scheurl, Inst. S. 320. Vgl. Glück, Erläuterung der Pandecten. Bd. 22. S. 400.

[2] l. 24. D. de rit. nupt. (23,2), vgl. c. 6. C. 32 qu. 2 des Decrets, l. 3. Dig. princ. de concub. (25.7.)

[3] l. 10. 135 pr. de verb. o. (45. 1). l. 2. C. de inut. stip. (8, 39).

nügendes Verständnis hiefür besassen. Das Vorhandensein dieser Voraussetzungen pflegte man für das siebte Jahr (Ende der *Infantia*) zu präsumiren. Ein Gegenbeweis war nach keinerlei Richtung ausgeschlossen.[1]) Zur Ehe jedoch war ausser dem Vermögen zur verbindlichen Einwilligung noch das mündige Alter gefordert. Bezüglich der Frage, wann diese beiden Erfordernisse vorliegen, gieng das römische Recht von dem Gedanken aus, dass körperliche und geistige Entwicklung sich im allgemeinen gleichen Schritt halten und nahm daher den Zeitpunkt physischer Reife als Beginn der Ehefähigkeit an, da richtigerweise das Unvermögen, in einer Ehe zu leben, naturgemäss die Unfähigkeit in sich schliesst, seinen Willen auf sofortige, gegenwärtige eheliche Lebensgemeinschaft, wobei in erster Linie die *Copula carnalis* in Betracht kommt, mit verpflichtender Kraft zu erklären. Hiebei muss aber berücksichtigt werden, dass nach römischem Rechte mit den *Nuptiae* und der damit verbundenen *Traductio* das ganze eheliche Verhältnis d. h. sein rechtlicher wie thatsächlicher Inhalt zugleich begründet wurde, Eheschliessung und Ehevollziehung daher nicht getrennt erscheinen.

Ueber die Feststellung des Zeitpunktes aber, mit welchem die Ehefähigkeit als vorhanden bezeichnet werden sollte, entspann sich eine lebhafte Controverse unter den römischen Juristen, da man aus moralischen Gründen eine jedesmalige Constatirung der Mannbarkeit nicht vorschreiben wollte, im Falle eines Streites über dieselbe das Gericht doch schliesslich zu diesem Mittel hätte greifen müssen. Hingegen konnte die geistige Reife sehr leicht schon vor der körperlichen eintreten. Während nun die ältere Zeit den *Habitus corporis* für entscheidend erachtete und den Beginn der Ehefähigkeit wie überhaupt der Mündigkeit an äusserliche Zeichen z. B. Ablegen der *Praetexta* zu knüpfen suchte, später die Cassianer[2]) die gerichtliche Untersuchung der Zeugungs-

---

[1]) l. 14. D. de sp. (23,1), vgl. Leo Const. Nov. 109. l. 24. C. de nupt. (5,4); über die infantia maiores cf l. 18. pr. § 4 C. de iure delib. (6, 30) l. 1. § 2 D. de adm. (26, 7). Theodor. C. de mat. bon. (8, 18). l. 6. D. rem pup. (46, 6).

[2]) Vergl. Ulp. Fragm. tit XI. § 28: *Puberem autem Cassiani quidem eum esse dicunt, qui habitu corporis pubes apparet id est qui generare*

fähigkeit, andere wie die Sabinianer hiezu noch die Erreichung eines bestimmten Alters forderten, gelangte endlich die Ansicht der Proculeianer, dass durch Fixirung einer bestimmten gesetzlichen Altersgrenze der Eintritt der Ehefähigkeit für alle Fälle zu präsumiren sei, zur allgemeinen Geltung, indem Justinian im Anschlusse an dieselbe das zwölfte bezw. vierzehnte Lebensjahr als Beginn der Ehemündigkeit festsetzte. [1])

10. Vor dieser *Aetas legitima* war die Ehe kein *Matr. legitimum*. Doch war hiemit noch nicht die Frage entschieden, wie eine vor diesem Zeitpunkte geschlossene Ehe zu beurtheilen sei. Es war hier eine Entscheidung um so nöthiger, als dieser Fall häufig vorgekommen zu sein scheint, wie es überhaupt öfters als alte Sitte erwähnt wird, dass die unmündige Verlobte bereits in das Haus des *Sponsus* geführt wurde. [2]) Die Digesten berühren daher diese Frage an mehreren Stellen. So wird die unmündige *Nupta* erst *Uxor legitima*, wenn sie das gesetzliche Alter im Hause ihres Mannes erreicht hat. [3]) Es sind also trotz erfolgtem thatsächlichen *Consortium vitae* durch *Nuptiae, traductio*, vielleicht auch *Copula carnalis* die Rechtsfolgen der Ehe an den Eintritt des gesetzlichen Alters geknüpft. Während nun die einen Juristen (wie Julian) die Ansicht vertreten, dass eine solche Verbindung Unmündiger als *Sponsalia* aufrecht erhalten werden solle, erklärt Ulpian sich der Ansicht des Labeo und Papinianus anzuschliessen: dass dies doch nur möglich sei, wenn vorher wirklich auch *Sponsalia* geschlossen wurden, anderenfalls die *Immatura tra-*

---

possit; *Proculeiani autem* eum qui quatuordecim annos explevit, verum *Prisco visum* eum puberem esse, in quem utrumque concurrit, et habitus corporis et numerus annorum.

[1]) Siehe Puchta. Inst. II. 345 ff. Ulpian XI. 28. Gai I. 196 pr. I. quibus mod. tut. fin. (1, 22). L. 24. C. de nupt. (5, 4) l. 3. C. quando tutela esse des. 5. 60.

[2]) Vergl. c. 42. C. 27 qu. 2. aus Chrysostomus Homilia IV in cap. 1. Matthaei: Huncquippe morem servabat antiquitas. ut sponsae in sponsorum domibus haberentur. vgl. c. 11. X. 4. 2: ad domum patris pueri adducta. u. c. 6. C. 2. 4. 1.

[3]) l. 4. D. de rit. nupt. (23.2).

ductio in domum quasi mariti nicht als Sponsalienschluss angesehen werden könne.¹) Die Unmündige wird als *Quasi uxor — loco nuptae* bezeichnet.

Die **vorzeitig geschlossene** Ehe brauchte nicht getrennt zu werden. Die Rechtsfolgen und damit die Legitimität der Verbindung treten ein, wenn die thatsächliche Lebensgemeinschaft nach erreichter *Aetas legitima* fortgesetzt wird. Hierin wird somit eine nachträgliche Bestätigung der *Nuptiae* und stillschweigende Aeusserung des Eheschliessungswillens gesehen. Die citirten Stellen lassen zugleich entnehmen, dass der vorausgehende Abschluss von *Sponsalia* nicht nöthig ist. Weiters ergibt sich aus denselben, dass eine Ehe auch nicht bei früher eingetretener Geschlechtsreife geschlossen werden könne noch eine solche frühzeitige Verbindung durch Hinzutritt der *Copula carnalis,* wodurch somit die thatsächliche Ehefähigkeit vor dem Zeitpunkte des Gesetzes constatirt würde, als giltig geschlossen erachtet werde. Nach römischem Recht wurde nur das Rechtsverhältnis der Ehe betont. Die gesetzliche Anerkennung desselben war an diesen Zeitpunkt geknüpft. Mit dieser für den Eintritt der Ehefähigkeit nach dem Gesetze allein massgebenden Altersgrenze war eine rechtliche Präsumption aufgestellt, welche durch keinen Gegenbeweis einer früher oder später eingetretenen körperlichen oder geistigen Reife ausgeschlossen und zerstört werden konnte. Das Alter allein war ausschlaggebend.

Wie die folgenden Erörterungen ergeben werden, hat das **canonische Recht** diesen Standpunkt nicht acceptirt, sondern liess vielmehr den Mangel des normirten Alters, dessen Zeitpunkt es im Anschlusse an das römische Recht fixirte, durch jeden Gegenbeweis einer *Malitia, prudentia, doli capacitas,* wie die Quellen eine die *Copula* wahrscheinlich oder möglich machende frühreife Entwicklung der Nupturienten bezeichnen, ja sogar durch die blosse Nähe des bestimmten Alters gehoben werden. Mit der *Legitima aetas* hat somit das canonische Eherecht nicht mehr die Bedeutung einer unwiderlegbaren *Praesumptio iuris et de iure* für das Vorhandensein der Ehefähigkeit verbunden.

---

¹) l. 32. § 27 D. de don. int. vir. et ux. (24, 1) (Ulpian l. XXIII ad Sabinum), vgl. l. 9. D. de spons. (Ulpian l. XXXV ad Edictum) (23. 1).

D. Späteres römisches Recht.

11. Eine Darstellung justinianischen Eherechts mit Berücksichtigung der durch kirchlichen Einfluss entstandenen Modificationen enthalten die *Exceptiones legum Romanorum* des Petrus, welche nach J. Ficker's Forschungen um die Mitte des elften Jahrhunderts in der Romagna unter dem Einflusse der Schule von Ravenna entstanden sind.[1]) In derselben ist eine vor dem gesetzlichen Alter eingegangene Ehe ausdrücklich als *inutilis, infecta* bezeichnet. *Nuptiae inter impuberes* sind nach c. 29. *ad tempus prohibitae.* Ueber die vor dem gesetzlichen Zeitpunkte geschlossenen *Sponsalia* und *Nuptiae* heisst es in c. 45: *Pupillus et pupilla sponsalia facere possunt a septem annis; nuptias vero masculus a quatuordecim, mulier a duodecim. Si tamen ante supradictam aetatem sponsalia vel nuptias contraxerunt, et postquam ad hanc aetatem venerunt, sponsalia vel nuptias laudaverint, scilicet vel specialiter confirmando vel in iure sponsalium aut nuptiarum permanendo, ita firmitatem obtinent, quemamodum si ab initio in aetate legitima omnia essent facta.* Aehnlich sagt c. 50. *Sed si ante hanc aetatem nuptiae factae fuerint, pro infectis habentur et separari possunt; si vero usque ad legitimam aetatem nuptiarum duraverit illa talis conjunctio et ad aetatem producti ratam habuerint, stando scilicet in matrimonio, nuptiae, quae antea inutiles erant, ratihabitione sunt effectae legitimae.* Die Giltigkeit einer solchen Verbindung ist also an die nachträgliche Genehmigung im mündigen Alter geknüpft. Diese kann auch stillschweigend durch Fortsetzung der Verbindung zum Ausdrucke gebracht werden. Voraussetzung ist natürlich, dass das Verhältnis bis zur Mündigkeit aufrecht erhalten wird, denn es ist ja löslich. Infolge dieser Zustimmung wird die eingegangene Verbindung so behandelt, als wäre sie von Anfang an rechtlich wirksam d. h. im gesetzlichen Alter geschlossen worden. Es ist dies nur eine Aus-

---

[1]) Jul. Ficker, über die Entstehungsverhältnisse der Exceptiones legum Romanorum, 1886 (Mittheilungen des Inst. f. öst. Geschichtsforschung, II. Erg. Bd.), Savigny, Gesch. des röm. Rechts im Mittelalter II. 295 ff.

führung der schon erwähnten Bestimmung der l. 4. D. de rit. nupt. (23, 2). In den Ausdrücken *In iure sponsalium aut nuptiarum permanendo* und *Stando scil. in matrimonio* scheint ein gewisser Gegensatz zu liegen und im einen Falle das eheliche Rechtsverhältnis, im anderen Falle die thatsächliche *Conjunctio* gemeint zu sein, wie auch entsprechend von *Nuptias contrahere* und *Nuptiae factae fuerint* die Rede ist. Doch kann hierauf wohl nicht viel Bedeutung gelegt werden, wenn es auch immerhin auffallend ist, dass dieselbe Frage in zwei Capiteln wiederholt wird. Für diese Quelle erscheint es besonders bemerkenswerth, dass in l. 4, 44 bereits ein entschiedener Hinweis auf den Unterschied der Willenserklärung nach der Beziehung auf Gegenwart und Zukunft sich vorfindet. Alle diese Abweichungen vom römischen Rechte sind in der Berücksichtigung der Eheschliessunglehre der Kirche begründet, welche zu jener Zeit bereits die volle Gesetzgebung und Jurisdiction in Ehesachen ausübte.

Recht der Kirche.

A. Vor Gratians Decret.

1. Allgemeines.

12. Ueber den Standpunkt, welchen die Kirche bei Beginn ihrer Entwicklung zu der Frage nach dem Eintritte der Ehefähigkeit eingenommen hat, geben die älteren Quellen nur geringe Aufklärung. Was gerade das Gebiet des ersten Aufblühens der Kirche betrifft, so hatte Justinian eine fixe Altersgrenze bereits festgesetzt und hiedurch allen weiteren Controversen über den Eintritt der Ehefähigkeit ein Ende gemacht. Die Kirche, deren Vorschriften anfänglich nur Charakter und Bedeutung von Sittenregeln und Ermahnungen haben konnten und erst allmählig die Geltung von autonomen Rechtssätzen gewannen, hatte offenbar den Bestimmungen des weltlichen Eherechts, mit denen sie sich ja im Allgemeinen zurecht finden musste, in dieser Frage nichts hinzuzufügen, da dieselben mit den Anforderungen christlicher Sitte und Moral nicht im Widerspruche standen. Wie die Kirche überhaupt zu jener Zeit sich mit der Ehe nur von diesem Standpunkte aus befasste, so mag sie sich auch in unserer Frage, soweit sie diese irgendwie ins Auge fasste, darauf beschränkt haben, die Einhaltung der gesetzlichen Altersgrenze als Gebot der Sittlichkeit und Moral besonders einzuschärfen, um Verbindungen in unmündigem Alter möglichst hintanzuhalten. Es gewinnt diese Annahme dadurch an Wahrscheinlichkeit, dass nach weltlichem Rechte — und hier kommt vor Allem das römische Recht in Betracht — eine vor gesetzlichem Alter geschlossene Ehe, wenn sie auch nicht legitim war, doch nicht getrennt zu werden brauchte, sondern als Concubinat be-

stehen konnte, um mit Eintritt des gesetzlichen Alters ohne weiteren Formalact zur legitimen Ehe zu werden. Solche Verbindungen waren namentlich nach Erlassung der *lex Papia Poppaea et Julia de maritandis ordinibus* sehr in Uebung gekommen, um den damit normirten Folgen der Ehelosigkeit zu entgehen, zugleich aber die frühere Freiheit des ledigen Standes geniessen zu können. Ebenso war auch die Sitte sehr eingebürgert, die unmündig Verlobten zusammen aufzuziehen.[1]) Gegen diese Gebräuche einzuschreiten, lag nur zu sehr im Interesse der nach Reinhaltung christlicher Sitte strebenden Kirche.

Es konnte sich weiters um den Fall handeln, dass eine Verehelichung von Personen erfolgte, welche zwar nach dem Gesetze, nicht aber thatsächlich des ehelichen Lebens fähig waren. Das weltliche Recht schritt hier nicht ein, da jeder Gegenbeweis gegen die Präsumption der gesetzlichen Altersgrenze ausgeschlossen war; die Kirche jedoch, welche das christliche *Matrimonium ratum* an die Consummation knüpfte, musste die Trennung einer solchen noch nicht consummirbaren Verbindung zulassen, da dieselbe nach ihr keine vollkommene Ehe war, obwohl formell und nach dem Gesetze die Ehe als giltig geschlossen vorlag. Ebenso musste die Kirche eine vor der *Aetas legitima* geschlossene, daher nach dem weltlichen Rechte ungiltige Ehe anerkennen, wenn die Verbindung consummirt, daher nach kirchlicher Anschauung unlöslich war. Gegen die Bedeutung der gesetzlichen Altersgrenze richtet sich daher der erste Gegensatz, in den die Kirche infolge ihrer Auffassung der Eheschliessung zum weltlichen, speciell dem römischen Rechte getreten ist.

Hatten bisher nur Gründe, die auf dem Gebiete der Sitte und Moral liegen, Anlass gegeben, über die Ehefähigkeit Bestimmungen zu treffen, so musste die Nothwendigkeit hiezu umsomehr hervortreten, als die spätere Entwicklung sich auch mit der Ehe als einem Rechtsverhältnisse und dem rechtlichen Eheschliessungsacte zu beschäftigen begann und hiebei im Gegensatze zum römischen Rechte die mehr der germanischen Auffassung sich

---

[1]) Hiezu S. 18 Anm. 2. Vergl. auch c. 39. C. 27 qu. 2.

nähernde, vielleicht aus dem jüdischen Rechte übernommene Unterscheidung zwischen contrahirter und consummirter Ehe Geltung gewann. Da trotz des bedeutenden inneren Unterschiedes das römische Verlöbnis und der Ehecontract des canonischen Rechtes noch immer mit derselben Bezeichnung *Sponsalia (Desponsatio)* benannt wurden, so erklärt es sich für eine Zeit, in welcher die Kirche mehr von praktischen als theoretischen Gesichtspunkten sich leiten liess und die Canonisten derartige Fragen des Eheschliessungsrechtes noch nicht zum Gegenstande eingehenderer juristischer Behandlung machten, sondern höchstens von practischem oder dogmatischem Standpunkte beurtheilten, als sehr begreiflich, dass die für die *Sponsalia* vom römischen Rechte normirte Zeitgrenze auch für die kirchenrechtliche *Desponsatio* angewendet wurde. Die Quellen werden in der Folge zur Genüge bestätigen, dass betreff der Fähigkeit zum Sponsalienschluss stets auf die römisch-rechtlichen Bestimmungen hingewiesen wird. Erst mit der auf Basis des Decrets erfolgenden wissenschaftlichen Behandlung dieser Frage, welche mit dem lebhafteren Studium des römischen Rechts sichtlich sich verbindet, gelangt der Unterschied von römisch-rechtlichen Sponsalia und canonisch-rechtlicher *Desponsatio* zur Geltung und wird daher das *Septennium* ausdrücklich auf erstere bezw. auf die später üblich gewordene Bezeichnung *Sponsalia de futuro* des canonischen Rechts beschränkt, während für die *Desponsatio de praesenti*, mit welcher seit Alexander III die Ehe im Allgemeinen endgültig geschlossen war, die Mündigkeit gefordert wird. Damit hatte eben schon der Unterschied von c o n t r a h i r t e r und c o n s u m m i r t e r Ehe seine frühere Bedeutung für die Unlöslichkeit der Ehe eingebüsst, wenn auch das Recht der Decretalen dieser von der Schule vertheidigten Doctrin erst mit Innocenz III. definitiv beigetreten ist; consequent konnte daher auch nicht mehr zwischen Fähigkeit zum Rechtsgeschäfte der Eheschliessung und Ehefähigkeit als solcher wie bisher unterschieden werden. Beide Begriffe decken sich nunmehr.

Es gibt somit die Art und Weise, wie die Kirche im Laufe der Zeit zu unserer Fragestellung nahm und zu entscheiden suchte, ein interessantes und getreues Bild von den wechselvollen Entwicklungsperioden des canonischen Eheschliessungsrechts, so dass wir gleichsam in kleinem Rahmen die characteristischen Controversen der eherechtlichen Doctrin der Schule ebenso gut wie den Wechsel der Auffassung, von der das Recht der Kirche sich leiten liess, in ihrer Entstehung, Bedeutung und ihren Consequenzen auf das genaueste zu verfolgen vermögen.

Es erscheint mir daher bei der Untersuchung der Quellen in Rücksicht auf die geübte Beurtheilung der Verbindung Unmündiger, der Voraussetzungen des Begriffes Ehefähigkeit, des Zeitpunktes ihres Eintritts und auf die Anwendung der Unmündigkeit als selbständigen Ehehindernisses, angezeigt, auch den **Zusammenhang mit der** jeweiligen in der Rechtsquelle vertretenen **allgemeinen Auffassung über Eheschliessung** zu berühren. Für die richtige, der Anschauung der damaligen Zeit entsprechende Beurtheilung des einschlägigen Rechtsstoffes des Decrets und der Decretalen halte ich es für ebenso unerlässlich, die jeweilige canonisch-rechtliche Literatur jener Periode in besondere Berücksichtigung zu ziehen, deren Bedeutung sowohl in der Auslegung, Kritik und Weiterbildung des bearbeiteten Rechtsstoffes als auch in der entschiedenen Einflussnahme auf die spätere Decretalengesetzgebung liegt, so dass das durch dieselbe gebotene Material von der rechtshistorischen Forschung nicht übergangen werden darf. Für diese Abhandlung ist die gedachte Literatur von umso grösserem Werthe, als mir durch die liebenswürdige Zuvorkommenheit des Herrn Hofraths v. Ficker auch die Benützung von Copien des bisher ungedruckten Materials ermöglicht wurde, so dass beinahe die ganze bekannte Literatur, welche die Blüthezeit der canonischen Jurisprudenz schuf, zu eingehender Berücksichtigung gelangen kann. Es erhöhte sich dadurch zugleich mein lebhaftes Interesse an dem Versuche, aus den gefundenen Resultaten für die Beantwortung der speciell behandelten Frage auch auf den allgemeinen Entwicklungsgang der canonisch-rechtlichen Eheschliessungslehre, die noch in letzter Zeit den Gegenstand der lebhaftesten wissenschaftlichen Controversen bildete, einige rückschliessende Folgerungen zu ziehen.

2. Die Auffassung der vorgratianischen Rechtsquellen.

a) Gebiet der römischen bezw. italischen Kirche.

13. Die wenigen Quellenstellen der älteren Zeit, welche unsere Frage berühren, ergehen sich meist in ganz allgemeinen Ausdrücken und Beziehungen. So erwähnt c. 18. Concil zu Hippo (a. 393) der Erreichung der Pubertät als Zeitpunktes der Entscheidung über Cölibat oder ehelichen Stand: *Lectores cum ad annos pubertatis pervenerint, cogantur aut uxores ducere aut continentiam profiteri.*[1]) Aehnlich sagt eine Glosse zu c. 27 can. Apostol. (a. 850) *Virgines, quae aetate adulta continere non posse profitentur, cantores lectoresque tantum uxorentur rel.* Daraus kann höchstens mit Freisen auf eine besondere Betonung der Pubertät gegenüber einer bestimmten Altersgrenze geschlossen werden. Einen bestimmten Zeitpunkt scheint *Basilius* († 379) in c. 8 seiner Regulae, aufgenommen in c. 1 C. 20 qu. 1, im Sinne zu haben: *Firma autem tunc erit professio virginitatis, ex quo adulta jam aetas esse coeperit et quae solet apta nuptiis deputari ac perfecta.* In c. 18 ad Amphilochum fixirt er jedoch dieses Alter ungenau: *Sed quae supra sexdecim vel septemdecim annos nata rel.* Hier ist jedenfalls ein anderer Zeitpunkt als der des römischen Rechts für massgebend erachtet. Die angelsächsischen Bussbücher geben unter Bezugnahme auf Basilius denselben Zeitpunkt für die *Licentia nubendi* und die Nothwendigkeit der Zustimmung der Puella, so Poen. Theod. II. 12 § 36: *Puella vero XVI vel XVII annorum, quae ante in potestate parentum sunt — post hanc aetatem patri filiam suam contra eius voluntatem non licet in matrimonium dare.* Ein Capitulare des Remedius v. Chur (a. 800—820) bezeichnet wieder einen

---

[1]) Freisen a. a. O. S. 324 ff, wo die angeführten Stellen sich vorfinden, vgl. hiezu c. 6 Dist. 28 des Decrets, wo das 18. Jahr betont wird: De his, quos voluntas parentum a primis infantiae annis clericatus offitio manciparit, statuimus observandum ut — ubi octavum decimum aetatis suae compleverint annum, coram totius cieri plebisque conspectu voluntas eorum de expetendo conjugio ab episcopo perscrutetur. Vergl. Palea c. 10 C. 20 qu. 1 u. c. 1 C. 4 qu. 3.

Knaben von 12 Jahren als heirathsunfähig. Eine allgemeine Geltung geniessende Altersgrenze hat die Kirche nirgends aufgestellt, vielmehr lässt sich mit Sicherheit annehmen, dass dieselbe sich nicht bewogen fand, eine selbständige Bestimmung zu treffen, sondern im allgemeinen auf die Normen des weltlichen Rechts verwies, wodurch zugleich auch den particularrechtlichen Verschiedenheiten und Rechtsgewohnheiten Rechnung getragen wurde.

Für das Gebiet des römischen Rechts wurde daher auch dessen Altersgrenze acceptirt. So nimmt Gregor I. (a. 600) in c. 1. X. (5, 23) das vierzehnte Jahr für die Pubertät an: *Pueris grandiusculis peccatum nolunt attribuere quidam, nisi ab annis XIV, cum pubescere coeperint. Quod merito crederemus, si nulla essent peccata, nisi quae membris genitalibus admittuntur.* Doch hat die Kirche der Sache nach bereits frühzeitig das hier zu Grunde liegende Princip zu verlassen gesucht. So bestimmt Gregor VII. (1072—85) in einer in c. 3 Comp. I. 4, 2 vorfindlichen Stelle: *Manifestum est, eum puberem esse, qui gesticulatione sui corporis talis est, ut iam procreare possit, licet ad metas legibus diffinitas non pervenerit.* Die Decretale wendet sich also ausdrücklich gegen die an die gesetzliche Altersgrenze geknüpfte Präsumption des römischen Rechtes, welche mit Ausschluss jedes Gegenbeweises die Ehefähigkeit mit jenem bestimmten Alter als vorhanden annimmt, und tritt insoferne in einen Gegensatz zum weltlichen Rechte, als sie nicht das Alter, sondern die Zeugungsfähigkeit als entscheidend erachtet, daher bei Constatirung ersterer die Vermuthung des Gesetzes zerstört werde. Ganz ähnlich hatte sich schon Isidor Hispalensis in seinen Etymologiae XI, 2 (in c. 3 X. 4. 2) ausgesprochen: *Puberes a pube sunt vocati, id est a pudentia corporis nuncupati: quia haec loca tunc primo lanuginem ducunt. Quidam tamen ex annis pubertatem existimant, id est eum esse puberem, qui XIV annos implevit, quamvis tardissime pubescat. Certum autem est, eum puberem esse qui ex habitu corporis pubertatem ostendit et generare iam potest. Et puerperae sunt, quae in annis puerilibus pariunt.* Isidor († 636) dürfte die Verordnung Justinians nicht gekannt haben, da in Spanien nur der Codex Theodosianus galt. Er bezieht sich daher noch auf die damals herrschende Controverse, ob Alter oder Geschlechtsreife für die Ehemündigkeit massgebend sei und spricht seine Ansicht zu Gunsten letzteren Momentes aus. Die Stelle erhält dadurch grösseren als blos etymologischen Werth für unsere Frage. Wenn Freisen[1] aus derselben entnehmen will, dass Isidor das Vorhandensein b e i d e r Voraussetzungen betonen wollte, so kann ich diese Auslegung nicht theilen. Meines Erachtens stellt Isidor augenscheinlich seine Ansicht, dass die Pubertät allein entscheide, jener der Quidam gegenüber, welche die Mündigkeit mit dem Alter von vierzehn Jahren eintreten lassen. Er wendet sich hauptsächlich gegen die Consequenz letzterer, dass die Mündigkeit mit diesem Alter auch anzunehmen sei, wenn die Zeugungsfähigkeit noch nicht vorhanden ist. Dass diese Stelle auch später in diesem Sinne aufgefasst wurde. zeigt die G l o s s e zu v. Tardissime: *Quid si iste, qui iam complevit quartuordecim annos, talis appareat, quod nullo modo possit generare et contrahat, nunquid tenet matrimonium? Dicunt quidam, quod tenet matrimonium, contrarium credo, quia nec est pubes nec in eo reperiuntur tria bona matrimonii, quae sunt fides, proles et sacramentum.* Ebenso sagt die Glosse zu v. *Ostendit et generare: Ergo pubertas ex vigore naturali, non ex annorum numero comprobatur, quod verum est quoad matrimonium contrahendum — ex quibus etiam probatur, quod matrimonium consideratur ex pubertate tantum et non ex annorum numero: quoad tutelam vel curam aetas annorum tantum consideratur.* So heisst es auch zu c. 9. X. 4. 2. unter Bezugnahme auf dieses cap. weiter: *Hoc solum consideratur, ut possint conjugali vinculo sociari, et non numerus annorum*[2]). Mit Berufung auf c. 4. C. 27 qu. 1. erklärt sich die Glosse auch für O c u l a r i n s p e c t i o n: *Sed quoad matrimonium bene inspicitur mulier et etiam vir an sint apti ad matrimonium.* Die mit der Fi-

---

[1]) a. a. O. S. 326.
[2]) So bemerkt die Glosse zu c. un. C. 30 qu. 2: Ad matrimonium autem contrahendum tria exiguntur: consensus et quod sit *pubes* et ad *coeundum potens* (C. 33 qu. 1 c. 1): nam non potest videri nupta, quae virum pati non potest. Si tamen *ante aetatem illam* coire possunt, teneret matrimonium. Vergl. auch Bernhards Bemerkung zu dieser Stelle Isidors: Freisen a. a. O. S. 325 Anm. 11.

xirung einer Altersgrenze verbundene **Vermuthung der Ehefähigkeit** kann also nach canonischem Eherecht durch Gegenbeweis sowohl in positiver als negativer Richtung zerstört werden. Daher wird eine Ehe vor diesem Zeitpunkte gültig entstehen und nachher geschlossen, doch nichtig sein können.

14. Den Grund zu dieser frühzeitigen **selbständigen Auffassung der Kirche** haben wir offenbar darin zu suchen, dass die Eheschliessungslehre derselben bereits in jener Zeit von der des weltlichen Rechts abwich, indem erst die Ehevollziehung durch eheliche Beiwohnung die geschlossene Verbindung zum wahren und vollständigen *Matrimonium ratum* machte. Für diese wurde daher das Erfordernis der Mündigkeit und körperlichen Reife geltend gemacht; für die *Pactio conjugalis* genügte das Vermögen zur Einwilligung, welches wie bei den *Sponsalia* des römischen Rechts mit dem *Septennium* als vorhanden angenommen wurde. Das Erfordernis der Ehemündigkeit wird demnach stets nur für den Zeitpunkt verlangt, mit welchem die vorausgehende Desponsatio zum Vollzug und zur Ausführung kommt. So sagt Papst **Everistus** in einer Epistola an die africanischen Bischöfe (c. 1 C. 30 qu. 5): *Aliter legitimum non fit conjugium, nisi ab his, qui super ipsam feminam dominationem habere videntur et a quibus custoditur, uxor petatur et a parentibus et propinquioribus sponsetur et legibus dotetur et **suo tempore** sacerdotaliter, ut mos est, cum precibus et oblationibus a sacerdote benedicatur et a paranymphis, ut consuetudo docet, custodita et sociata a proximis **congruo tempore** petita legibus detur ac solemniter accipiatur.* Zu dieser Zeitbestimmung *Congruo tempore* erläutert Papst **Nicolaus** in c. 3. h. C.: *Sed post sponsalia, quae futurarum sunt nuptiarum promissio, foedera quoque consensu eorum, qui haec contrahunt, et eorum, in quorum potestate sunt, celebrantur: et postquam arrhis sibi sponsam sponsus per digitum fidei annulo insignitum desponderit dotemque utrique placitam sponsus ei cum scripto pactum hoc continente coram invitatis ab utraque parte tradiderit, (aut **mox aut apto tempore, ne videlicet ante tempus lege definitum tale quid fieri praesumatur**) ambo ad nuptialia foedera perducuntur.* Die Nuptialia foedera waren eben jener Act, welcher die thatsächliche Lebensgemeinschaft zum Ausdrucke brachte. Daher war für diese die Mündigkeit nach dem Gesetze Voraussetzung, da sonstigenfalls dieser Act weder rechtliche Verbindlichkeit begründete, noch die Ehevollziehung thatsächlich in sich schloss. Die Glosse erläutert daher zu: *Apto tempore: Cum erunt in adulta aetate.*[1]) Die Kirche schärft also selbst den Termin des römischen Rechtes zur Beobachtung ein, während andererseits das Hauptgewicht von ihr auf das Moment der körperlichen Reife und zwar auf den thatsächlichen Eintritt der Pubertät gelegt wird.

15. Ein directes Verbot der Verbindungen im unmündigen Alter enthält die in c. 2. X. 4. 2. aufgenommene Fortsetzung zu dem von Gratian dem Papste Nicolaus I. zugeschriebenen [2]) cap. un. C. 30 qu. 2: *Districtius inhibemus, ne de cetero aliqui, quorum uterque vel alter ad aetatem legibus vel canonibus determinatam non pervenerit, conjungantur, nisi forte aliqua urgentissima necessitate interveniente, utpote pro bono pacis, talis conjunctio toleretur.* Auch hier handelt es sich um die als Zeitpunkt der Mündigkeit festgesetzte Altersgrenze, deren Einhaltung die Kirche besonders einschärfen will. wenn nicht aus besonderen berücksichtigungswerthen Gründen davon Umgang genommen werden kann. Daher bemerkt hiezu die Glosse: *Pro bono pacis, cuius contrarium fuit causa huius proibitionis, puta: contrahebant aliqui in minore aetate, cum ad aetatem legitimam perveniebant, displicebat alteri et sic non contrahebant, propter quod scandalum et odium inter parentes oriebantur. Nota quod pro bono pacis reformando toleratur matrimonium, quod alias fieri interdiceretur.* Diese hat also auch die *Desponsatio impuberum* im Auge und sieht somit den Zweck jener Bestimmung darin, den durch derartige frühzeitige Verbindungen hervorgerufenen Uebelständen, welche z. B. die von der Kirche gestattete Lösung der formell und nach dem Gesetze vielleicht gültig erfolgten Vermählung Unmündiger zur Folge haben kann, vorzubeugen. Richtiger dürfte es sich in dieser Decretale nur um ein

---

[1]) Auch die S. Lipsiensis sagt zu: Lege diffinitum: Nisi puella compleverit XII. annum, masculus XIV. annum.

[2]) so auch in Ivo Pan. VI. 122. vgl. dagegen Freisen S. 325.

Verbot des frühzeitigen Zusammenlebens *(Conjungi)* bezw. um das *Tolerare* einer bereits vollzogenen *Conjunctio* zu handeln. So weit die Quellen, insbesondere die über die *Desponsatio impuberum* handelnden Decretalen[1]) ersehen lassen, wird mit diesem Ausdrucke stets die Herstellung der thatsächlichen Lebensgemeinschaft[2]) bezeichnet. Es ist hiebei nicht an die *Copula carnalis* gedacht, sondern erscheint dieser Ausdruck gewissermassen als Collectivbezeichnung für die mit der Uebergabe der Braut und dem Beginne des *Consortium vitae* verbundenen Feierlichkeiten, welche Formalacte in jener Zeit gänzlich oder theilweise je nach Sitte und Ort vom Rechtsgeschäfte der Eheschliessung oder dem für die eheliche Verbindung massgebenden Rechtsacte *(Desponsatio, subarrhatio, pactum conjugale, p. nuptiale, foederatio conjugii* etc.) der Zeit nach getrennt waren und als Ehevollziehung in einen Gegensatz zu letzteren treten. Durch diese eingeschränkte Bedeutung des in Rede stehenden Ausdrucks tritt nun die Bestimmung jener Decretale in einen schon aus der Verbindung durch *De cetero* ersichtlichen Gegensatz zu dem in Gratians Decret in c. un. C. 30. qu. 2 vorfindlichen ersten Theile. Die aus dem Worte *Districtius* zu entnehmende Steigerung der früheren allgemeinen Bestimmung zu einem speciellen Verbote, lässt ferner folgern, dass es der Kirche aus sittlichen Gründen gerade darum zuthun war, gegen eine frühzeitige Zusammengabe der Vermählten aufzutreten, wenn diese noch nicht das gesetzliche Alter erreicht hatten. Indem Papst Nicolaus im ersten Theile dieser Bestimmung im allgemeinen von der bedingten Verbindlichkeit der durch die Eltern erfolgten Verbindung *(dare)* ihrer noch *In cunabulis* befindlichen Kinder sprach und die Geltung dieser von der nachträglichen Zustimmung der Kinder abhängig machte, hielt er es für angezeigt, bei dieser Gelegenheit im Allgemeinen — vielleicht gerade mit Rücksicht auf irgend eine aufkommende Sitte — gegen

---

[1]) c. 8. 9. 12. X. 4, 2. Ivo Decr. VIII. c. 178: Qui in matrimonio *iuncti sunt et nubere* non possunt (c. 1. C. 33 qu. 1.), vgl. c. 5 C. 27 qu. 2: Denique cum *jungitur* puella, conjugium est, non cum viri admistione cognoscitur.

[2]) Vgl. Scheurl, Eheschliessungsrecht S. 20. Anm. 16, Sohm. Recht der Eheschliessung. S. 150.

ein bei einer so frühzeitig erfolgten Vermählung wahrscheinliches *Consortium vitae* von noch Heirathsunfähigen unter Hinweis auf die Bestimmungen des canonischen und weltlichen Rechtes aufzutreten.

Es ergibt sich aber auch noch ein anderer causaler Zusammenhang zwischen den zwei Theilen jener Decretale. Denn wenn die Kirche die Gültigkeit der erfolgten *Sponsio paterna* oder wie der Act des *Pueris dare puellas in cunabulis* sonst aufgefasst werden mag, an die Zustimmung nach dem *Tempus discretionis* knüpfte, also nach dem siebten Lebensjahre die *Desponsatio* rechtswirksam war, so musste sie umso eher und begreiflicher die Erklärung hinzufügen, dass die wirkliche Lebensvereinigung vor erreichter Mündigkeit im Allgemeinen unstatthaft sei. Allerdings muss bemerkt werden, dass der Ausdruck *Tempus discretionis* manchmal auch für den Zeitpunkt der Mündigkeit gebraucht wird.[1] Damit würde natürlich diese Argumentation entfallen müssen. Welchen Zweck würde aber — diese Bedeutung des obigen Ausdruckes für die vorliegende Decretale angenommen — das ausdrückliche Verbot einer Verbindung Heirathsunfähiger, wie es der Nachsatz enthält, haben, wenn schon im ersten Theile der Decretale gesagt ist, dass der durch die Eltern vorgenommene Act ohne die nachträgliche Zustimmung des Mündigen, also vor der *Aetas legibus vel canonibus determinata,* ohnehin keine Rechtswirkung, wenigstens nach Auffassung der Kirche habe. Im ersten Theile handelt es sich vielmehr um die Betonung des Consenses des Desponsirten, also der Freiheit der Eheschliessung. Hinsichtlich eherechtlicher Handlungen kann diese Zustimmung nur in Betracht kommen für den Ehevertrag und die Ehevollziehung, da dem blossen Eheversprechen von der Kirche keine eherechtliche Bedeutung in jener Zeit beigelegt wurde. Gegen eine frühzeitige thatsächliche Conjunctio richtet sich, wie erörtert, das in der Fortsetzung gegebene Verbot. Auch konnte erstere nach damaliger Sitte, die Braut in die Hut des Vaters des Verlobten zu geben, wohl nur die Sicherung der Eheschliessung mit Rücksicht auf wichtige Interessen der sich dadurch nähernden Familien

---

[1] Vergl. c. 12. X. 4, 2. (Clemens III. 1190.)

bezwecken, worauf eben der Nachsatz Rücksicht zu nehmen scheint. Es handelt sich daher einzig und allein um die Freiheit der Consenserklärung als der für den Eheschluss massgebendsten Handlung. Darauf weist auch der Beginn der Decretale hin. Es heisst hier: *Ubi non est consensus utriusque, non est conjugium. Ergo qui pueris dant puellas in cunabulis et e converso, nihil faciunt, nisi uterque puerorum, postquam venerit ad tempus discretionis, consentiat, etiamsi pater et mater hoc fecerint et voluerint.* Da von beiden der nachträgliche Consens gefordert wird, handelt es sich entweder um die Verbindung zweier *Minores septennio* oder eines *Maior* und *Minor septennio*, je nachdem eben der Ausdruck *Tempus discretionis* zu fassen ist. Hienach entscheidet es sich auch, ob die Quelle von *Matrimonium* oder *Sponsalia* spricht. Auch hier musste wieder kirchliche und römischrechtliche Auffassung auseinander gehalten werden.

Die Interpretation dieser Stelle hat daher der Glosse wie den Decretisten Schwierigkeiten bereitet und Controversen hervorgerufen. So bemerkt erstere zu diesem cap.: *Hoc caput de matrimonio et de sponsalibus intellegi potest.* Dementsprechend wird in den betreffenden Bemerkungen bald das *Septennium*, bald die *Aetas legitima (Pubertas)* hervorgehoben. Verschiedenen Auffassungen begegnen wir auch bei Paucapalea, Roland, Stefan, Johann Faventin, Simon de Bisiniano, ebenso in der Summa Lipsiensis und im Tractatus Gottwicensis. Die Meisten stossen sich an dem Ausdrucke *Tempus discretionis* und beziehen denselben bald auf die Pubertät, bald auf das *Septennium*, so dass die Bezeichnung *Pueri* dann allgemein für *Infantes* genommen wird. Dementsprechend wird sodann je nach der vom Verfasser festgehaltenen Anschauung über Eheschliessung im Allgemeinen die genannte Stelle entweder auf Sponsalia und zwar in römischrechtlichem Sinne unter Hinweis auf die *Leges* und die bekannte Sponsaliendefinition, welche dem *Matrimonium contrahere* entgegengesetzt wird, bezogen oder von *Matrimonium*, auch *Sponsalia contrahere* (im Sinne des canonischen Rechtes) verstanden, welchem Begriffe sodann das *Nuptias celebrare* gegenübergestellt wird. Für erstere Auslegung entscheidet sich Paucapalea, nachdem er einige Belege für beide Ansichten angeführt hat, und bedient sich der Begründung: *Lex vero tenenda est, nisi obviare sacri canones inveniuntur*. Auch Stefan Tornacensis bemerkt in seiner Summe nach derselben Begründung und dem Hinweise auf die Bestimmungen des weltlichen Rechts: *Nota hic proprie vocari sponsalia scil. mentionem et repromissionem futurarum nuptiarum. Nam conjugium non nisi inter pueros contrahi potest*, und später: *Hoc capitulum non multum congruit questioni, cum propositum sit de sponsalibus et hic loquatur de conjugio.* Dagegen unterscheidet Johannes Faventinus zwischen *Sponsalia contrahere* und *Nuptias celebrare,* für ersteres das römisch rechtliche *Septennium,* für letzteres die Pubertät fordernd. Bei dem Mangel weiterer Bestimmungen war es daher von selbst gegeben, die Frage im Anschlusse an die bezüglichen Bestimmungen des römischen Rechts zu entscheiden, unbekümmert um die hier zur Geltung gekommenen Unterschiede und Gegensätze. In diesem Sinne ist daher auch der von Seite eines Vertreters der fränkischen Kirche erfolgte Versuch einer Behandlung dieser Frage zu beurtheilen.

b) Gebiet der Ecclesia Gallicana.

16. Bestimmtere Anhaltspunkte für unsere Frage finden wir in den aus der fränkischen Kirche stammenden Quellen der vorgratianischen Periode, wie überhaupt die ersten Versuche einer selbständigen, eingehenden Berücksichtigung des Eherechts auf die Vertreter dieser Kirche Hinkmar v. Rheims, Regino v. Prüm, Rhabanus Maurus, Ivo, Hugo a St. Victore und schliesslich Petrus Lombardus zurückzuführen sind. Zwar enthalten auch die auf diesem Gebiete entstandenen eherechtlichen Abhandlungen trotz der Berücksichtigung älterer Belegstellen nur sehr wenige Andeutungen über die Beurtheilung unserer Frage. Gewöhnlich wird nur im Allgemeinen die Eignung der Nupturienten erwähnt. Hie und da findet sich eine gegen frühzeitige Verbindungen gerichtete Bemerkung, so in dem Briefe Hincmars an König Karl: *De coercendo et exstirpando raptu viduarum, puellarum ac sanctimonialium,* wo er den König auffordert gegen die *In nonnullis regni huius partibus* geübte willkürliche Verehelichung junger Mädchen vorzugehen: *Nec filiae in aetate puellari* *et parentum domibus constitutae, iuxta leges divinas et humanas, eorumdem parentum suorum votis atque auctoritate matronalibus nuptiis honestare ullatenus sinuntur*[1]) Ivo v. Chartres sucht daher in seinen Rechtssammlungen für die Frage nach der Ehefähigkeit und andere ähnliche, bezüglich welcher sich unter den Canones, Decretalen und sonstigen eherechtlichen Quellen keine Bestimmungen fanden, jene des römischen Rechts ergänzend anzuführen. So enthält P. VIII seines Decrets in c. 22 die bezügliche Pandectenstelle Dig. c. 14 de spons. (23, 1): *In sponsalibus contrahendis aetas contrahentium diffinita non est ut in matrimoniis. Quapropter a primordio aetatis sponsalia effici possunt, si modo id fieri ab utraque persona intelligatur, id est si non sint minores quam septem annis.* Zu dieser Stelle ist in Ivo's Panormia (lib. VI c. 13.) noch in c. 122 die vorhin besprochene Decretale Papst Nicolaus I. *Ubi non est consensus* aufgenommen. Die Leseart derselben ist dort insoferne verändert, als vor den letzten Worten nochmals wiederholt wird: *Non est conjugium, nisi fiat utriusque consensus.* Eine Decretale Papst Urban II. (1088—99) (im Decret c. 3 C. 31 qu. 2, Ivo Pan. XI. c. 108) erwähnt ebenfalls der *Desponsatio* einer *Infantula nolens* und entscheidet hierüber: *Quoniam canonum et legum auctoritas talia sponsalia (ut infra ostenditur) non approbat, ne ignorantibus leges et canones nimis durum quod dicimus videatur, ita sententiam temperamus ut si princeps cum assensu filiae matris et parentelae id quod ceptum est perficere voluerit concedamus.* Auch hier wird weniger auf das unmündige Alter der Desponsirten als auf deren Widerspruch Rücksicht genommen, daher auch bei einem späteren *Assensus* der Puella die Ehe gestattet wird. In diesem Sinne bemerkt daher auch die Glosse: *Ad infantulam: Hoc sufficeret ut nihil actum videretur, si illa esset infantula, id est intra septennium. Sed hac de causa Papa non procedit, immo credo quod ponatur infantula pro puella.*[2])

Bemerkenswerth erscheint jedoch der Inhalt mehrerer Epi-

---

[1]) Migne Patrologie Bd. 125 S. 1020 A.
[2]) Vgl. Petrus Lomb. Sent. lib. IV. D. 29 § a.

stolae des Ivo von Chartres[1]), welche die Fähigkeit zum Sponsalienschluss behandeln. Die Art und Weise, in der dort vorgegangen wird, lässt uns in diesen Stellen den Versuch erkennen, diese Frage auf Grund der bestehenden canonischrechtlichen Bestimmungen und unter Berücksichtigung des weltlichen Rechts zu entscheiden. In dieser Hinsicht kommt vor Allem Ep. 99 in Betracht.[2]) Ivo schreibt hier an seinen ehemaligen Schüler Gualo, nachherigen Bischof von Paris, auf eine von demselben gestellte Anfrage: *Sciscitata est a me dilectio tua, utrum pueri sex annorum vel infra possint inter se sponsalium vel matrimonii contrahere sacramenta: et celebratis sponsalibus, si alter obierit, utrum possit superstes cum sorore vel cum fratre defuncti inire matrimonium, cum quo prius inierat desponsationis vinculum. Et de matrimonio quidem, si legem naturalem consulimus et verba Domini diligenter attendimus, ubi dicit: Propter hoc relinquet homo patrem et matrem et adhaerebit uxori suae et erunt duo in carne una (Gen. II.), respondere incunctanter possumus, quia tunc primum initur legitimum matrimonium, cum conjuges per commistionem carnis reddere sibi invicem possunt conjugii debitum. Si autem ante annos pubertatis ratione dilatandae vel conservandae pacis inter aliquos talia sacramenta celebrantur, si inter eas personas fiat, inter quas lex id fieri non prohibet, et ex amborum consensu, non reprehendimus, quia, sicut papa Nicolaus dicit: Matrimonium facit consensus, non coitus.* Ivo will also sagen: Nach dem natürlichen Zwecke der Ehe ist zum rechtmässigen Beginn der ehelichen Lebensgemeinschaft die Möglichkeit der Geschlechtsverbindung nothwendig; die **rechtliche Eheschliessung** — denn dieser Act wird in dem *Sacramenta celebrare* (wie oben *Sponsalium vel matrimonii contrahere sacramenta, et celebratis sponsalibus* etc.) dem *Matrimonium inire*, der thatsächlichen Lebensvereinigung gegenübergestellt — könne aber bei wichtigen Beweggründen auch vor der Pubertät zugelassen werden, wenn das Gesetz dies nicht verbiete und der erforderliche

---

[1]) Siehe die Vorrede.
[2]) Migne. Patrolog. Bd. 162, S. 118 D.

Consens vorliege. Der scheinbar in der Stelle gelegene Widerspruch löst sich durch diese Gegenüberstellung von **thatsächlichem** und **rechtlichem** Eingehen der Ehe; die Heranziehung der bekannten Bibelstelle, welche nur von der **thatsächlichen Lebensvereinigung** spricht, als Beleg für die erste Behauptung, und die Betonung des erforderlichen Consenses als Begründung für die Zulassung frühzeitiger **Sponsalia** bestätigen vollständig diese Auslegung. Für die thatsächliche Ehe kommt eben vor Allem die *Lex naturalis,* für das eheschliessende Rechtsgeschäft die Bestimmung des Gesetzes und das Erfordernis des Consenses in Betracht. Die in die Panormie aufgenommene Decretale Papst Nicolaus I. *Ubi non est* führt Ivo nicht an, sie dürfte ihm als Beleg nicht gut gepasst haben. Vielmehr citirt er einige Pandectenstellen,[1]) woraus wir ersehen können, dass er nunmehr nur von den *Sponsalia* im Gegensatze zu der Ehevollziehung durch *Nuptiae* spricht und diese Belege als Argument für die Notwendigkeit des Consenses zu den Sponsalien benützt. So weiss Ivo auch hinsichtlich des für Sponsalia erforderlichen Alters keine bestimmte Antwort zu geben. Er verweist daher auf die obengenannte Pandectenstelle (l. 14 D. de spons. 23, 1) mit der Bemerkung: *Qua autem aetate ista* (nämlich *sponsalia*) *fieri debeant, nec ecclesiasticis nec humanis legibus pleniter est diffinitum.*

Hiemit geht Ivo auf die zweite Frage, ob die Heirat mit der *Consanguinea* des Sponsus gestattet sei, über, indem er sagt: *Postquam vero sponsalia utriusque personae consensu contracta sunt, conjugii nomen acceperunt.* Nach Anführung jener Aussprüche der alten Kirchenväter (Ambrosius, c. 5. C. 27 qu. 2. Isidor c. 6. h. c. et qu. und Augustinus c. 9. h. qu.), welche die ehebegründende Kraft der *Desponsatio* betonen, kommt Ivo zum Schlusse: *His igitur auctoritatibus manifestum est, quia, postquam per desponsationis foedus inter duas personas et majori parte fuerit conjugium et utrorumque voluntate compactum, non potest ulterius frater uxorem fratris ducere nec soror sororis marito nubere. Unde legitur in concilio Triburiensi cap. 10: Decretum est, ut, quamvis*

---

[1]) l. 11—13 D. de spons. (23, 1).

mulier nupta esse non potuerit legitimo viro, desponsatam tamen fratri frater habere non possit (c. 31 C. 27 qu. 2). Da also mit der Desponsatio bereits das *Conjugium ex maiori parte* vorliege, könne eine spätere Ehe mit der *Consanguinea* (hier nur Bruder und Schwester) nicht mehr stattfinden. Nach dieser Stelle lässt somit Ivo die Desponsatio trotz dieser Bedeutung schon nach dem siebten Jahre zu, da zu derselben nur der Consens erforderlich sei und das römische Recht diesen Zeitpunkt bestimme. Hiemit muss nun in Verbindung gebracht werden, dass Ivo die Ansicht meist festhält, dass mit der Desponsatio die Ehe als unauflösliches *Vinculum* geschlossen werde, wenn er auch nicht consequent bei derselben bleibt, sondern mehrfach auch die Consummation betont. Mit den Worten aber, dass mit der Desponsatio das Conjugium nur *Ex maiori parte* vorliege, will er offenbar den Mangel der **Ehevollziehung** betonen. Die rechtliche Begründung des ehelichen Bandes ist erfolgt, zur vollständigen Ehe fehlt noch die äusserlich erkennbare Thatsächlichkeit der Lebensvereinigung, die *Societas*, wie wir sie später bezeichnet finden, welche in der *Copula carnalis* zum besonderen und zweckentsprechenden, aber nicht mehr wesentlichen Ausdrucke kommt.

Diese mit den Nuptiae eingeleitete **Ehevollziehung**, welche das *Matrimonium legitimum* zur Folge hat, setzt die **körperliche Reife** naturgemäss voraus. Auch in dieser Stelle wird das thatsächliche Vorhandensein derselben, die Möglichkeit des *Debitum conjugii*, nicht aber eine präsumirende Altersgrenze als massgebend erachtet. Für die **Desponsatio** kommt jedoch nach Ivo nur das **Vermögen zur Einwilligung** in Betracht und diese nimmt er mit den *Anni rationales* als vorhanden an. Darunter sind nicht die *Anni nubiles*, sondern der vom römischen Rechte bestimmte Zeitpunkt zu verstehen, mit dem das nöthige Verständnis für den vorzunehmenden Rechtsakt und die Möglichkeit einer bestimmten Willensäusserung als vorhanden vermuthet wird.

So sagt daher Ivo auch in Epistola 134[1]) betreff der Giltigkeit eines väterlichen *Pactum conjugale: De pacto conjugali quod*

---

[1]) Migne a. a. O. B. 162. S. 143.

factum est inter duos nobiles ita ut, qui filiam habebat, juraverit se eam traditurum uni de filiis alterius nobilis, cui vellet, cum ad nubiles annos virgo pervenisset: hoc paternitati vestrae respondeo quod et natura disposuit et lex tam ecclesiastica quam mundana firmavit quia, quorum per coniugalem copulam unum debet fieri corpus, eorumdem pariter animorum debet esse consensus. Quicquid ergo pater nesciente virgine juraverit, cum ad annos rationales perducta est, nisi ipsa virgo consentiat, etiam vivente patre secundum leges irritum erit. Ivo führt als Beleg hiezu wieder die den Consensus als massgebend bezeichnenden Quellenstellen der älteren Zeit an, ebenso citirt er dasselbe aus den Pandecten.[1]) Diese *Anni rationales* oder *discretionis* sind, wie der Hinweis auf das römische Recht darthut, nichts anderes als das Septennium. Vor diesem sei jeder Act wirkungslos, selbst wenn er formell vollständig vorläge.

17. Diesen Fall behandelt Ivo in Epistola 243.[2]) Es handelt sich um eine **feierliche Vermählung** von noch *in cunis* befindlichen Kindern. Die Epistel sagt: *Nuper cum essemus apud castrum Militonense, narravit mihi dominus Stefanus cancellarius quasdam nuptias fuisse celebratas in episcopatu vestro contra placitum vestrum inter quemdam puerolum et quandam puellulam cum adhuc pene in cunis essent. Quae nuptiae cum sint sine fide, sine prole, sine consensu, sine omni bono conjugali, sollicite quesivit utrum possint legitime dissolvi. Cui secundum tramitem legum breviter respondi, quia quod contra leges praesumitur per leges dissolvi meretur* (Johann VIII. dist. 10. c. 10 im Decret). *Unde et scribit papa Nicolaus: Conjugium facit* etc. (c. 2. C. 27 qu. 2). *Quibus auditis rogavit me, ut scriberem vobis, quatenus tales nuptias aut fieri non permitteretis aut factas dissolvi praeciperetis. Non enim ignota vobis sunt quae scribimus et ideo de hac*

---

[1]) c. 14. D. de spons. (23, 1) zeigt die vorliegende Ausgabe Migne Patrol. Bd. 162, S. 144, insoferne corrumpirt, als der Nachsatz lautet: *id est si non minores sint quam duodecim annis.* In dieser Form findet sich die Stelle sonst nirgends. Vgl. Glück, Erl. der Pandecten., 22. Bd. S. 411, Anm. 82 u. 83.

[2]) Migne Patr. Bd. 162, S. 250 D).

re tam pro legum, observatione quam pro eius amore, quod ad officium vestrum pertinet, facere vos monemus quatenus hoc exemplo caeteri doceantur, ne imaginariis, immo falsis nuptiis de cetero copulentur. Ivo will also eine solche Verbindung schon als dem weltlichen Rechte widersprechend getrennt wissen, betont weiters den Consensus, der hier mangle und nennt schliesslich solche *Nuptiae imaginariae, immo falsae.* Aus dem Rate, mit der Lösung dieser scheinbaren Ehe ein Exempel zu statuiren, geht hervor, das schon damals diese Sitte frühzeitiger Verehelichung vorkam und man hiebei, wie im vorliegenden Falle, sich nicht um das Verbot der Kirche kümmerte. Das deutsche Recht regelte eben nur die Rechtsfolgen der Ehe.

18. Aus diesen Quellenangaben lässt sich entnehmen, dass die Desponsatio vor dem siebenten Jahre wirkungslos war, wenn nicht nachträglich der Consens eingeholt wurde, nach diesem Zeitpunkte aber die Vornahme derselben mit Rücksicht auf die Normen des römischen Rechtes gestattet wurde. Man beachtete hiebei den Unterschied, der in der Bedeutung der canonischrechtlichen Desponsatio und den römischen Sponsalien sich entwickelt hatte, durchaus nicht, sondern behandelte beide Begriffe in gleicher Weise, obwol gerade die fränkische Kirche, wie wir noch weiter sehen werden, die eheschliessende Bedeutung der Desponsatio zu betonen begann und die Unauflöslichkeit des Verhältnisses an das *Pactum conjugale* knüpfte.

So sagt schon Ivo in Ep. 183 [1]: *De milite, qui de filia sua pactum cum alio milite fecit — si petitor adversus eum testes produxerit, qui ipsis sponsalibus interfuerint, vel alios, qui ipsum patrem puellae in sua praesentia confitentem hacc sponsalia se fecisse testificati fuerint — ita sponsalia rata esse oportebit.* Deutlicher sagt noch Ep. 246 [2]: *Sinegundis quippe soror huius iuvenculae, quam nunc habet praetaxatus Petrus in conjugium, uxor fuit eiusdem Petri non solum legitime desponsata sed etiam sacerdotali benedictione conjuncta.*

---

[1] Migne Patrol. B. 162. S. 184.
[2] Migne a. a. O. S. 253.

Quod si objicitis non fuisse conjugium, ubi constat non subsecutum fuisse carnale commercium, ex auctoritate Patrum respondeo, quia conjugium ex eo insolubile est, ex quo pactum conjugale firmatum est. Die Unauflöslichkeit der bloss contrahirten Ehe betont Ivo in den Epistolae mehrmals, so in Ep. 167 [1]): *Aliam duxit uxorem contra pactum conjugale quod legitime cum alia muliere prius inierat. Legitima enim sunt foedera nuptiarum inter eas personas, quarum nuptiae interdictae non sunt, cum filiafamilias a voluntate patris non dissentit. Haec foedera solvi et divinae leges prohibent et humanae. Et si mulier ad alium virum transire voluerit, dicit canonica sententia, quia mulierem alii desponsatam alteri non licet habere in conjugium.* Ep. 148: *De viro illo, qui prius per concubinatum cuidam adhaesit mulieri, postea vero cum eadem muliere infirmitate correpta pactum conjugale dato annulo iniit, hoc respondemus prudentiae vestrae, quia ex majori parte conjugii sacramentum implevit, quod postea, nisi adulterium intercessisset, lege divina et humana prohibente, solvi non potuit.* Ep. 161[2]): *Qui enim iuramento pactum conjugale firmavit, ex majori parte sacramentum conjugale implevit* und später *desponsata alteri, alteri nubere non debet.* Dass aber erst die Copula die Ehe vervollständige, sagt Ep. 155 [3]): *Viro carnaliter commisceri, sine qui non complentur iura matrimonii.* Dagegen Ep. 188[4]): *Verum postquam simpliciter praecedente consensu contracta sunt foedera nuptiarum, postquam matrimoniales tabulae datae sunt et caetera conjugii sacramenta completa sunt, vir et mulier unum corpus per commistionem carnis facti sunt, non intelligo posse dissolvi conjugium, nisi divortii causa intercurrat adulterium.*

Diese Stellen zeigen zur Genüge das Bestreben, die Unauflöslichkeit schon an das eheschliessende Rechtsgeschäft (Ivo sagt: *matrimonii iura contrahere*) zu knüpfen. Da die christliche Ehe überhaupt als *Matrimonium ratum* erklärt wurde, wäre

---

[1]) a. a. O. 170. [2]) a. a. O. p. 165. [3]) p. 158. [4]) p. 191.

dieses schon mit der Desponsatio vorgelegen. Da sich jedoch die Begriffe Sponsalia nach römischer und germanischer Auffassung und Bedeutung nicht deckten, drängte sich das Bedürfnis diese streng zu unterscheiden sehr bald auf, so dass wir dieselbe schon bei Hugo a St. Victore der Sache nach finden, bis sie in ihrer Formulirung durch Petrus Lombardus von der späteren canonischrechtlichen Schule acceptirt wurde und seinerzeit in das Recht der Kirche Eingang fand. Die Bedeutung dieser Unterscheidung hat sich hiebei, was das distinguirende Moment betrifft, nicht wesentlich geändert.

19. Soweit Ivo von Chartres daran festhält, dass mit dem *Pactum coniugale* die Ehe *ex maiori parte* und als unauflösbares *Vinculum* vorliege, findet sich bei ihm noch keine Unterscheidung der Desponsatio nach der Richtung des abgegebenen Consenses auf Gegenwart oder Zukunft. Hugo a St. Victore[1]) macht jedoch diese Distinction bereits in der Weise geltend, dass er den mit Beziehung auf die Gegenwart erklärten ehelichen Consens allein die Ehe und zwar als unauflösliche schliessen lässt, während das *Juramentum de futuro* nicht genügt *Conjugio ad praesens contrahendo*. Er stellt das *Accipere in futuro* dem *Se ad praesens recipere et adhuc fidem thori servaturos se promittere* (c. 7 Summa Sententiarum Tract. VII) gegenüber. Ebendort sagt er: *De iuramento et desponsatione illa intelligendum est, quando vir et mulier se invicem recipientes iurant se fidem tori et alia jura conjugii ad praesens et deinceps servaturos. Tale enim iuramentum facit conjugium, non illud, quod pertinet simpliciter ad futurum*[2]). Mit dem *Se ex consensu ad praesens recipere* entsteht nach ihm die Ehe, ohne dass es noch der Copula carnalis bedarf. So c. 6 ib.: *Credimus igitur sufficere duarum idonearum personarum legitimum de conjunctione consensum — licet dos defuerit et sacerdotalis benedictio et alia nuptiarum solemnia, vel etiam ipsa sexuum commistio, sine qua conjuges vere appellari possunt.* c. 5 De sacramentis L. II. P. XI: *Ex quo talis consensus — factus fuerit, ex eo statim conjugium est; quem etsi postea*

---

[1]) Siehe die Vorrede. [2]) Migne Patr. B. 176 S. 160.

copula carnis sequitur, nihil tamen coniugio amplius ad virtutem sacramenti confertur. Daher begründet diese Desponsatio das *Impedimentum ligaminis* gegenüber einer späteren consummirten Verbindung, wie Hugo weiter ausführt, nicht aber hat eine Promissio de futuro diese Wirkung: *Qui ergo se promisit uxorem ducturum, nondum tamen uxorem duxit et quae spopondit se nupturam, nondum nupsit, nec conjugium adhuc fuit sed futurum esse debuit.* Beide Acte jedoch: *Sacramentum conjugii futurum promittere* und *praesentis assensus attestatione firmare* können unter Desponsatio verstanden werden.

Hugo gelangt zu dieser Unterscheidung bei Erklärung des Ausdrucks *A prima desponsationis fide* in Isidors Ausspruch: *Quod conjuges verius appellantur a. p. d. f. quamvis adhuc inter eos ignoretur conjugalis concubitus* (c. 6. C. 27 qu. 2), worin ein Widerspruch mit seiner Behauptung *Conjugium in consensu maritali sanciri* gefunden werden könne[1]). *Si enim a prima desponsationis fide conjugium incipit, cum fides desponsationis in promissione futuri consensus praecedere videatur, quando conjugium ab hac fide initiari dicitur, procul dubio etiam ipsum matrimonii consensum anteire probatur. Sed si desponsationem ipsam futuri matrimonii pactionem et promissionem intelligere debemus, tunc nimirum fidem desponsationis impletionem promissionis et pactionis exhibitionem convenienter accipimus. A qua nimirum, quia in praedicto consensu constat, merito conjugium exordium sumit, quia in eo quod fides pactionis et sponsionis, quae de futuro conjugio utrinque facta fuerat, adimpletur, in consensu maritali conjugii sacramentum perficitur. Nomen autem desponsationis non ipsum conjugii consensum, quo matrimonium firmatur, sed pactionem et promissionem futuri consensus significare in ipsa vocis expressione conjicimus, quia et spondere non dare est aut facere, sed promittere.* Er sagt also, man könne unter Desponsatio sowohl die **Abgabe** des *Consensus maritalis*, als auch das **Versprechen dieser** verstehen. Im letzteren Falle müsse, wenn man sage, das Conjugium beginne *A fide desponsationis*, da die

---

[1]) Migne ib S. 487 D:

Desponsatio nur das Versprechen **künftiger** Ehe sei, unter *Fides desponsationis* die Erfüllung und Ausführung dieses Versprechens verstanden werden, welche eben im Consensus maritalis bestehe. Sei die Desponsatio aber der **Ehevertrag**, so ist die *Fides desponsationis* die **Ehe selbst**. Daher könne man in beiden Fällen sagen, die Ehe beginne *A fide desponsationis,* nur sei im einen Falle die Ehe **gegenwärtig** vorhanden, im anderen spreche man **dem Namen nach** von einem Beginn derselben, obwohl diese nur **versprochen** (*Futura uxor*) sei. Die Stelle schliesst daher: *Si desponsationem accipimus in eo quando c o n s e n s u m a r i t a l i conjugium sancitur, recte tunc i p s u m c o n j u g i u m inchoari et nomen conjugis assumi dicitur. Si autem desponsationem intelligimus in eo quod f u t u r u s a d c o n j u g i u m f a c i e n d u m c o n s e n s u s p r o m i t t i t u r, tunc quidem conjugium in iis quae conjugium a n t e c e d u n t, inchoari dicitur et ab inde etiam quae futura est conjux propter ea quibus c o n j u g i u m i n i t i a t u m est, n o m i n e c o n j u g i s censetur. Sed ut libet de his et de huiusmodi sentiatur, tantum ut c o n j u g i u m n e c a n t e l e g i t i m e c o n s e n s u s a t t e s t a t i o n e m, in quo uterque alteri ad conjugalis foederis societatem se tradit, v e r u m e s s e c r e d a t u r n e c p o s t e a i m p e r f e c t u m.* Dieser *Consensus maritalis* hat nur die *Conjugalis societas* im Auge, es sagt daher Hugo in der Abhandlung *De B. Mariae virginitate*[1]): *Spontaneus ergo consensus inter virum et feminam legitime factus, quod uterque alteri debitorem sui spondet, iste est, qui conjugium facit. E s t a d h u c a l i u s c o n s e n s u s s c i l c a r n a l i s c o m m e r c i i a d i n v i c e m e x i g e n d i a t q u e r e d d e n d i, s i m i l e m inter virum et mulierem p a c t i o n e m c o n s t i t u e n s, c o m e s e t n o n e f f e c t o r c o n j u g i i, officium et non vinculum, qui et ipse tamen cum pari ab utroque voto suscipitur, pari etiam necesse est debito teneatur. — Sed huius debiti necessitas illos conjugatos sibi ad invicem non subicit, in quibus, dum c o n j u g i u m c o n t r a h e r e t u r v e l s a n c i r e t u r, huius operis consensus non praecessit. Nec tamen h o c o f f i c i o c e s s a n t e, v e r i t a t e m sive virtutem c o n j u g i i c e s s a r e credendum est.* Im Widerspruche

---

[1]) Migne Bd. 176 S. 859 D.

mit dieser Betonung der Unwesentlichkeit des *Consensus coitus*, wie er besonders in cap. 1 ibid. ausführt, steht aber durchaus nicht, wenn es c. 18 S. Sent. tract. VII[1]) heisst: *Et licet vir efficiatur abbas et mulier abbatissa, tamen dum vivunt semper sunt conjuges; nec tamen ideo aliquis putare debet inter monachum et monacham posse contrahi conjugium, cum ipsi de reddendo carnis debito non valeant facere consensum legitimum.* Nicht die thatsächliche Abgabe des bezeichneten *Consensus de reddendo carnis debito*, sondern die rechtliche Fähigkeit zu demselben im Momente der Eheschliessung wird hier verlangt. Daher betont Hugo auch die *Idoneitas personarum, quia multae sunt maneries hominum, quibus non licet inter se vel etiam cum aliquibus aliis personis facere conjugium* (c. 10 ibid.). Die Nupturienten müssen *Personae legitimae* sein, *in quibus illa rationabilis causa demonstrari non potest, quare conjugii pactum mutuo firmare non possint.* Hier müsse aber auch die *Secunda institutio, quae per legem facta est,* beachtet werden: *Et extunc coepit esse ex proibitione illicitum, quod fuerat ex natura concessum* [2]).

20. Dürfte man viel Princip in diesen Quellen suchen, so müsste man aus diesen Stellen schliessen: nicht die **Unfähigkeit zum Debitum conjugale** begründe für den Unmündigen die Unmöglichkeit der Eheschliessung, sondern die **rechtliche Vorschrift**. Denn die Copula ist nach Hugo weder Moment der Eheschliessung, noch muss der eheliche Consens wesentlich auf dieselbe gerichtet sein. Es verweist daher Hugo auch bei Bestimmung des heirathsfähigen Alters auf die Leges. So heisst es in c. 15 S. Sent. VII.[3]): *Qua aetate possit fieri conjugium: Iuvenes ante quatuordecim annos et puellae ante duodecim iuxta leges matrimonium inire nequeunt. Quod si ante praedicta tempora copulationem inierunt, separari possunt, quamvis voluntarie et assensu parentum juncti sint. Qui vero in pueritia copulati post annos pubertatis se nolunt relinquere, sed in conjunctione permanere, iam ex hoc*

---

[1]) ib S. 167 D.   [2]) Migne Bd. 176 S. 483 A.   [3]) ib. S. 166.

efficiuntur conjuges et deinceps nequeunt separari.
Es liegt somit bis zur Mündigkeit keine Ehe vor, das Verhältnis wird
jedoch sofort zu dieser, wenn in die Fortsetzung der Verbindung
eingewilligt wird. Damit liegt eben der erforderliche *Consensus ad
conjugalem societatem* vor. Bis dahin kann die Verbindung getrennt werden, denn wie Hugo zu c. XX ib. sagt: *Omnes causas,
quas superius diximus impedire personas aliquas, ne possint facere conjugium, procul dubio sufficere ad earundem
personarum separationem, si forte tales personae conjunctae sint.*

Die zwischen Heirathsunfähigen geschlossene Ehe ist somit
nach der Auffassung Hugos zwar nichtig; sie kann, muss aber
nicht getrennt werden. Dies hängt davon ab, ob nach erreichter
Mündigkeit die Verbindung bestätigt wird. Erfolgt diese Bestätigung, so liegt hierin der eigentliche Eheschluss und die
bis dahin unfertige Verbindung wird zur unlöslichen Ehe, ohne
dass ein weiterer Formalact nötig wäre (iam ex hoc *efficiuntur
conjuges et deinceps nequeunt separari*). Wollen die formell Vermählten das Verhältnis nicht fortsetzen, so wird dasselbe, weil es
keine Ehe ist, auch gegen den Willen der Eltern, unter deren Mitwirkung es eingegangen wurde, gelöst. Ganz derselben Beurtheilung sind wir schon in den Petri Exceptiones legum Romanarum
begegnet, und es kann uns dies um so weniger befremden, als in
denselben besonders auf dem Gebiete des Eherechts stets auf
die abweichende kirchliche Anschauung Rücksicht genommen erscheint.

21. Die obige, unsere Frage betreffende Stelle aus Hugo's
Summa Sententiarum hat auch Petrus Lombardus in seine Sententiae Lib. IV. Dist. 36. § D. theilweise aufgenommen. Die Entstehung des genannten Werkes fällt vor oder in die Zeit Gratians und
ist jedenfalls unabhängig vom Decrete erfolgt [1]). In den Sententiae
L. IV. D. 27 § J. K. L. ist bereits die Unterscheidung in *Pactio
conjugalis* bezw. *Consensus de praesenti* und *de futuro* auf das
bestimmteste formulirt. So heisst es dort: *Fit aliquando desponsatio, ubi est compromissio viri et mulieris de contrahendo*

---

[1]) Vgl. hierüber Freisen, S. 181. Schulte. W. S. B. 65 S. 53.

matrimonio. non est autem ibi consensus de praesenti. — *Haec etiam sponsa est, quae sic viro desponsata est, ut non intercesserit consensus de praesenti, sed sponsio futuri. Est et desponsatio habens consensum de praesenti id est pactionem conjugalem, quae sola facit conjugium.* — *Aliquando enim sponsas vocant, quae talem habuerunt desponsationem ubi fuit pactio conjugalis de praesenti, et illae vere conjuges sunt.* — *In ea vero desponsatione, ubi est consensus de praesenti, conjugium contrahitur et ab illius desponsationis prima fide veri conjuges appellantur.* Diese an Hugo anschliessende und nicht, wie Freisen (a. a. O. S. 181) sagt, rein erfundene Sponsalienunterscheidung des Petrus Lombardus lässt ihn auch in unserer Frage die Unterscheidung in *Matrimonium inire* und *Sponsalia contrahere* machen. Diesbezüglich sagt er in L. IV. D. 27 § 1.: *Sunt enim quaedam pacta nuptialia de futuro, ex quibus sponsi etsponsae vocantur, nec exinde conjuges sunt. Et est pactio quaedam conjugalis de praesenti quae sponsum et sponsam etiam conjuges facit. Et utraque pactio desponsatio vel sponsalia interdum dicuntur: proprie tamen sponsalia dicuntur quaedam solennia pacta nuptialia.* Da er unter *Sponsalia* im eigentlichen Sinne das Eheversprechen versteht, bezieht er auf dieselben den Zeitpunkt des römischen Rechtes: *Sponsalia ante septennium contrahi non possunt: solo enim consensu contrahuntur, qui intervenire non potest, nisi ab alterutra parte intelligatur, quod inter eos agitur* [1]). Auch bezüglich der Fähigkeit zur Eheschliessung geht er auf das römische Recht (Leges) zurück, das er auch betreff des *Consensus filiae familias* zu den Sponsalia und Nuptiae heranzieht. Es heisst hier — wie bereits bemerkt, in fast wörtlichem Anschlusse an Hugo de St. Victore S. Sent. tract. VII. C. 15. — *De aetate contrahentium. Hoc etiam sciendum est. quod pueri ante XIV annos et puellae ante XII annos secundum leges matrimonium inire nequeunt. Quod si ante praedicta tempora copulam inierint, separari possunt* etc. (wie bei Hugo).

---

[1]) Vgl. hiezu das Dictum Gratians zu C. 30 qu. 2 u. c. 14. D. de spons. (23, 1), vgl. auch § 16.

Zeigt somit Petrus Lombardus hier keine Abweichung gegen Hugo und steht somit seine so einflussreich gewordene Lehre in demselben, wegen seiner Gegenüberstellung von matrimonium und sponsalia noch schärfer hervortretenden Gegensatze zur Doctrin Ivo's und der älteren italischen Kirche, so erscheint weiters auch die Art interessant, in der Petrus Lombardus das *Impedimentum aetatis* — als selbständiges Ehehindernis zählt er es nicht auf — in sein eherechtliches System einreiht. Die Unmündigkeit, welche er nach der *Frigiditas* und dem *Conditionis impedimentum* behandelt, gehört wie diese nach ihm zu jenen Ehehindernissen, welche gewissermassen sanirt werden können, *quibus conjugium solvi potest nec tamen solvi semper necesse est* (D. 36 § d.). Die geschlossene Ehe könne unter gewissen Voraussetzungen trotzdem aufrecht bleiben, denn die betreffenden Personen seien nur *Mediae — nec plene legitimae nec omnino illegitimae (per frigidatem, per conditionem). Si enim tales iunguntur ignoranter, commanere possunt quibusdam accedentibus causis et eisdem deficientibus dividi.* Die *Aetas impuberum* reiht er demnach neben das *Imped. conditionis* an und schliesst daher mit dem Satze: *Duo illa executi sumus cum aliorum quorundam adjectione, quibus conjugium solvi potest nec tamen solvi semper necesse est.* Die *Causa accedens* oder *deficiens* ist die nachträgliche Zustimmung des Mündiggewordenen. Der auf das *In conjunctione permanere* gerichtete Consens schliesst dann die Ehe, da die Beziehung auf ein gegenwärtiges *Consortium vitae* durch die schon erfolgte *Conjunctio* gegeben ist. Es handelt sich also nicht so sehr um die Zulassung der eheschliessenden Desponsatio, sondern darum, den rechtlichen Mangel des erfolgten Eheschliessungsactes und des thatsächlich schon verwirklichten ehelichen Verhältnisses zu saniren. Hiezu genügt der in mündigem Alter erklärte Wille, die Ehe, richtiger die Verbindung als Ehe fortzusetzen, denn dieser *Consensus de praesenti* macht das vorliegende unfertige Verhältnis zur Ehe. Der frühere Formalact erhält dadurch endgültige Wirkung, es bedarf keiner Wiederholung desselben. Die nachträgliche Consenserklärung entspricht dem trotz erhaltener Kenntnis des Hindernisses erfolgendem *Collaudare ut legitimam habeat scil. uxorem* beim *Error conditionis* [1]). Eine ähnliche Verbindung der Aetas mit dem *Impedimentum conditionis* und später mit dem *Imp. cultus disparitatis* wird uns bei den meisten Decretisten, insbesondere bei Huguccio begegnen. —

B. Das Decretum Gratiani.

22. Die in den angeführten Quellen der fränkischen Kirche sich scharf kennzeichnende Richtung, welche den Consensus als massgebendes Moment der Eheschliessung bezeichnet, tritt in directen und, wie sich aus mehreren Stellen [2]) ergibt, in bewussten Gegensatz zur älteren Auffassung der Kirche, welche das *Matrimonium ratum* erst mit der Consummirung gegeben sein lässt. Gegen Ende des elften Jahrhunderts beginnt auch auf italienischem Gebiete selbständig und unabhängig von der Doctrin der Ecclesia Gallicana eine Richtung sich zu entwickeln, welche mit ersterer in der Betonung der Desponsatio zusammentrifft und später auch jener Sponsalienunterscheidung des Petrus Lombardus sich insoferne nähert, als die Richtung des ehelichen Consenses auf sofortige, gegenwärtige Knüpfung des ehelichen Bandes verlangt wird. Schon Innocenz II. (1130—1143) schliesst sich c. 10 Comp. 1 de spons. 4, 1 dieser Anschauung an, doch könnte der Wortgebrauch dieser Decretale auch auf ein Bekanntsein der fränkischen Doctrin schliessen lassen. Gratian hat ohne Zweifel in C. 27 qu. 2 auf diese Lehre Rücksicht genommen und versuchte den Widerspruch derselben mit der älteren kirchlichen Auffassung in Einklang zu bringen, indem er unterschied: *Sed sciendum est, quod conjugium desponsatione initiatur, commixtione perficitur. Unde inter sponsum et sponsam conjugium est, sed initiatum, inter copulatos est conjugium ratum* (dict. zu c. 34 C. 27 qu. 2). Damit war jedoch nur scheinbar eine Verbindung beider Ansichten geschaffen; da jede christ-

---

[1]) Sententiarum L. IV. D. 36 § a.
[2]) Vgl. Ep. 246 des Ivó, ferner Hugo's De B. Mariae virginitate c. 4, S. Sententiarum Tract. VII. c. 20 (Migne a. a. O. Bd. 176, S. 862, 170, Bd. 162 S. 352.)

liche Ehe unauflöslich war, entstand durch die Desponsatio nur eine uneigentliche Ehe. Man könnte diese Distinction am ehesten so wiedergeben: Beschlossen ist das eheliche Verhältnis mit der Desponsatio, verwirklicht, ins Dasein getreten erst mit der Copula. Ein eigentlicher rechtlicher Eheschliessungsact, mit dem zugleich die vollkommene, endgültige Ehe existent wird, ist nach dieser Ansicht noch nicht gegeben. Die Desponsatio begründet nur ein uneigentliches, eheähnliches Verhältnis, das, weil löslich, nicht christliche Ehe ist, wenn es auch mit *Matrimonium* bezeichnet werden kann. Die Eheschliessung erfolgt durch zwei Momente, die für sich allein keine Ehe bewirken: Consensus und Copula.

23. Da nun Gratian in den Sponsalia ein *Matrimonium initiatum* sieht, war es, um auf unsere Frage zu kommen, kein Widerspruch für ihn, wenn er zur Frage: *An sponsalia contrahantur inter infantes?* die citirte Decretale Papst Nicolaus I. *Ubi non est consensus utriusque, non est conjugium* als Beleg brachte, obwohl dieselbe nur von *Conjugium* spricht. Er fasste diesen Ausdruck im ersteren Sinne, da von einem *Conjugium ratum* naturgemäss keine Rede sein konnte. Man kann daher auch schliessen, dass Gratian entsprechend unter dem *Tempus discretionis* das Septennium verstand, von dem er in seinem Dictum zu dieser Questio 2 C. 30 spricht. Dasselbe schliesst sich sichtlich (wie bei Petrus Lombardus) an die einzige diesbezügliche Pandectenstelle (c. 14 de spons. 23, 1.) an: *Sponsalia ante septennium contrahi non possunt. Solo enim consensu contrahuntur, qui intervenire non potest, nisi ab utraque parte id intelligatur quod inter eos agitur. Probatur ergo sponsalia non posse contrahi inter pueros, quorum aetatis infirmatis consensum non admittit. Testatur hoc idem Nicolaus papa dicens* etc. Das siebte Lebensjahr ist also das *Tempus consentiendi,* vor welchem wegen der Infirmitas aetatis kein Consens erfolgen, daher kein Conjugium contrahirt werden kann.

Den verschiedenen Charakter der kirchlichen Sponsalia und jener des römischen Rechtes hat Gratian hiebei nicht beachtet. Dass eben schon die Zustimmung nach dem siebten Jahre von ihm als genügend für die Giltigkeit der Desponsatio betont wurde, er-

klärt sich wohl einerseits aus dem Umstande, dass er das dadurch
begründete Verhältnis nur als ein Anfangsstadium der Eheschliessung und daher als willkürlich lösbar betrachtete, andererseits jene
Zeit, wie dies sowohl nach dem römischen Rechte als nach den
alten deutschen Rechtsquellen der Fall war, nur den Consens, nicht
aber die Freiheit desselben verlangte. Wenn Gratian im Dictum
zu C. 31 qu. 2 sagt: *Quod nisi libera voluntate nulla est copulanda alicui,* so erscheint diese Betonung freier Selbstbestimmung noch nicht mit der *Aetas nubilis* in Zusammenhang gebracht, wie wir dies in den nachgratianischen Quellen
immer mehr zum Ausdruck gebracht finden. Gratian's Anschauung ist noch ganz jene der alten Zeit. War schon nach römischem Rechte die Mitwirkung der Gewalthaber — *eorumque in
potestate sunt* (l. 2 D. 23, 2) — unbedingtes Erfordernis und konnten
nach älterem deutschen Rechte selbst Eltern, welche das
Mundium über ihre Tochter nicht mehr besassen, dieselbe gegen
deren Willen zur Ehe geben (Ed. Roth. 182), so galt dies umso
mehr für das unmündige Kind und für den Abschluss der Sponsalia nach kirchlicher Auffassung. Hier verfügten die Eltern über
ihr Kind, wie dies aus den im Decrete vorfindlichen Quellenstellen
zur Genüge hervorgeht; vgl. c. 2 C. 31 qu. 2, c. 13 C. 32 qu. 2,
c. 12 und c. 19 ib. Gratian selbst betont noch im Dictum zu c. 12
C. 32 qu. 2, dass der *Consensus paternus* unbedingt erforderlich
sei und der Mangel desselben irritirende Wirkung habe — *nec
sine eo legitimae nuptiae habeantur.* Doch kommt in seinen Dicta
mehrfach schon ein Unterschied zwischen der durch die Eltern
ohne *Consensus puellae* und der mit Zustimmung des Kindes erfolgten Desponsatio zum Ausdrucke. Daher sagt Gratian auch im
Dictum zu c. un. C. 31. qu. 2. *Quod autem post parentum sponsionem aliis nubere non valeant, auctoritate Eliberitani Concilii
c. 54 monstratur: Si qui* etc. *Ecce quod non licet parentibus sponsalia filiorum suorum frangere. Verum hoc de illis intelligendum
est quae illorum consensu contrahuntur.* Er will ebenso im
Beginne zu C. 31 qu. 2 die Nothwendigkeit des freien Consenses betonen, wenn er in dieser und der folgenden Questio von
der Verbindlichkeit der durch die Eltern geschlossenen Verbind-

ungen spricht. Die Unabhängigkeit von dem Willen der Eltern und deren Mitwirkung zur Ehe tritt nach seinem Dictum zu c. 8 C. 20 qu. 1 mit der Mündigkeit ein. Zum Unterschied von der *Puella coacta imperio parentum* nennt er dort jene *Nubilis* (mit Bezugnahme auf das *nuptias eligere*) *cuius post duodecimum annum est liberum arbitrium nec in electione propositi cogitur sequi parentum imperium*. Die Sponsio paterna bindet also nach Gratians Ansicht nur den Unmündigen, nicht aber den Mündigen. Die Entwicklung geht, wie wir sehen werden, dahin, die verpflichtende Wirkung der Sponsio paterna für den Unmündigen, ob sie mit oder ohne dessen Consens erfolgte, überhaupt zu beseitigen. Bei der Sponsio p. eines Mündigen muss dessen Consens stets vorliegen, um eine Wirkung auf dem Gebiete des Eherechts zu erzielen.

24. Infolge dieser Betonung des freien Selbstbestimmungsrechtes des heirathsfähigen Kindes hat die **spätere Zeit** auch den *Consensus paternus* zu den entbehrlichen Solemnitäten gezählt und als Erfordernis mit irritirender Wirkung **nicht** mehr anerkannt. Wir finden daher schon in der nächsten Zeit öfters jene Quellenstellen, welche von demselben sprechen, nur mehr auf die **Desponsatio Minderjähriger bezogen**, oder den *Consensus paternus* **nur als Erfordernis der Wohlanständigkeit, nicht des Wesens der Ehe hingestellt**. So sagt Roland in seiner Summa zu c. 16 C. 32 qu. 2: *Et quia in finem praecedentis capituli* (Dictum Gratian's zu c. 12 C. 22 qu. 2) *dixerat: Paterno arbitrio iunctae* etc. *videtur non esse nubendum alicui, nisi patrio arbitrio. Verum tamen quia licitum est cuique superadultae nubere cui vult, patre consentiente vel non consentiente, dummodo in Domino, ad illius opinionis remotionem Toletani concilii subinfertur capitulum et post: „similis conditio de virginibus habeatur nec „extra voluntatem parentum", hoc de minoribus XII, annorum „vel suam" hoc de iam nubilibus quae ad nubendum nullatenus compelli poterunt, nisi propria voluntas suffragaverit „nubere compellantur" quod tamen de non voventibus est intelligendum* [1]). Ebenso hebt er an

---

[1]) Thaner ed. p. 169, vgl. §. 33.

anderer Stelle hervor, dass der freie Wille des mündigen Mädchens der väterlichen Entscheidung vorgehe: *Similiter nec oberit, quod ad hunc articulum spectat, si puella superadulta ea consentiente quamvis patre contradicente fuerit traducta* [1]). Aehnlich bemerkt auch noch die spätere Glosse zu c. 2 C. 27 qu. 2 dass der *Consensus parentum*, den die Leges fordern, nicht zum Wesen der Ehe, sondern zu den Solemnitäten gehöre, daher nur *ex honestate, non ex necessitate* erforderlich sei. Insbesondere soll der *Minor* denselben einholen, denn: *secundum canones licet filiae praeter voluntatem parentum nubere. Unde nec est necessaria patris voluntas quantum ad hoc, quin teneat matrimonium, licet non adsit voluntas eius: alias bene dico requirendum consensum eius, maxime si est minor, unde corrigitur illud Just. de nupt. in princ.* (Jnst. 1, 10).

25. So erklärt es sich auch, dass die spätere Zeit mit dem Inhalt der Palea c. 2 C. 31 qu. 2 (auch c. 1 X. 4, 2), welche Caput incertum ist, sich nicht mehr zurecht finden konnte, da es dort heisst, dass der Vater den unmündigen Sohn verheirathen könne und dieser nach Erreichung der Mündigkeit seine Zustimmung geben müsse. Die Palea sagt: *Tua sanctitas nos requisivit, frater venerande, de filio adulto, quem pater matrimonium contrahere vult, si sine voluntate filii adulti facere potest. Ad quod dicimus, si aliquo modo non consentit filius, fieri non posse. Potest autem de filio nondum adulto, voluntas cuius nondum discerni potest, pater eum cui vult in matrimonium tradere* (Comp. 1. hat *matrimonio copulare*) *et postquam filius pervenerit ad perfectam aetatem omnino observare et adimplere debet.* Die Glosse bemerkt zu dieser Palea, deren Inhalt von mehreren Decretisten als längst derogirt bezeichnet wird, folgendes: *Pater vult quod filius eius contrahat cum aliqua muliere, filius adultus non vult cum illa contrahere, quaeritur an pater filium compellere possit ut cum illa contrahat? Dicitur quod si filius non consentit hoc fieri non potest, sed filium nondum adultum potest pater cui vult in matrimonium tradere, quin ipsius voluntas adhuc discerni*

---

[1]) ib. p. 234.

non potest. Sed postquam venerit ad legitimam aetatem debet factum patris ratum habere, si sibi placuerit, sed non compellitur. Nota quod libera debet esse voluntas in matrimonio contrahendo et filius non adultus in hoc patri subjacet. Item pater non potest cogere filium adultum ad contrahendum; filium vero non adultum cogere potest, ut videtur, quod verum est quoad sponsalia non quoad matrimonium; quod patet cum dicitur in litera: dum venerit ad legitimam aetatem et illud quod postea sequitur debet exponi de debito honestatis non necessitatis. Letztere Erklärung gibt auch Bernard v. Pavia in seinen Casus decretalium [1]). Die elterliche Mitwirkung erscheint also nicht nur auf die Mündigkeit, sondern auch auf den Abschluss eigentlicher Sponsalia beschränkt. Dies dürfte wohl auch der Sinn obiger Palea gewesen sein und daher das *Adimplere* nach der *Perfecta aetas* auf den Vollzug des *matrimonium contractum* zu beziehen sein. Doch kann mit der *Perfecta aetas* auch das *Septennium* gemeint sein, womit allerdings stimmen würde, dass der Ausdruck *Nondum adultus* mit den Worten erläutert wird: *Cuius voluntas nondum discerni potest.* Die *Anni discretionis* (*rationales* nach Ivo's Epistolae) sind wohl auf die nämliche Etymologie zurückzuführen.

Dieses Septennium ist somit der Zeitpunkt, von dem an die Desponsatio wirksam erfolgen kann. Die Voraussetzung hiefür ist die Zustimmung der Desponsirten, welche sonst nachgetragen werden muss, sei es nun dass die Desponsatio durch die Eltern vor dem Septennium erfolgte, oder ohne Einholung des Consenses der Kinder nach dem siebten Jahre derselben vorgenommen wurde. Ueberall finden wir für die Desponsatio der Zeit Gratian's nur die Fähigkeit zum Consens, das *Intelligere quod agitur* (Dictum zu c. un. C. 30 qu. 2), also das Erfordernis der geistigen Reife betont. Die Desponsatio liess die Ehe eben noch nicht entstehen, erforderte daher nicht das Vermögen zur Copula, welches nur für die Nuptiae in Betracht kam. Erst mit der Consummation lag die

---

[1]) Laspeyres, Bernardi Papiensis Fav. episc. Summa decr. Ratisbonae, 1860 p. 342.

Ehe als christliches Matrimonium ratum, also als unlöslich und endgültig geschlossene Verbindung vor.

26. Für diesen Act endgültiger Verpflichtung kam somit in jener Zeit der Grundsatz freier Eheschliessung in Betracht, den die Kirche zu betonen anfing, nicht aber für die Desponsatio, da das durch diese begründete Verhältnis löslich war. Es war somit nur eine Folge der Hervorhebung des Consensus als definitiv eheschliessenden Momentes, wenn die Vertreter der fränkischen Kirche den Consens des Unmündigen zur vollen Wirksamkeit des eheschliessenden Rechtsgeschäfts nicht genügen lassen. Hätte es einerseits gegen das zum Durchbruch gelangende Prinzip der Freiheit der Eheschliessung verstossen, dem Consense des Minderjährigen, auch wenn er formell richtig und unter Mitwirkung der Eltern erklärt wurde, endgültig bindende eheschliessende Kraft zuzusprechen, so widersprach eine derartige unmittelbare Wirksamkeit der *Desponsatio impuberum,* welche dem *Consensus per verba de praesenti* des Unmündigen nach dieser Doctrin hätte beigelegt werden müssen, auch der thatsächlichen Unfähigkeit des Impubes, seinen Willen auf eine gegenwärtige eheliche Gemeinschaft mit allen ihren Folgen zu richten, alle ehelichen Rechte als gegenwärtige zuzugestehen, da er nicht des Zweckes derselben bewusst werden und die Bedeutung des «Sich gegenseitig Empfangen» (*se invicem recipere, se debitorem facere alteri*) begreifen konnte. Daher fordern Hugo und Petrus Lombardus die Consenserklärung des Mündigen und lassen erst durch diese die Ehe entstehen, auch wenn der Unmündige *voluntarie et assensu parentum* die Verbindung eingegangen hatte.

27. Es wurde bereits erwähnt, dass auch auf italischem Gebiete eine den Consens betonende Richtung auf selbständiger Grundlage sich entwickelte, welche auch bald das Erfordernis der Richtung der ehelichen Consenserklärung auf die Gegenwart hervorhob. Schon unter den ersten Decretisten finden wir daher in gleicher Weise die *Desponsatio,* die *Consensu puellae,* und jene welche *sine consensu p.* erfolgt, der Wirkung nach unterschieden. Wie hiebei für die Verbindlichkeit zur *Traditio ad carnalem copulam,* also zur Consummation der Ehe, der in mündigem Alter erfolgte

Consens der Puella zur vorausgehenden Desponsatio massgebend ist [*Ea volente et nubili existente,* Tract. Gottwicensis, Stefan u. a. *secunda (traditio ad carnalem conjunctionem) prima (traditione ad desponsationem) praecedente consensu puellae eadem invita fieri potest*], so wird bezüglich der Rechtswirkung der *Sponsio paterna* die *Filia nondum nubilis* der *Filia iam nubilis sed contradicens* gleichgestellt.

Wird also auch im späteren Rechte daran festgehalten, dass die Desponsatio an sich schon nach dem siebten Jahre formell giltig erfolgen könne, so ist die Wirkung dieser Desponsatio doch schon verschieden von der Verbindlichkeit jener mit der Eheschliessung zusammenfallenden, endgültige und unmittelbare Verpflichtung beabsichtigenden Desponsatio, welche erst in heirathsfähigem Alter möglich war. Wurde die letztere vor diesem Zeitpunkte vorgenommen, so war ihre Wirkung ebenso eine beschränkte wie die der vor heirathsfähigem Alter erfolgten Desponsatio überhaupt und zwar wie sich ergeben wird, jene eines förmlichen Eheversprechens. Hiemit war aber nichts anderes gegeben als die Lehre: Nur die *Desponsatio de praesenti* des Mündigen schliesst die Ehe, die Desponsatio des Unmündigen ist nur beschränkt giltig und wirksam.

Wie die weitere Entwicklung und Beurtheilung der Desponsatio impuberum de praesenti erfolgte, zeigen die nun zur Besprechung kommenden Ansichten der Doctrin und die nachgratianischen Decretalen.

C. Die Literatur über das Decret Gratians bis zur Benutzung der Decretalen Alexander III.

28. Schon die erste an das Decret Gratian's anschliessende Literatur ist in diese Frage näher eingegangen und es mag gerade die geringe Beachtung, welche diesem Capitel des Eherechts im Decrete zu Theil wurde, der Doctrin — den Decretisten wie der Glosse — Anlass gegeben haben, das Thema der Ehefähigkeit und der Sponsalia Unmündiger zum Gegenstande eingehender Erörterung in der damaligen glossirenden, commentirenden und kritisirenden Manier zu machen. Man war sich hiebei auch des Mangels kirchlicher Bestimmungen bewusst geworden und empfand diese Lücke umsomehr, als einerseits nach den zahlreichen Beispielen, welche sich in den in dieser Zeit erflossenen Decretalen und in vielen damaligen Urkunden finden, im practischen Leben die gesetzliche Altersgrenze sehr häufig nicht berücksichtigt wurde, andererseits die nunmehrige Betonung des *Consensus de praesenti* mit seiner unmittelbaren eheschliessenden Wirkung eine Anwendung der bisher aufrecht erhaltenen Zeitgrenze des Septenniums für den Abschluss der Sponsalia nicht mehr zuliess. Bezüglich des ersteren Punktes verweise ich nur auf die Ausführungen der Summa Coloniensis, welche allerdings nach dem Standpunkte derselben zunächst nur locale deutschrechtliche Zustände im Auge haben, wenn es dort heisst: *Postremo si adeo desiderabitur in conjugio hic limes annorum ut absque eo non sit verum conjugium sed illicitum contubernium, provenit, ut pluraque non sint legitima conjugia auctore ecclesia celebrata. Paterna enim sollicitudo filiarum infamiam metuens et lubrico aetatis prospiciens opitulante sibi in hoc ecclesia quasdam ante tempus prescriptum nuptui tradit Et quis nunc fidelem ponit calculum aut verus existet supputator annorum, ut sciat ecclesia, ubi sint vel non sint conjugia? Hic latet verum* [1]).

Dass die Schule ein Eingreifen der Kirche für nothwendig hielt und den Mangel geeigneter canonischer Vorschriften rügte, bringen die Summae der Decretisten wiederholt zum Ausdruck, indem sie sagen, dass über den Zeitpunkt des Sponsalienschlusses die alten Canones nichts enthielten, und daher auf die Bestimmungen der Leges, also des römischen Rechtes hinweisen, welche hier, so weit sie mit den Canones nicht in Widerspruch stünden, anzuwenden seien. Hier war es insbesondere die neue an den oberitalischen Rechtsschulen Boden gewinnende, den Consens als massgebend erachtende Richtung, welche sich mit der bisher ge-

---

[1]) Benützt nach der Copie J. Ficker's aus Codex Bambergensis D. II. 17, p. 271 sequ..

handhaben Praxis, die Desponsatio schon nach dem siebten Lebensjahre zuzulassen, nicht zurechtfinden konnte, weil sie die *Desponsatio de praesenti* bereits als endgültig geschlossene Ehe und daher als im allgemeinen unlösliche Verbindung ansah. Da nun die Lösung einer giltigen *Desponsatio de praesenti* unter Heirathsunfähigen nicht zugelassen, zugleich aber der Consens des Minor nicht als definitiv bindend erklärt werden durfte, indem demselben die Möglichkeit unmittelbarer Wirksamkeit und sofortiger Ausführung fehlte, musste diese Richtung die *Aetas impuberum* als Nichtigkeitsgrund auffassen oder die Desponsatio impuberum überhaupt nicht als Eheschliessung betrachten.

Die Beurtheilung dieser Frage erschien aber speciell in dem Falle erschwert, wo auf einer Seite bereits die erforderliche Consenserklärung eines Mündigen vorlag und nur der andere Theil wegen Mangels des gehörigen Alters nicht verbindlich consentiren konnte. Während daher die einen Arbeiten die **Aetas als selbständiges Ehehindernis** anführen, zögern andere doch, die Desponsatio de praesenti zwischen einem *Maior und Minor* nicht als **Eheschliessung zu erklären**. Wo der Unterschied in *Consensus de praesenti* und *de futuro* noch nicht ausdrücklich festgehalten erscheint, ist diese Frage auch nicht genügend klar behandelt, während doch schon im Anschluss an gleichzeitige Ansichten die verbindliche Kraft der Desponsatio an die *Aetas nubilis* geknüpft ist, die *Sponsio paterna* einer *Nondum nubilis* auch mit deren Consens nicht eingehalten zu werden braucht, zugleich aber der Abschluss von Sponsalia mit dem siebten Jahre zugelassen wird. Wenn auch nicht klar ausgesprochen, so doch der Idee nach festgehalten finden wir in diesen Quellen den **Unterschied der Wirkung** der *Desponsatio* einer *Nubilis* und *Nondum nubilis* **gleichbedeutend mit der Distinction in Desponsatio de praesenti und de futuro**, in dem die *Desponsatio de praesenti* Unmündiger nur die Verbindlichkeit von Sponsalia de futuro erhielt, mit welchen die Doctrin der späteren Zeit, im Anschlusse an die Sponsalienunterscheidung des Petrus Lombardus nicht mehr den Begriff eines eherechtlich **unverbindlichen Eheversprechens**, sondern die Wirkungen der gratianischen Desponsatio, des *Matri-*

monium contractum des Decrets und der späteren Decretalen bis Innocenz III. verband.

29. Musste somit die Erörterung dieser Rechtsfragen bei Behandlung des gratianischen Quellenmateriales, namentlich der Quaestio 2. C. 30, sich mit dem Rechtsstoffe und namentlich mit den späteren eherechtlichen Reformen Alexander III. der Schule von selbst aufdrängen, so lässt es wiederum das Bedürfnis nach klaren canonischrechtlichen Bestimmungen gegenüber der immer mehr sich verbreitenden Sitte frühzeitiger Verehelichung der Kinder durch die Eltern und die Notwendigkeit einer für die Praxis massgebenden Entscheidung der wissenschaftlichen Controversen durch die Autorität des päpstlichen Stuhles erklärlich erscheinen, dass diese Frage in verhältnismässig sehr zahlreichen Decretalen jener Zeit behandelt wird, welche in der Sammlung Gregor IX. grösstentheils in einem gesonderten Titel De desponsatione impuberum sich vereinigt finden, wie ja auch schon in der Summa decretalium des Bernhard von Pavia ein specielles Capitel dieser Frage gewidmet ist.

Die Sicherheit und Klarheit, mit welcher in den entscheidenden Decretalen Alexander III. sowohl einzelne concrete Fälle beurtheilt werden, als auch allgemeine Normen hierüber gegeben sind, lässt den Eindruck gewinnen, dass der genannte Papst hier nicht so sehr seine eigene, selbständige Anschauung, sondern vielmehr jene der Schule, der er als Magister Roland angehört hatte, zur Geltung brachte. Gerade die älteste und bekannte Summa des Paucapalea, der noch Schüler Gratians war, gibt den Beweis, wie controvers die damaligen Ansichten waren. Die Dicta Gratian's enthalten keine Berücksichtigung der Auffassung der Schule über unsere Frage, während Gratian sonst die herrschenden Controversen, soweit dieselben aus dem gesammelten Quellenmateriale sich ergaben, zu entscheiden sucht. Es ist daher sicher der Schluss berechtigt, dass erst zur qu. 2 C. 30 des Decrets dieses Thema näher discutirt wurde, wie ja überhaupt erst in jener Zeit mit dem grundlegenden Werke Gratian's die canonistische Jurisprudenz zu erster Blüthe und einflussreicher wissenschaftlicher Thätigkeit gelangte.

I. Die Summa des Paucapalea [1]).

30. Als die erste uns bekannte Bearbeitung des im Decrete enthaltenen Rechtsstoffes gilt nach den Forschungen von Maassen [2]) und Schulte [3]) die Summa des Paucapalea, deren Entstehung unmittelbar nach dem Decrete um die Mitte des zwölften Jahrhunderts (1144—50) anzusetzen ist. Dieselbe enthält zur qu. 2 C. 30: *An sponsalia contrahantur inter infantes* eine Erörterung der hierüber bestehenden Controversen. Die eine sucht zu beweisen, dass die Pueri zum Sponsalienschluss unfähig sind, weil dieselben nicht versprechen und nicht consentiren können, daher wenn auch Sponsalia unter ihnen geschlossen wurden, denselben keine Wirkung beigemessen werden könne. *Quod non contrahantur, hoc modo potest probari. Sponsalia sunt mentio et repromissio futurarum nuptiarum. Sed pueri neque fari neque promittere possunt, ergo in pueritia contrahi non possunt. Item sicut in matrimonio consensus requiritur. ita et in desponsatione. Sed pueri consentire non possunt, ergo sponsalia inter illos non contrahuntur. Item Nicolaus: qui pueris dant puellas in cunabulis, nihil faciunt, si ergo nihil faciunt, sponsalia in pueritia non contrahuntur*[4]). Diese Auffassung schliesst sich ersichtlich an das römische Recht an, wie die bekannte Sponsaliendefinition: *Sponsalia sunt mentio et repromissio futurarum nuptiarum* (l. 1 Dig. de spons. 23, 1) zeigt, und versteht somit auch unter *Pueritia* den Zeitraum bis zum siebten Jahre, daher die Begründung: *Pueri neque fari neque promittere possunt* nur der Etymologie des Wortes *Infantia* entspricht. Zugleich erkennt man hier die den Consens betonende

---

[1]) v. Schulte, die Summa des Paucapalea über das Decretum Gratiani, Giessen 1890. S. 121.

[2]) Maassen, Paucapalea, ein Beitrag zur Literaturgeschichte des canonischen Rechtes im Mittelalter, 1859 (Wien. Sitz.-Berichte, phil.-hist. Klasse Bd. 31 S. 449 ff.).

[3]) Vgl. v. Schulte, Geschichte der Quellen und Literatur des can. Rechtes I. S. 109 ff.

[4]) Ich benützte hier noch die Copie J. Ficker's aus Cod. lat. Monac. 15819 fol. 101 sq.

Richtung, welche zu jener Zeit in den Rechtsschulen Geltung gewann. Die Unterscheidung von *Matrimonium* und *Desponsatio* bezüglich des Erfordernisses des Consenses, offenbar im Anschlusse an l. 11 de spons. 23, 1. gebracht, kennzeichnet ebenfalls diese romanistische Richtung.

Paucapalea selbst vertheidigt als Schüler Gratians die Anschauung desselben und entscheidet daher auch in unserer Frage im Sinne des Decrets und der bisherigen Auffassung der Kirche, indem er zugleich den Ausdruck Pueritia auf die Zeit bis zur gesetzlichen Altersgrenze bezieht. Er sagt: *E contra probatur. Leges dicunt, quod sponsalia contrahuntur in septennio et post septennium, ergo contrahuntur in pueritia, quia pueritia est usque ad XIV annum. Lex vero tenenda est, nisi obviare sacris canonibus videatur. Item pueri et puellae in baptismate Christo desponsantur, cum patrini eorum fidem pro eis spondent. Item pueri et puellae desponsantur ecclesiae, cum a propriis parentibus offeruntur, quia, ut auctoritas ait, monachum non solum facit propria professio, sed paterna devotio. Ergo si in pueritia contrahuntur spiritualia desponsalia, multo magis et carnalia, cum sint inferiora. Pro qua quidem parte est danda sententia.* Paucapalea setzt also den Ausdruck *Infantes* in der gratianischen Frage gleich *Pueri*, wie auch Gratian in seinem Dictum zur qu. 2 C. 30 von Pueri spricht, während im Beginn dieser Causa von einem *tradere, cum uterque esset in cunabulis* also jedenfalls von der *Infantia* die Rede geht. Auch Paucapalea beruft sich für seine Ansicht auf die Bestimmungen des römischen Rechtes (c. 14 D. de spons. 23, 1.), welche beim Mangel kirchlicher Vorschriften subsidiäre Geltung geniessen, solange sie denselben nicht widersprechen, vertheidigt sie aber nicht wie die andere Richtung aus inneren Gründen. Dass ein Widerspruch zwischen Leges und Canones hier nicht obwalte, sucht er durch Analogien mit den *Spiritualia desponsalia* (Taufe, Professio) darzuthun, bei welchen auch die Verfügung der Eltern Geltung habe.

31. Paucapalea hält also noch daran fest, dass der *Sponsio paterna* verpflichtende Wirkung beizumessen sei, wenn sie nach dem Septennium erfolgt. Es entspricht diese Ansicht nur seinem Anschlusse an Gratian[1]) und die Consumationstheorie, nach welcher er mit der Desponsatio noch nicht die Ehe gegeben sein lässt, sondern die Lösung des durch sie begründeten Verhältnisses aus mehrfachen Gründen gestattet. Zu diesen gehört auch der *Dissensus in matura aetate*, wie sich aus seiner Erörterung zu qu. 2 C. 27 ergibt. Er führt dort zur Frage des Rücktritts vom Verlöbnis ausser den Stellen des Decrets an: *Item ex dispensatione ecclesiae hoc idem probatur. Puta: desponsasti tibi quandam et eam non cognovisti. Post in brevi tibi desponsasti aliam, duxisti ductamque cognovisti. Hanc ecclesia tibi concedit et primae alteri nubendi licentiam tribuit. Puta: de consanguinitate tua quandam tibi ignoranter desponsasti; causa cognita tibi aliam et illi alium accipere licet.*[2]*) Item in pueritia degens sponsalia contraxisti cum quadam per parentes tuos ens in aetate* (*cum adultus es* nach Schulte's Druck S. 114); *displicet tibi, licet tibi aliam habere et illi alium* (nach Schulte: *tibi aliam ducere et illi alii nubere*). Er zählt daher den *Dissensus in matura aetate* als selbständigen Lösungsgrund auf, während eine Desponsatio Mündiger ausser den aus Ehehindernissen entspringenden Gründen nur durch *Electio melioris propositi, raptus* und *Dispensatio ecclesiae* gelöst werden darf: *Sed notandum quod non licet sponsae a sponso discedere (sponso a sponsa recedere* Cod. Mon.) *nisi certis causis exstantibus ut puta: electio melioris propositi, impossibilitas coeundi, fornicatio consanguineorum et consanguinearum, dispensatio ecclesiae, consanguinitas vel affinitas, et raptus, si recipere noluerit cui fuerit rapta, dissensus etiam in matura aetate et cetera similia.*

---

[1]) Er betont auch wie Gratian das Erfordernis des Consensus paternus: ad C. 27 qu. 2: *Manifestus item debet esse consensus i. e. manifestus et praesentibus verbis; si personae adesse possint, uti debent, his verbis: volo te in meam et volo te in meum, et praesentibus testibus confirmari. Et cum parentum voluntate fieri debet.* Vgl. auch zu C. 32 qu. 3. Schulte, ed. S. 126: *Sed haec parentem habet scil. patrem; ab eo igitur est tradenda atque petenda.*

[2]) Der Codex Monac. hat hier den bei Schulte später folgenden Passus: *Item putans liberam desponsasti ancillam; non vales redimere, aliam licet tibi accipere.*

Wenn also auch eine *Desponsatio per parentes (sponsalia contrahere)* nach dem siebten Jahre erfolgen kann, so ist deren Wirkung dennoch gegenüber der Desponsatio in mündigem Alter insoferne eine beschränkte, als durch Widerspruch nach erreichter Mündigkeit das Verhältnis gelöst werden kann, was bei der Desponsatio Mündiger nur aus den obenbezeichneten Gründen, jedoch nicht mehr durch einseitige Willkür der Contrahenten möglich ist, höchstens bei *Raptus,* wo aber Fehlen des Consenses Ursache ist. Die Ursache dieser beschränkten Wirkung ist nur die Rücksicht auf die Freiheit der Eheschliessung, wie dies mit den Worten: *Ens in aetate, disciplet tibi,* am bezeichnetsten ausgedrückt ist.

Daher erscheint die *Aetas* auch nicht mit der *Impossibilitas coeundi* in Verbindung gebracht, diese kommt eben erst für das *Ducere* und *Nubere* in Betracht. Aus diesem Grunde sagt Paucapalea in der Einleitung zu C. 27: *Et est notandum, quod nuptiarum quaedam prohibentur, quaedam permittuntur. Quae prohibentur aliae natura, aliae ratione sanguinis* etc. *Natura ut inter pupillos.* Der als *Efficiens causa matrimonii* erklärte Consens ist in unmündigem Alter nicht *licitus,* weil nicht von *Personae legitimae* abgegeben — *quibus nullum ius divinum vel humanum aut auctoritas aliqua derogare possit vel legitime contradicere* (vgl. l. 2 D. *de rit. nupt.* 23, 2). Wie also die für die Unlöslichkeit massgebende Consummirung dem Impubes unmöglich ist, so ist auch dessen Consens für den rechtlichen Akt der Eheschliessung nicht hinreichend. Vermögen der Einwilligung und eigentliche Ehefähigkeit erscheinen noch getrennt, wie eben auch die durch Desponsatio contrahirte Ehe noch nicht als eigentliche Ehe betrachtet wird. So heisst es zu C. 28 qu. 1: *Vel legitimum conjugium est illud quod legitime est initiatum sed non ratum quia carnali commixtione non est perfectum. Aliud ratum et non legitimum, veluti cum video aliquam per viam transeuntem, cognosco eam et ipsam mihi in uxorem socio et ideo non est legitimum quia non sunt ibi solemnitates, quae adesse deberent. Aliud legitimum et ratum (ex eodem dicto), veluti cum aliquam mihi cum solemnitatibus copulo et eam cognosco.*

Bezüglich der Frage nach dem Zeitpunkt der Mündigkeit hält

sich Paucapalea, wie aus den angeführten Belegen erhellt, an die Zeitgrenze des römischen Rechtes, obwol er allgemein von *adultum, in aetate esse* spricht. Den Ausdruck *Anni discretionis* nimmt er gleichbedeutend mit *Anni pubertatis* ¹), was durch die besondere Betonung des Consenses als eheschliessenden Momentes und damit des Vermögens zu wirksamer Einwilligung *(discernere)* sich erklärt.

2. Die Summa des Rolandus Bandinellus, nachherigen Papstes Alexander III.¹)

32. Die besondere Bedeutung dieser Arbeit, welche sich unmittelbar an die von ihr citirte und theilweise benützte Summa des Paucapalea anschliesst, liegt einerseits in der selbständigen, präcisen und von practischem Sinne geleiteten Behandlungsweise des Stoffes, andererseits in der durch Benützung in späteren Summen begründeten Einflussnahme auf die Lehre der Schule und in dem durch die Person des Verfassers vermittelten Zusammenhange der in der Summa ausgesprochenen Ideen mit den späteren eherechtlichen Reformen der Decretalengesetzgebung.

Auch Roland hält noch im Allgemeinen an der Eheschliessungslehre Gratians fest. Er kommt bei Erörterung der Controverse der qu. 2 C. 27 zum Schlusse: *Rationibus et auctoritatibus superius assignatum credimus, non esse matrimonium inter sponsum et sponsam.*³) Die Desponsatio begründet also keine Ehe, die *Sponsalia foedera* sind nach ihm nur eine *Promissio futurae carnalis conjunctionis* ⁴) und das durch sie geschaffene Verhältnis kann gelöst werden. Die wahre Ehe aber ist unauflöslich: *Matrimonium nulla ratione posse dissolvi docetur* ⁵) und zwar insoferne, als eine andere Verbindung nicht mehr eingegangen werden könne. Roland sagt nämlich: jenes *Matrimonii vinculum*, durch welches die Sponsi *ad ma-*

---

¹) Vgl. zu C. 20 und 21 Schulte's Ausgabe, S. 94, 95.

²) Thaner, Summa mag. Rolandi nachmals Papst Alexander III. Innsbruck 1874. Schulte, Wiener Sitz.-Ber. 63. Bd. Seite 301 ff.

³) Thaner, ed p. 132. ⁴) ib. ed p. 151. ⁵) ib. p. 187.

trimonium cum aliqua uxore vivente nullomodo contrahendum verpflichtet werden, könne nicht gelöst werden: *Matrimonium legitimum cum fuerat, impossibile est solvi*. Diese Unlöslichkeit tritt aber erst mit der Consummation ein: *Usquequaque verum est quod matrimonium legitimum et consummatum inter fideles ratum i. e. indissolubile consistit* [1]). Vor der Copula carnalis liegt daher noch nicht die eigentliche Ehe vor, das nicht consummirte Verhältnis wird jedoch *Matrimonium initiatum tantum* genannt: *Ubi est consensus cum pactione conjugali* [2]) *absque carnali commixtione — ex tunc enim vocantur conjuges non a carnali sed spirituali conjunctione*. Mit der *Pactio eonjugalis* liegt nur die *fides pactionis (desponsationis)* vor, des Inhalts: *Se castos vicissem servare — unde, etsi religionem et continentiam sponsa invito sponso valeat eligere, ad alterius tamen copulam sponso vivente transire non poterit*. Hiemit ist aber nichts anderes gesagt, als mit der *Pactio conjugalis (desponsatio)* ist die Ehe **rechtlich geschlossen, perfect** wird das eheliche Verhältnis erst mit der Consummirung.

Dieses ist unlöslich, die Löslichkeit des *Matrim. initiatum* aber wird durch Roland schon insoferne gegenüber der gratianischen Lehre eingeschränkt, als er dasselbe durch ein späteres *Matrim. consummatum* nicht mehr gelöst werden lässt. Damit tritt Roland, wie er selbst bemerkt, in directen Widerspruch zu Gratian und der Consuetudo Ecclesiae [3]). Als Papst Alexander III. hat Magister Roland in c. 3 X. 4, 4 diese seine Privatmeinung sanctionirt. Trotz dieser verstärkten Verbindlichkeit begründete aber die Desponsatio noch **keine** wahre Ehe, sondern nur ein Stadium, ein Theilmoment der Eheschliessung, auf deren Vervollständigung durch die *Carnalis conjunctio* ein nunmehr erzwingbares, der Willkür der Contrahenten entzogenes Anrecht gegeben war, welches nur durch Nichtgeltendmachung erlischt [4]). Sonst kann die *Traditio ad carnalem conjunc-*

---

[1]) ib. p. 133.
[2]) Beide Momente lassen sich wohl am besten wiedergeben mit: Willenserklärung des einzelnen und Willenseinigung beider Contrahenten.
[3]) Thaner, ed. p. 132. [4]) ib. p. 181, 187.

tionem, wenn die Desponsatio vorher *consensu puellae* erfolgt war, *eadem invita* geschehen ¹).

33. Indem Roland aber hier die Wirkung der die eheliche Consenserklärung enthaltenen Desponsatio soweit verstärkt, dass das begründete Verhältnis durch die *Fides pactionis* jeder willkürlichen Lösung (abgesehen von einigen Ausnahmsfällen) entzogen ist und auf Grund derselben die Consummirung erzwungen werden kann, betont er an selber Stelle zugleich die Freiheit des Consenses: *Prima traditio (scil. ad desponsationem) non debet fieri puella invita.* Er unterscheidet daher bei qu. 3 C. 31 zur Frage: *An post parentum sponsionem alii viro liceat nubere?* bezüglich der Wirkung der Desponsatio, ob sie mit oder ohne Zustimmung der Puella und in oder vor mündigem Alter erfolge: *Notandum quod puellarum aliae sunt nubiles, aliae non. Item sponsio paterna alia fit consensu puellae, alia non. Si pater nubili filia consentiente pro ea spoponderit, sponso vivente alii nubere non licebit; quod tamen si fiat, ex post facto convalescet. Multa enim sunt, quae cum prius de iure firmitatem non sortiantur, ex post facto convalescunt. Si vero filia nondum nubili vel iam nubili sed contradicente pater pro ea spoponderit, eius sponsioni stare minime compellitur, verum tamen pater sponsionis non minus reus existet*²). Es handelt sich also um den bereits bei Paucapalea berührten Fall, dass der Formalact der Desponsatio unter Mitwirkung der Eltern vorgenommen wird. Bei Zustimmung der mündigen Tochter soll diese allerdings durch den elterlichen Act verpflichtet werden, doch kann eine trotzdem eingegangene andere Ehe aufrecht erhalten bleiben. Roland lässt hier die definitiv bindende Wirkung des Verlöbnisses fallen und geht von seiner Ansicht, dass die Desponsatio das *Impedimentum ligaminis* begründe, wieder ab, vielleicht aus Billigkeitsgründen in der Erwägung, dass bei der *Sponsio paterna* die Freiheit der Eheschliessung auch für die einwilligende Mündige keine unbeschränkte und ungehinderte genannt werden kann, vielleicht in unbewusstem Anschlusse an die herrschende kirchliche Praxis. Stimmt die Nubilis nicht zu, so hat der Formalact für sie keine eherechtliche

---

¹) ib. p. 157. ²) ib. p. 157.

Verbindlichkeit, die Eltern jedoch verfallen wegen Verletzung der *fides sponsaliorum* in Kirchenstrafe *(Si qui parentes iuramenta pro futuris filiorum nuptiis praestantes fidem i. e. iuramentum sponsaliorum i. e. praestitum pro sponsalibus fregerint filios minime copulando, triennii tempore a communione abstineant, quae est poena periurii et cuiuslibet criminalis).*

DieselbeWirkung hat die Desponsatio einer *Nondum nubilis;* die Unmündige wird der nicht consentirenden Nubilis gleich gehalten; selbst wenn sie einwilligt, hat ihre Consenserklärung keine Wirkung und Verbindlichkeit. Sollte es hienach noch zweifelhaft sein, dass die Unmündige nicht rechtswirksam consentiren, also keine Ehe contrahiren könne, so ergibt sich dies zur Genüge aus der Einleitung Rolands zur C. 27, wo es heisst: *Videndum est, quae sint necessaria ad matrimonium contrahendum. Tria siquidem sunt necessaria: consensus, pactio conjugalis, idoneitas personarum. — Idoneitas personarum valde est necessaria, sine qua consensus et pactio*[1] *penitus probantur inania. Nisi enim personae fuerint idoneae ad matrimonium inter se contrahendum, consensus et pactio earum nullius erunt momenti. Circa quam multa considerantur: votum, ligatio, dissimilitudo fidei, error, conditio, spiritualis proximitas, aetas, enormitas delicti, impossibilitas coeundi, consanguinitas vel affinitas, nec non et violentia vel raptus.* Erschien somit nach Paucapalea[2] der *Dissensus in matura aetate* als Lösungsgrund einer giltigen Desponsatio, so ist bei Roland der Mangel der erforderlichen *Aetas* bereits als Ehehinderniss bezeichnet, welches dem etwa vorgenommenen Acte jede eherechtliche Wirkung benimmt *(inania — nullius momenti).* Der Unmündige kann also kein *Matrimonium contractum* schliessen, sein Consens hat keine eheschliessende Kraft.

Es ergibt sich somit aus diesen Belegen, dass eine *Desponsatio impuberum* keineswegs ausgeschlossen ist, sondern durch die Eltern formell giltig und für diese verbindlich vorgenommen werden kann, aber materiell für den minderjährigen *Sponsus* keine eherechtliche Verpflichtung begründet und kein erzwingbares Anrecht auf Aufrechterhaltung und Consummirung der contrahirten

---

[1] Siehe S. 65, Anm. 2. [2] Vgl. § 31.

Ehe herbeiführt. Dies gilt aber nur bei Mitwirkung der Eltern. Daher bezieht Roland zu c. 16 C. 32 qu. 2¹) die sonst für unnötig erachtete *Voluntas parentum (patrium arbitrium)* auf die *Minores XII annorum*, da von diesen ohne Beisein der Eltern keine Sponsalien geschlossen werden können. Da aber auch dann für den unmündigen Desponsirten kein *Sponsioni stare compelli* erfolgen kann, ist diese Stelle nur so zu verstehen, dass auch die Worte: *vel suam* jenes Kanons (c. 10 des 3. Toletanischen Concils) auf die nachträgliche Consenserklärung des Mündiggewordenen *(hoc de iam nubilibus, quae ad nubendum nullatenus compelli poterunt, nisi propria voluntas suffragaverit)* bezogen werden müssen. Es handelt sich eben nur um die Wirksamkeit des *Matrim. contractum (initiatum, desponsatio, sponsalia)* eines Unmündigen und dieses war nach den angeführten Belegen bei Mitwirkung der Eltern gestattet, wenn auch ohne eherechtliche Verbindlichkeit ²). Solche gab erst der freie Consens des Mündigen. Für diesen war aber, wie Roland ausdrücklich hervorhebt, nicht der *Consensus paternus* erfordert. Er betont dies im Gegensatze zu Gratians Standpunkt, indem er sagt: *Videtur non esse nubendum alicui nisi patrio arbitrio. Verum tamen quia licitum est cuique superadultae nubere cui vult, patre consentiente vel non consentiente dummodo in Domino etc.* Die *Superadulta* ist den späteren *Minores XII annorum* gegenübergestellt. Der Unmündige bedarf also des *Patrium arbitrium* zu den Sponsalia.

34. Die Frage aber, von wann an der selbständige Sponsalienschluss erfolgen könne, beantwortet Roland zu c. un. C. 30 qu. 2: *Secundo quaeritur, utrum sponsalia ante septennium contrahi possint. Legibus sponsalia septennio licite contrahuntur, ante non; canonibus vero ante tempus consentiendi sponsalia minime contrahenda iubentur; unde Nicolaus papa: ubi non est consensus utriusque, non est conjugium etc.*³) Roland stellt also weltliches und canonisches Recht in Gegensatz zu einander. Für ersteres sei die Fähigkeit zum Sponsalienschluss mit dem *Septen-*

---

¹) Thaner. ed. p. 169, vgl. auch p. 58.
²) Vgl. hiezu Freisen a. a. O. S. 318. ³) Thaner, ed. p. 145.

nium gegeben, nach den Canones sollen Sponsalia nicht vor dem *Tempus consentiendi* erfolgen. Da sich nun kaum annehmen lässt, dass Roland das Vorhandensein der nöthigen Einsicht gegenüber der Zeitgrenze des römischen Rechts irrthümlicherweise mit jenem Gegensatze hervorheben wollte, und er doch nicht von einem *Tempus consentiendi* sprechen würde, wo nach seiner sonstigen Ansicht ein Consens gar nicht mit eherechtlicher Wirksamkeit abgegeben werden kann, vielmehr die Fähigkeit seinen Willen verbindlich zu äussern als jenes Moment sichtlich betonen will, welches mit diesem Zeitpunkte vorhanden sein soll, so muss letzterer als die *Aetas nubilis* bezeichnet werden, wenn man unter dem *consentire* nicht ein blosses Zustimmen verstehen will. Eine *Sponsio paterna* kann ja nach Roland auch ohne Consens der *Puella* mit der ihr zugesprochenen beschränkten Verbindlichkeit erfolgen. Roland will daher in dieser Stelle nur sagen, dass vor erreichter Mündigkeit den Sponsalien, wenn sie auch nach dem Gesetze nicht verboten seien, von der Kirche keine eherechtliche Wirkung zugesprochen werde, daher sie auch nicht zu solcher Zeit geschlossen werden sollen. Diese Auffassung entspricht auch der Ansicht Rolands über die Bedeutung der Desponsatio nach dem Rechte der Kirche.

Somit wäre strenggenommen nach Roland eine Desponsatio Unmündiger nur, wenn *Per parentes* geschlossen, von Rechtswirkung begleitet, indem wenigstens die Eltern dafür verantwortlich sind, wenn auch nicht auf eherechtlichem Gebiete *(Poena periurii et cuiuslibet criminalis)*. Ob Roland einer selbständigen *Desponsatio impuberum* jede Geltung versagte, da den *Impubes* auch der Eid nicht bindet, lässt sich aus seiner Summa nicht entnehmen.

---

3. Incerti auctoris quaestiones.

35. Diese von Thaner so benannte und im Anhange zur Summa Rolandi herausgegebene Quelle gehört nach ihrer vermuthlichen Entstehungszeit und dem wiederholten Anschlusse an Rolandus in diesen Zusammenhang und verdient auch deshalb Beachtung, da sie offenbar mit besonderer Rücksicht auf die Praxis verfasst erscheint, der auch die meisten in ihr gegebenen Fälle entnommen sein dürften. Zu unserer Frage spricht c. 13 über die Giltigkeit von Sponsalia, die für ein fünfjähriges Mädchen geschlossen wurden: *Quidam invenis quandam puellam se accepturum, quae quinquennis erat, iuravit in uxorem, cum perveniret ad decimum annum. In septimo vero anno denuntiatum est . . . . . a puellae patribus illi ut eius domum nullo modo adiret, ne instinctu diabolico eam carnaliter cognosceret.* Dazu wird die Quaestio gestellt: *Si possit de iure a matrimonio divertere?* und in folgender Weise entschieden: *. . . quare dicimus eum incurrisse periurium, si peracta poenitentia ab illo iuxta praeceptum ecclesiae potest occulte aliam uxorem ducere si voluerit, sed praedicta puella patris iuramento non cogitur huic nubere nec sacramentum observare, quoniam, quando iuramentum fuit factum, quia quinquennis erat, consentire non potuit; ad minus septennis fore debet, cum sponsalia inter eos contrahuntur secundum leges. Quod non cogatur servare, quae diximus, dum est innubilis, possumus probare decreto* (c. 4 C. 20 qu. 3[1]) etc. *Idem decretum quod paterna aut propria devotio monachum facit, possemus ducere in hunc modum probandum si vellemus.*[2]) Die Stelle schliesst sich wie die Quelle überhaupt ganz an Roland an.[3]) Die *Innubilis* wird durch die väterliche Sponsio nicht verpflichtet. Um consentiren zu können, müsste sie nach den Leges wenigstens sieben Jahre alt sein, da von diesem Zeitpunkte an Sponsalia nach dem Gesetze erfolgen können; die verpflichtende Wirkung des Consenses tritt erst mit mündigem Alter ein. Der Begriff *Sponsalia* erscheint hier wieder mehr im römischrechtlichen Sinne gefasst, und hat die Stelle eher ein

---

[1]) Die citirte Stelle spricht von der *Paterna devotio* für einen *Infra teneram aetatem inter octavum et decimum annum constitutum.*

[2]) Thaner, ed. p. 253; Schulte, W. S. B. B. 65 S. 37 ff.

[3]) Nach c. 1 (Thaner, ed p. 278) genügt nach Ansicht dieser Quelle jedoch zur Eheschliessung nicht die *Pactio conjugalis cum consensu per verba praesentis temporis expresso*, sondern zur Unauflöslichkeit, also zur wahren kirchlichen Ehe muss (mit Ausnahme der *Causa religionis*) noch *Juramenti religio, subarrhatio annuli* oder *Carnalis copula* hinzutreten. Dann begründet die Verbindung, weil Ehe, auch das *Impedimentum ligaminis*.

Eheversprechen im Auge, da für den mündigen Sponsus das Eingehen einer anderen Ehe nur als *Periurium* qualificirt wird.

Das angeführte Kapitel ist auch insoferne bemerkenswerth, als stipulirt wird, dass die Ehe stattfinden solle, wenn das Mädchen das zehnte Jahr erreicht hätte. Es ist dies einerseits ein Beleg dafür, dass die gesetzliche Altersgrenze im practischen Leben wenig berücksichtigt wurde, wenigstens was das Mädchen betrifft, wie andererseits hier die Ehevollziehung (*Nuptiae*) auf fünf Jahre nach erfolgtem Sponsalienschluss hinausgeschoben wird. In c. 23 wird gesagt: *Probatur quod non debet solvere iuramentum: Dicit enim Jeronymus* (cf. c. 19 C. 22 qu. 4): *Tria sunt iuramenta quae possunt infringi sine peccato, quando quis male jurat vel incaute iurat vel quando pueri contrahunt sponsalitia.*[1] Auch hier ist also nur an ein beschworenes Eheversprechen im Sinne der römischrechtlichen Sponsalia gedacht. Man sieht deutlich, wie die neue Doctrin der Kirche nur gezwungen mit den alten Bestimmungen des weltlichen Rechts in Einklang gebracht werden konnte. Auf diese wird daher stets Rücksicht genommen und die practische Seite der Quaestiones vermag diesen Standpunkt des unbekannten Verfassers genügend zu erklären, obwol sonst die kirchliche Anschauung wiedergegeben erscheint.

4. Tractatus de matrimonio des Codex Gottwicensis.

36. Auch in dem Tractatus de matrimonio des von Schulte veröffentlichen Codex Gottwicensis,[2] der bis in die nächste Zeit nach Gratians Decret zurückreicht, wird ausdrücklich auf die Bestimmungen des römischen Rechtes hingewiesen: *Quod sponsalia inter infantes contrahi possint, leges sane loquuntur, ut dicatur, ante septennium non posse contrahi, sed post septennium statim consensu parentum debent inita roborari.* Der Aus-

---

[1] Thaner, ed. p. 266. Die aus dem Decret citirte Stelle hat nur den Passus: *Si pueri vel puellae in domo parentum se iuramento constrinxerint, patribus postquam audierint contradicentibus* vgl. c. 14 C. 32 qu. 2 und c. 14, 15 C. 22 qu. 5.

[2] Schulte: Decretistarum jurisprudentiae specimen, Gissae, 1868, p. XVIII.

druck *Infantes* ist hier also allgemein für *Pueri* genommen. Sponsalia können nach dem siebten Jahre geschlossen werden, müssen aber durch den Consensus der Eltern bekräftigt werden. Dieselben begründen wie bei Roland kein *Impedimentum ligaminis* gegenüber einer späteren Ehe. *Matrimonium autem contrahi non potest nisi inter puberes; unde si aliqui inter pubertatis annos etiam consensu parentum sibi ipsis fideliter desponsati, quamvis non possint sine peccato sponsalia scindere, sed tantum ad legitimam aetatem venientes, aliis se in matrimonium copulaverint, non potest eos ecclesia separare.* Die *Desponsatio impuberum* begründet also keine ehe rechtliche, sondern nur eine moralische Verpflichtung, selbst dann, wenn sie *Consensu parentum* erfolgte. Damit ist zugleich gesagt, dass an erster Stelle die Worte *consensu parentum* nicht zu *inita* zu beziehen sind, was den Sinn geben würde, dass hier von der Bestätigung von vor dem siebten Jahre geschlossenen Sponsalia durch die Kinder nach diesem Zeitpunkte die Rede sei. Unter *Matrimonium copulare* braucht nicht consummirte Ehe verstanden zu werden, denn diese ist auch für die Desponsatio Mündiger als Lösungsgrund bezeichnet: *Desponsatio, quae est signum legitimae conjunctionis, VIII causis irritatur. Quarum prima est: sequens desponsatio carnali conjunctione perfecta etc.*

Die Ursache dieser eingeschränkten Wirkung der Desponsatio impuberum ist also die *Infirmitas consentiendi*. Nur der Mündige wird durch seine Desponsatio oder die mit seiner Zustimmung erfolgte *Sponsio paterna* bereits rechtlich verpflichtet zur thatsächlichen ehelichen Vereinigung, diese kann erzwungen werden: der Tractatus sagt hier noch deutlicher als Roland: *Traditio puellae prima ea invita nullomodo fieri debet, quia ubi coactio non est consensus, sine quo matrimonium initiari non potest. Traditio secunda et ea invita fieri potest, si prima praecessit, ea volente et nubili existente. Pater si nubilem filiam ipsa consentiente desponsaverit, sponso vivente alteri nubere non licebit.* Es kann also nur der Mündige eine Ehe rechtswirksam contrahiren, während der Unmündige zwar Sponsalia eingehen kann, durch dieselben aber nicht eherechtlich verpflichtet wird. Weiter heisst es: *Si quis autem vir maioris aetatis puellam minoris aetatis utpote VIII annorum sibi desponsaverit, quamquam puella, cum nubilis fuerit, ad alium sua vota transferre possit, viro tamen, in quo non fuit consentiendi infirmitas, invita puella se transferre non licebit.* Es wird also auch hier zwischen Desponsatio des Mündigen und Desponsatio impuberum unterschieden. Erstere ist eigentliche Eheschliessung ebenso wenig wie letztere, wenn man berücksichtigt, dass nach diesem Tractatus die spätere consummirte Ehe gegenüber dem durch blosse Desponsatio begründeten Verhältnisse aufrecht erhalten wird. Nach der Ausdrucksweise jener Zeit aber hat die Desponsatio des Mündigen ein *Matrimonium contractum* zur Folge, jenes Stadium der Eheschliessung, das nach Roland die *Fides pactionis,* die eheliche Treupflicht begründet und von dem der Rücktritt nur in wenigen bestimmten Fällen möglich ist. Zu diesen gehört, wenn auch dieser Lösungsgrund nicht angeführt wird (mit Ausnahme bei Paucapalea), der Einspruch des minderjährig Desponsirten. Dieser hat in der einseitigen Unvollkommenheit der geschlossenen Desponsatio bei Mündigkeit nur eines Theiles seinen Grund, da die *Puella minoris aetatis* nur wie durch ein einfaches Eheversprechen gebunden ist, dessen Bruch auf dem Gebiete des Eherechts keine Folgen hat.

37. Wir sehen also bald nach Gratian unsere Frage in eingehendere Behandlung genommen. Die Auffassung, dass mit der Desponsatio bereits die rechtliche Verpflichtung auf Herstellung der thatsächlichen Lebensgemeinschaft *(Traditio ad carnalem conjunctionem, fides carnalis conjunctionis)* als erzwingbare gegeben sei, war zugleich Anlass, dass die Desponsatio des Unmündigen mit dieser Wirkung nicht betheilt werden konnte, da der Consens des Unmündigen unwirksam war, d. h. ihn zu dem rechtlich nicht zu verpflichten vermochte, dessen er eben naturgemäss nicht fähig war. Wenn nun auch nach weltlichem Rechte schon von dem siebten Jahre an Sponsalia geschlossen werden durften, so konnten diese die verpflichtende Wirkung im Sinne der kirchlichen Auffassung erst durch nachträgliche verbindliche Consenserklärung in mündigem Alter erhalten. Bei dem Mangel dieser blieb das Verhältniss unverbindlich und lösbar. In dieser Richtung vermag auch die Mitwirkung der Eltern seinen Consens nicht zu ergänzen oder zu saniren, da hier gerade das freie Selbstbestimmungsrecht des Nupturienten in Frage kommt. Der Unmündige kann daher nach erreichtem gesetzlichen Alter ohne eherechtliche Folgen zu einer anderen Ehe schreiten und dadurch die Gebundenheit des anderen, etwa mündigen Contrahenten lösen.

Ein selbständiges *Impedimentum aetatis*, wie es die bisher besprochenen Decretisten kennen, zählt dieser Tractat nicht unter den Ehehindernissen auf. Es dürfte vielleicht mit der *Impossibilitas conveniendi* in Verbindung gebracht sein, was sich bei dem Zusammenhange von Unmündigkeit und Unmöglichkeit der Geschlechtsverbindung erklärt. So ist auch in den im selben Codex Gottwicensis enthaltenen Excerpta et Summa Canonum[1]) dieser Vereinigung der Ehehindernisse der Impotenz und des Alters mit der Unterscheidung gedacht: *Impossibilitas conveniendi alia animo ut in furiosis; alia corpore ut in frigidis, infantibus; alia utroque.* Die Entstehung dieser Excerpte fällt in die Zeit unmittelbar nach Gratian, so dass also schon frühzeitig dem Imp. aetatis eine selbstständige Bedeutung aberkannt wurde.

5. Die Summa des Stefanus Tornacensis.[2])

38. Da von der Summa Rufini der das Eherecht behandelnde Theil bisher nicht aufgefunden wurde,[3]) und von den Rufin zeitlich zunächststehenden Decretisten Gandulfus, Omnibonus u. a., welche hauptsächlich nur glossirt haben, keine Handschriften er-

---

[1]) Schulte, Specimen p. 43.

[2]) Benützt nach der Copie Ficker's aus Codex Monac. 14403 f. 100 sqq. Die während des Druckes erschienene Ausgabe von Schulte: Die Summa des Stefanus Tornacensis über das Decretum Gratiani, Giessen 1891 konnte leider nicht mehr in Berücksichtigung gezogen werden.

[3]) Schulte, Gesch. der Quellen etc. S. 122 Anm. 5. Bezüglich des Eherechts Rufins vgl. ib. S. 177 Anm. 8. und S. Bambergensis; auch Wien. Sitz.-Ber. B. 65 S. 59. Nunmehr liegt nach Mittheilung v. Schulte's (in obcititirter neuer Ausgabe, Vorrede S. 12 Anm. 1) die Summa Rufins vollständig vor und steht deren Ausgabe für Ende 1891 zu erwarten. Schulte, W. S. B. Bd. 65 S. 31.

halten sind, kommt nunmehr als nächste Quelle die Summa Stefans von Tournay in Frage, deren Entstehung und Verbreitung noch in die ersten Sechziger Jahre des zwölften Jahrhunderts fällt. Ihre Bedeutung sowohl im Allgemeinen als speciell für unsere Frage liegt in der nachweisbaren Benützung der Summa Rufini, jener des Paucapalea und des Stroma Rolandi, ebenso aber auch darin, dass sie in Verbindung mit der erstgenannten Arbeit über das Decret die fast ausschliessliche Grundlage der zu grosser Verbreitung gelangten Summa des Johannes Faventinus bildet.

Stefan Tornacensis beklagt in seiner Summa zu C. 30 qu. 2 den Mangel kirchlicher Bestimmungen über den Zeitpunkt des Sponsalienschlusses und verweist daher auf die Bestimmungen des römischen Rechts, deren Geltung er, wie Paucapalea, mit der bekannten Einschränkung als subsidiäre annimmt: *In hac questione non habemus canonem expressum nec enim canonibus determinatur, qua aetate sponsalia contrahantur. Leges autem praefigunt septennium, quas sequi praecipimur, quotiens canonibus non adversantur. Nota hic proprie vocari sponsalia scil. mentionem et repromissionem futurarum nuptiarum. Nam coniugium non nisi inter puberes contrahi potest ut scil. masculus sit XIV annorum, femina XII.* In dem Hinweise auf die römischrechtliche Sponsaliendefinition erkennen wir deutlich die schon bei Paucapalea und Rolandus sich zeigende romanistische Richtung, welche mit der Betonung des Consenses als eheschliessenden Momentes zwischen den eigentlichen Sponsalia im Sinne des römischrechtlichen Eheversprechens und dem *Matrimonium contractum* als der kanonischrechtlichen Desponsatio zu unterscheiden begann.[1]

39. Hiemit erscheint bereits auch eine Annäherung an die Distinction in *Desponsatio de futuro* und *de praesenti* gegeben, welcher Stefan bei Anführung der controversen Ansichten über Eheschliessung zu C. 27 im Sinne der durch Petrus Lombardus gegebenen Formulirung gedenkt, so dass jedenfalls, wenn auch Stefan der Ecclesia Gallicana nahe stand, auch die Annahme berechtigt ist, dass jene Sponsalienunterscheidung damals in den ober-

---

[1] Vgl. § 15, 22.

italischen Rechtschulen Eingang fand. Stefan erwähnt derselben in folgender Weise: *Desponsatio de futuro est, quando inter virum et mulierem pollicitatio intercedit, scilicet quando vel iste dicit: promitto quod te ducam in uxorem et illa dicit: accipiam te in virum meum; et secundum hoc dicitur in legibus: Desponsatio est mentio et repromissio futurarum nuptiarum. Tales sponsi inter se non sunt conjuges, quod plane ostenditur in illo capitulo Augustini: Duobus modis dicitur fides ... et in hunc casum locuntur capitula illa, quibus probatur, matrimonium non esse inter sponsum et sponsam. Desponsatio autem de praesenti dicitur, quando vir verbis vel aliis certis signis consensum maritalem mulieri exprimit et e converso mulier viro, cum et ille dicit: accipio te in meam et illa dicit: concedo me tibi in tuam; et tunc tales sponae conjuges sunt et de cetero, si personae idoneae sint, matrimonium separari non potest nisi alterius morte.* Die Richtung der Erklärung des Eheschliessungswillens nach der Beziehung auf zukünftiges Werden oder gegenwärtiges Entstehen des ehelichen Verhältnisses entscheidet demnach über den Charakter des ehelichen Rechtsgeschäftes als eines blossen Eheversprechens (*Pollicitatio*) oder eigentlicher Eheschliessung. Nur der auf gegenwärtige Ehe abzielende Ehelichungswille ist *Consensus maritalis*, d. h. hat die Wirkung wahrer Eheschliessung und begründet daher auch bei *Idoneitas personarum* (Mangel eines trennenden Ehehindernisses) Unlöslichkeit, weil Giltigkeit des eingegangenen Verhältnisses.

Stefan entscheidet sich nicht direct für diese neue Richtung, sondern meint: *Lectori autem relinquimus, utram magis approbare voluerit sententiam. Cum autem occurrant capitula alterutri sententiae contraria, quomodo vel obiciatur vel obicienti respondeatur, ostendemus.* Die andere Auffassung ist die damals noch herrschende und der Consummationstheorie der Kirche entsprechende Distinction Gratians, an der Stefan aber nur im Allgemeinen noch festhält und sich offenbar nicht direct gegen dieselbe auszusprechen wagt. Dass er jedoch mehr der den Consens betonenden Richtung, wenn auch nicht mit der consequenten Logik der gallikanischen Kirche zuneigt, ergeben die folgenden Stellen. Zu c. 2 C. 27

qu. 2 sagt er: *Substantiam quidem sacramenti non solemnitates faciant sed consensus de praesenti per verba expressus secundum leges ecclesiasicas, nam matrimonia hodie reguntur iure poli, non iure fori*[1]); deutlicher noch zu c. 5 h. C. *Cum initiatur: per consensum et pactionem. Conjugium consensu initiatur ad rem, non in rem. Hinc assumunt illud membrum divisionis: conjugium initiatum, sed recte intuenti sequentia patet, quia ex tunc conjugium est et non cum sequitur copula carnalis.* Die Copula hat nach ihm nur sacramentale Bedeutung. So heisst es zu c. 17 h. C. *Nam re vera, si diligenter attendamus, ante commistionem carnis est inter conjuges Christi Ecclesiae sacramentum. Nam et Christus Ecclesiam sibi copulavit fide et voluntate — quae conjunctio significatur in desponsatione conjugii per consensum de praesenti verbis expressum. Copulavit et sibi Ecclesiam conformitate naturae, quando in utero virginis verbum caro factum est, et haec conjunctio significatur in commistione conjugum. Alterum ergo sacramentum est in desponsatione, alterum in commistione carnali.* Zu welchen Widersprüchen diese Unterscheidung in der Bedeutung des Wortes *Desponsatio*, unter dem bald das römischrechtliche Eheversprechen *(Sponsalia)*, bald der canonischrechtliche Ehevertrag, im Allgemeinen aber die eheliche Willenserklärung verstanden wurde, unter Anderem Anlass gab, zeigt ein Vergleich obiger Stelle mit folgender in der Einleitung zu C. 27 gegebenen Bemerkung: *Efficiens causa matrimonii est maritalis consensus de praesenti per verba expressus, unde papa Nicolaus: Sufficiat eorum solus consensus etc. De praesenti ideo diximus, quia, si de futuro fiat, non erit conjugium sed desponsatio. Desponsatio* bedeutet hier die Abgabe des *Consensus de futuro*, also ein Eheversprechen. Nur die *Desponsatio* oder *Pactio nuptialis de praesenti* schliesst also die Ehe. Dieser Auffassung wird Gratians Lehre wiederholt gegenübergestellt. So bei D. 34 ad. c. 19. erklärt er zu *Uxor: secundum quosdam proprie si desponsationis consensus fuit de praesenti,*

---

[1]) Vgl. Dictum Gratians zu c. 7 C. 2 qu. 3. Schulte, Beitrag II. S.39. Rechtshandschr. S. 592.

secundum Gratianum matrimonium proprie, sed spe futurorum, non re praesentium vel matrimonio initiato non consummato. Ebenso erklärt Stefan zu c. 20 ebendort, dass eine *nondum cognita* entgegen der irrigen Meinung Anderer als Vidua anzusehen sei: *Quoad inspectionem vinculi conjugalis quod consensus de praesenti effecit.* Da somit schon die *Desponsatio de praes.* die eigentliche Ehe schliesst, sollte eine weitere Lösung des durch sie begründeten Verhältnisses nicht mehr möglich sein. Obwohl nun Stefan den Grundsatz der Unlöslichkeit der einmal giltig geschlossenen Ehe wiederholt betont [1]) [so sagt er zu C. 23 qu. 1. betreff des Ehehindernisses der Impotenz: *Quidam dicunt matrimonium esse inter tales ab initio, sed tandem propter impossibilitatem hanc posse dissolvi. Qui si attendant errorem fuisse, dicerent, matrimonium non constitisse: nam ex quo semel constitit, disolvi non potest. Et certe quicquid dissolvit matrimonium contractum, impedit contrahendum;* ebenso auch in der Einleitung zu C. 27: *Sacramentalis* (im Gegensatz zur *corporalis*) *autem separatio nunquam inter legitime conjunctos intervenit, nisi aut alterius morte aut utriusque*], so scheut er sich doch gegenüber der gegentheiligen Praxis und Auffassung der italischen beziehungsweise römischen Kirche diese Consequenz für die *Desponsatio de praesenti* zu ziehen, sondern lässt eine Lösung durch Klostereintritt zu. Diesbezüglich heisst es deutlich bei c. 16 C. 27 qu. 2. *Ad matrimonium consummatum vel ad matrimonium i. e. quod non possit dissolvi nisi causa fornicationis, nam causa religionis potest dissolvi transeunte sponso vel sponsa ad monasterium.*

40. Aus diesen Stellen, wie aus der wiederholten Citirung der Sententiae des Hugo a St. Victore und der unverkennbaren Benützung der Sententiae des Petrus Lombardus, welche bei der fränkischen Herkunft Stefans und der Rücksichtnahme auf locale Verhältnisse der Ecclesia Gallicana erklärlich ist, ergibt sich die Art und Weise, wie man die strenge Consenstheorie dieser Kirche, welche auf dem

---

[1]) Vgl. auch die oben S. 76 citirte Stelle bezüglich der Definition der Desponsatio de praes.

Gebiete der Ecclesia Transalpina bereits der selbsständig entwickelten romanistischen und ebenfalls den Consens betonenden Richtung begegnete und in deren Vertretern nur willkommene Stütze fand, mit der Consummationstheorie in Einklang und Verbindung zu bringen suchte, ohne sich des inneren Widerspruches bewusst zu werden, welchen jeder Versuch, diese contrār sich gegenüberstehenden Eheschliessungslehren zu vereinen, nothwendigerweise zur Folge haben musste. In dem Verlassen der der Praxis zu Grunde liegenden bisherigen Auffassung der Kirche und der Annäherung an die Consenstheorie der fränkischen Quellen, welche vermuthlich schon in Rufins Summe sich zeigen dürfte, liegt die Ursache der ganzen verwirrenden eherechtlichen Doctrin der Schule, welche dieselbe durch die ganze Blüthezeit der canonistischen Jurisprudenz kennzeichnet und sich namentlich in der Rechtsentwicklung der hier behandelten besonderen Fragen in unverkennbarer Weise geltend macht.

Wie aus den Vorausgesagten erhellt, trat nämlich, nach nunmehriger Auffassung der Schule zur bisherigen verpflichtenden Kraft der Desponsatio noch die endgültig und unmittelbar bindende, eherechtliche Wirkung hinzu, sobald der Consensus nuptialis in der Richtung auf die Gegenwart, also als unmittelbar wirksamer, mit anderen Worten der Beginn der Ehe als sofortiger beabsichtigt ist. Für die Desp. impuberum ergab sich hieraus folgende Consequenz. Eine **unmittelbar und unbedingt wirkende Verpflichtung** zur thatsächlichen Verwirklichung der ehelichen Lebensgemeinschaft einzugehen, konnte der Unmündige nicht für fähig erachtet werden, da er der eigentlichen Vollziehung und Ausführung derselben — der Copula carnalis — nicht fähig ist. Dieses Moment unmittelbarer Wirkung hatte der Desponsatio nach bisheriger kirchlicher Auffassung gefehlt. Da man nun einerseits diese Eigenschaft unter Anwendung der neuen Distinction des Petrus Lombardus nur für die *per verba de praesenti* geschlossene Desponsatio und infolge obiger Erwägung und wohl auch in Rücksichtnahme auf den gewöhnlichen Vorgang im practischen Leben nur für jene eines mündigen Contrahenten annahm, anderseits jedoch im Anschluss an die Zeitgrenze des römischen Rechts an der Möglichkeit des giltigen Sponsalienschlusses vom siebten Lebensjahre an festhielt, ergab es sich, dass bei gleicher äusserer Form und formeller Giltigkeit dieses Rechtsactes der Umstand, ob die Nupturienten mündig oder unmündig waren, für die unmittelbare oder mittelbare Wirkung der eingegangenen Verpflichtung — kurz für definitive Eheschliessung oder Eheversprechen entschied. Während daher *Sponsalia de praesenti* des Mündigen nunmehr eheschliessende Bedeutung erhielten, konnten Sponsalia auch in unmündigem Alter mit formeller Giltigkeit, da das Gesetz und die Kirche sie nicht verbot, *per verba de praesenti* abgeschlossen werden, jedoch nicht die nach kirchlicher Auffassung mit einer solchen Consenserklärung verbundene eherechtliche Verpflichtung begründen.

Dieselben haben vielmehr nur noch die Wirkungen römischrechtlicher Sponsalien oder, wie sie nunmehr unter Bezugnahme auf den Mangel der Willensrichtung auf die Gegenwart bezeichnet werden, der *Sponsalia de futuro,* welche nur ein Eheversprechen enthalten *(Pollicitatio intercedit)*. Hatte die Kirche das blosse Versprechen der Ehe bisher nur unter der Bezeichnung *Pactum de contrahendo matrimonio, fidem de contrahendo matrimonio dare, pollicitatio* und ähnlich berücksichtigt und demselben keine eherechtlichen Wirkungen beigelegt, so wurde jetzt mit dem Ausdrucke *Sponsalia de futuro* jede eherechtliche Handlung, sowie dieselbe nicht *per verba de praesenti* erfolgte, bezeichnet, mochte nun ein einfaches Eheversprechen oder der Formalact einer Desponsatio vorliegen. wenn nur das begründete Verhältnis lösbar, also nicht Ehe war oder nicht die definitiv verpflichtende Wirkung der eheschliessenden *Desponsatio de praesenti* vorlag [1]). In dem Bestreben, letztere als *matr. ratum* zu erklären, hat die Schule alle Fälle, in denen eine Lösung der contrahirten Ehe aus einem anderen Grunde als dem der Nichtigkeit bisher zugelassen erschien, auf *Sponsalia de futuro* bezogen.

So finden wir denn auch schon bei Stefan die Sponsalien Unmündiger, denen die unbedingt bindende Kraft der in unmündigen Alter erfolgten *Desponsatio de praesenti* nicht zugesprochen werden konnte, unter diesen neuen Collectivbegriff der kirchlichen Eheschliessungslehre subsumirt. Wenn Stefan also sagt, dass nur von

---

[1]) Vgl. S. 77.

Puberes matrimonium contrahi potest, so heisst dies nicht, dass eine *Desponsatio de praes.* — denn diese ist das *Matrimonium contrahere* — unter Unmündigen nicht erfolgen könne, sondern nur, dass eine solche in unmündigem Alter keine eheschliessende Kraft habe. Mit dieser Unterscheidung von *Sponsalia* Unmündiger und *Matrimonium contrahere* Mündiger kann Stefan daher auch nicht die von Gratian citirte Decretale Papst Nicolaus I. *Ubi non est* (c. un. C. 30 qu. 2) in Einklang bringen und bemerkt sohin: *Hoc capitulum non multum congruit questioni cum propositum sit de sponsalibus et hic loquitur de coniugio* [1]. Obwohl er zum Dictum Gratians bei dieser Decretstelle die Bezeichnung *inter pueros* für *VII annis minores* erklärt, so bezieht er doch zur erwähnten Decretale entsprechend seiner Auffassung der Sponsalia Unmündiger die Worte *nihil faciunt* auf die eherechtliche Wirkung überhaupt: *n. f. quantum ad matrimonium, faciunt tamen aliquid quantum ad alternam obligationem, pena forsitan interposita vel sacramento interveniente.* Nicht auf dem Gebiete des Eherechts, nur vom privatrechtlichen oder moralischen Standpunkte aus — bei Conventionalstrafe oder Eidesbruch — könne eine Wirkung erfolgen. Diese trifft aber dann meistens die Eltern, welche die eherechtliche Handlung beschworen haben.

Diese Frage erörtert Stefan und mit ihm die meisten späteren Decretisten zu c. un. C. 30 qu. 3. Hier handelt es sich nur um die Einhaltung des eidlichen Versprechens seitens der Eltern, nicht aber um eherechtliche Wirkungen der in unmündigem Alter der Kinder erfolgten Sponsalia. Daher sagt schon Roland [2]: *Quaestio erat, an parentes fidem sponsaliorum frangentes vel frangere cupientes periurii crimine tenerentur;* die Eltern werden hiebei entschuldigt, wenn die verlobten Kinder sich nicht trennen: *Se minime etiam parentibus annuentibus separaverint;* die Strafe für den Bruch des Verlöbnisses wird jedoch aufrecht erhalten, wenn die Trennung erfolgt: *Si vero in eodem fuerint vitio separationis, eorum divortium vitium appellans, videlicet quia eis consentientibus iuramenti paterni praecesserat vinculum vel etiam quia parentum vitio divertendo consentire probantur.* Der Verlöbnis-

---

[1] Vgl. S. 34. [2] Thaner, ed. p. 158.

bruch ist nach Rolands Auffassung nur ein *Vitium* und nur um die kirchliche Strafe für diesen frägt es sich, nicht um weitere eherechtliche Wirkungen des Rücktritts für die Verlobten. Es haben daher die späteren Decretisten diese Stelle nur auf *Sponsalia innubilium puellarum* bezogen [1]). Aehnlich wie Roland und grössten theils mit dessen Worten commentirt Stefan diese Stelle.

41. Konnte daher der Sache nach unter Unmündigen nur ein Eheversprechen erfolgen, und keine Eheschliessung [2]), so finden wir dementsprechend die Aetas als selbständiges Ehehindernis bei Stefan aufgeführt (Einleitung zu C. 27). Für diese erscheint aber schon nicht mehr das Alter als solches, sondern die körperliche Unreife als massgebendes ehehinderndes Moment. Erst mit dem Eintritt der Geschlechtsreife ist das Vermögen, den Eheschliessungswillen mit unmittelbarer Rechtsverbindlichkeit und in der Richtung auf gegenwärtige eheliche Einigung *(Se accipere)* zu erklären, gegeben. Folgerichtig muss daher der stattgehabte Vollzug der *Copula carnalis*, welche den Beweis der körperlichen Reife gibt und den *Consensus maritalis* vermuten lässt, auch vor der gesetzlichen Altersgrenze für die Mündigkeit dieselbe endgültige Gebundenheit wie der in mündigem Alter erklärte *Consensus maritalis* bewirken. Dies und nichts Anderes will Stefan sagen, wenn er bemerkt: *Quid iuris sit, solet et queri, si aliqua nondum nubilis in potestate sponsi data est et eam cognoscat, si postea facta adulta non consentiat? Dicunt quod ex quo cognita est, sive l non nubilis consensit* [3]), *non est ei auferenda*. Stefan spricht hiezu seine Ansicht nicht aus, er scheut sich vielleicht, diese Consequenz zu

---

[1]) So die Summa Coloniensis, S. Lipsiensis, Huguccio u. a.

[2]) Die Wirksamkeit des Consensus der Innubilis betont Stefan auch beim *Raptus*. So sagt er zu c. 3 C. 36 qu. 1: *ad consenserit: Ut fornicaretur, non ut matrimonium contraheret. Si enim consensisset causa matrimonii, dummodo nubilis esset, non redderetur patri, si autem nondum nubilis, sive consensisset sive non, reddenda ei esset.* Der eheliche Consens hat gar keine Wirkung für die Innubilis. Aehnlich zu c. 8 C. 36 qu. 2: *ad trahet eam: Si non fuerit nubilis vel si noluerit, cum alioquin paterna voluntas praeiudicium faceret consensui mulieris.*

[3]) Bei Johann Faventin: *concessit*. Vgl. zu dieser Stelle S. 91, S. Coloniensis, Huguccio u. a., auch c. 4 D. de rit. nupt. (23, 2).

ziehen, da er für die Mündigkeit die gesetzliche Altersgrenze acceptirt und für die Verbindlichkeit der Desponsatio die *Idoneitas personarum* bezw. die *Aetas nubilis* verlangt. Nach einer Handschrift lautet die sonst wie bei Roland und dem Tractatus des Codex Gottwic. commentirende Erörterung zu C. 31 qu. 2: *Prima traditio non debet fieri invita puella, quoniam si nubilis est, ex tunc incipit matrimonium esse, quod solus contrahentium consensus facit. Secunda vero etiam invita puella fieri potest, si prima praecesserit ea volenti et nubili et non coacta.* Ebenso zur folgenden Questio h. C. *Si pater nubili filia consentiente et de praesenti con sensum exprimente filiam desponderit, sponso vivente non licebit ei alteri nubere, quoniam uxor est.* Die *Filia nondum nubilis* ist nicht verpflichtet: *Sponsioni stare,* wenn dies auch *honestius* wegen der *Reverentia paternae sponsionis* wäre. Den Vater könne man dann entschuldigen, wenn er die Verlobung für die Tochter *Sub conditione tacita scil. si filia consentiret* geschlossen hatte. Grund und Bedingung der eherechtlich bindenden Wirkung der Desponsatio ist also in jedem Falle der freie und in mündigem Alter abgegebenen Consens, mit anderen Worten: nur der Mündige kann eine Ehe rechtswirksam schliessen.

6. Summa des Johannes Faventinus.[1]

42. In dieser bald nach 1171 entstandenen Bearbeitung des Decrets[2], deren Bedeutung trotz der ausgiebigen Benützung der Summen Rufins und Stefans nicht zu unterschätzen und hauptsächlich in der weiten Verbreitung und fast ausnahmslosen Berücksichtigung durch die späteren Decretisten gelegen ist, finden wir bereits eine ausführlichere Erörterung unserer Frage. Die Summa entbehrt, besonders bei Behandlung des Eherechts, nicht so sehr der Selbständigkeit in Auffassung und Methode, dass die Vermuthung schlechtweg berechtigt

---

[1] Benützt nach der Copie J. Ficker's aus Cod. Monac. 3873 fol. 108 ff.

[2] Vgl. Schulte. Rechtsquellen I. S. 137, Rechtshandschriften W. S. B. Bd. 57 S. 559 ff. Bd. 65 S. 52. Maassen, Beiträge zur Geschichte der jur. Literatur des Mittelalters, W. S. Ber. Bd. 24 S. 4 ff. Bd. 31 S. 449 ff.

wäre, es seien die neuartigen und eingehenden Bemerkungen zu dieser Rechtsmaterie, welche in Stefans Summe fehlen, nur auf die Benützung des uns bisher unbekannten eherechtlichen Theils der Summa Rufini zurückzuführen, obwohl diese auf den anderen Rechtsgebieten stark benützt erscheint und jedenfalls auch für das Eherecht herangezogen wurde.

Nach Johannes Faventinus hat die Unterscheidung Gratians nur mehr formelle Bedeutung und kommt es auf die Consummirung der contrahirten Ehe weder für das Wesen der Ehe noch zur principiellen Unlöslichkeit derselben an. Er bemerkt hierüber in der Einleitung zu qu. 2 C. 27 über den Gedankengang Gratians: *Huic questioni, ut melius explicetur, aliam subjungit, an matrimonium sit inter eos. — Si enim probatum fuerit, quod inter eos sit conjugium, consequentissime infertur, quod non possint ad alios sua vota transferre; Si vero conjugium nullum est, patet, quod, si ad alios transitum fecerint, non retrahetur. Sed quia e s t h i c d i v e r s i t a s s e n t e n t i a r u m, ideo primum m a g i s t r i s e n t e n t i a m p o n a m u s a c d e f e n d a m u s, deinde a l i o r u m s e n t e n t i a m s e c u n d u m q u o s d a m m a g i s c o m m e n d a b i l e m non praetereamus.* Er führt nun im Anschlusse an Stefans Summe die Unterscheidung Gratians in *Matrimonium initiatum, consummatum* und *ratum* mit den nöthigen Erläuterungen an,[1]) und geht dann zur Distinction in *Desponsatio*

---

[1]) Bezüglich der Verbindlichkeit der Desponsatio nach bisheriger Praxis der Kirche sagt er: *Cum ergo in d e s p o n s a t i o n e qualibet i n t e r p e r s o n a s q u a n t u m v i s l e g i t i m a s celebrata consummetur vel ratum fiat matrimonium, p a t e t t u m e x c a n o n i c a r a t i o n e t u m e x l o n g a e c c l e s i a e c o n s u e t u d i n e puellam alteri desponsatam non posse alio nubere, sed tamen, cum postea ab alio p u b l i c e d e s p o n s a t a m a r i - t a l i a f f e c t u c o g n o s c i t u r, r a t u m e r i t m a t r i m o n i u m s e c u n - d u m.* Auf die von der Theorie zugelassenen Lösungsgründe der Desponsatio übergehend, führt er fort: *Multa enim sunt quae d e s p o n s a t i o n e m i n t e r p e r s o n a s l e g i t i m a s c e l e b r a t a m utrolibet etiam eorum vivente d i s s o l v u n t, de quibus ea quae p r a e s e n t i m e m o r i a e occurrunt, hic breviter enumerabo . . . .* (er führt die im Cod. Gottwic. a. a. O. p. 18 aufgezählten an, vgl. § 31. 33. 37) *haec non iam (nomina?) quidem omnia ex canonum auctoritate assignare possumus, sed a p e r i t i s o m n i b u s in hac re d o c t o r i b u s nobis tradita tenemus.* Für die Desp. de praes. lässt er jedoch diese Lösungsgründe nicht mehr gelten.

de praesenti und *de futuro* über, indem er bemerkt: *Alii non approbant distinctionem illam de initiato et consummato conjugio; nam ex quo incipiunt esse conjuges, perfecti et veri sunt conjuges nec unquam semiplenum aut imperfectum matrimonii sacramentum esse dicunt. Hi ut decretorum contrarietatem determinent dicunt, quia desponsatio alia est de futuro, alia de praesenti etc.* (wie bei Stefan nach D. 27 § C. und J. Lib. IV der Sententiae des Petrus Lombardus). Seine eigene Ansicht sucht beide Theorien zu vereinigen: *Nos autem quasi mediam viam tenentes servata priori distinctione dicimus: in desponsatione matrimonium esse initiatum, sed si desponsatio sit de futuro, non statim est matrimonium ratum; si vero sit de praesenti, ut ex praedicta autoritate Augustini*[1]*) monstratur, statim ante carnis commixtionem ratum efficitur adeo ut dissolvi non possit nisi in duobus casibus scilicet causa religionis et maleficii.* Er wendet sich dann noch einmal gegen die Auffassung der strengen Consenstheorie, welche eine solche ausnahmsweise Lösung nicht kennt: *Ad conflictum eorum veniamus, qui dicunt, consensum de futuro non facere conjugium, consensum vero de praesenti facere matrimonium adeo consummatum et ratum ut nullo casu dissolvi possit* und sucht darzuthun, dass auch bei den *Sponsalia de futuro* ein *Matrimonium initiatum* vorliege, die *Sponsalia de praesenti* aber nicht vollständig unlöslich seien. Hiezu gibt er als Beleg die in Coll. Lipsiensis tit. 59 c. 6 [2]) vorfindliche Decretale des Papstes Alexander Martyr, welche die Unauflöslichkeit der Ehe an den Beischlaf knüpft: *Nisi ergo per maris et feminae legitimam conjunctionem duo una caro efficiuntur, certum est, quod nullum inter eos sit conjugii sacramentum. Ubi ergo defuerit sacramentum, quo modo ibidem esse poterit virtus sacramenti? Nec ibidem perfecta esse possunt iura conjugii. In hoc itaque perficitur matrimonium, in reliquis initiatur et fit ut quodam naturali rerum ordine in quibusdam principium sumat et nomen,*

---

[1]) c. 51 C. 27 qu. 2 (Palea).

[2]) Friedberg, Compilationes antiquae, p. 205, vgl. hiezu Freisen S. 183. Schulte, Rechtshandschriften W. S. B. Bd. 57 S. 589.

in aliis quidem fiat, in aliis perficiatur. Ut igitur sanae mentis intellectus vel naturalis nostra procedat assertio, in sponsalibus initiatur, in cohabitatione iam factum est, sed nequaquam sexuum commixtione perfectum. Hoc itaque, quod sic perfectum est, non nisi morte interveniente dissolvitur et, cum prioribus ubique praevaleat, etiam coniunctis viventibus ratum usque quoque perseverat. Diese die ältere Auffassung der Kirche vollständig wieder gebende Decretale *(quae ..., praedecessorum nostrorum piis vestigiis inhaerentes, et nos firmiter observamus* heisst es am Schlusse) unterscheidet also genau rechtliche Eheschliessung, factische Ehebegründung und Ehevollzug als Entstehungsstadien der Ehe.

Johann Faventin folgert daher auf Grund dieser Belegstelle: *In hunc ergo articulum nostra sententia concludatur, ut dicamus, semper cum legitime et inter legitimas personas desponsatio intercedit esse matrimonium initiatum utique non consummatum; et si per verba de futuro initiatum fuerit, ad secunda vota transire non debet. Relicto priori sponso si tamen hoc fecerit, non separabitur a viro secundo; secus autem si de presenti consensit.* Nur die *Desponsatio de praesenti* begründet also ein trennendes Ehehindernis zu Lebzeiten des anderen Desponsirten. Die Anschauung Johann Faventins ist somit ganz dieselbe, welche, wie wir sehen werden, Alexander III. in seinen das Eherecht reformirenden Decretalen zur Geltung gebracht hat. Da die Entstehungszeit der letzteren nicht sicher ist, lässt sich schwer beurtheilen, ob Johann Faventin die Entscheidungen Alexanders III. gekannt oder dieser sich an jenen angeschlossen habe.

43. Da nun Johann Faventin das durch *Desponsatio de praesenti* begründete Verhältnis als endgiltig geschlossene und daher als im Allgemeinen, jedenfalls aber gegenüber einer späteren Verbindung unlösliche Ehe bezeichnet, musste ihm die Frage nahe liegen, ob diese definitive Verpflichtung auch bei einer unter Unmündigen erfolgten Desponsatio einzutreten habe und welche eherechtliche Gebundenheit vorliege, wenn nur ein Contrahent minderjährig, der andere Desponsirte jedoch mündig und daher auch unbedingt

verpflichtet war; denn in diesen speciellen Fällen erhielt gerade die erhöhte verpflichtende Wirkung der Desponsatio und der Ausschluss freier Löslichkeit practische Bedeutung, indem nach weltlichem, wie kirchlichem Rechte die Desponsatio schon *a septennio* giltig erfolgen konnte, und da in solchen Jahren gewöhnlich durch die Eltern der Formalact vorgenommen wurde, eine Verweigerung der Zustimmung in mündigem Alter und eigenmächtige Eingehung einer anderen Verbindung begreiflicherweise häufig vorkam. Ueber diese Frage gibt Johanns Summe eine nähere und offenbar selbstständige Erörterung bei qu. 2 C. 30. Der Ausdruck *Sponsalia contrahere* wird hier ganz im Gegensatze zu Stefans Auffassung (vgl. § 40) nicht im Sinne des römischen Rechts genommen, sondern in canonisch-rechtlicher Bedeutung, wie sich aus der folgenden Beurtheilung der Sponsalia des Mündigen und Unmündigen, sowie auch daraus ergibt, dass dem *Sponsalia contrahere* das *Nuptias celebrare* gegenüber gestellt wird (vgl. S. 34.) Wenn Johann Faventin auch auf die *Leges* verweist, so bezieht er die Altersgrenze dieser doch nur auf die *Sponsalia de futuro,* welche nach seiner oben gezeigten Ansicht auch ein *Matrimonium initiatum* sind. Für die *Desponsatio de praes.* verlangt er ebenso wie Stefan, dass die *Personae idoneae (legitimae)* sind. Dies ist aber nur Voraussetzung für die unbedingte Wirkung dieser Desponsatio, nicht für deren Giltigkeit überhaupt. Johann Faventin beginnt nun in der bezeichneten Stelle: *In canonibus expresse non invenitur, qua aetate debeant sponsalia contrahi. Ideoque leges in hoc sequendae sunt, quae ante septennium prohibent sponsalia contrahenda. Ipsae nuptiae autem non nisi inter puberes celebrari possunt, ut sit masculus XIV annorum, femina vero XII.* Nach dieser Unterscheidung von Eheschliessungsact und Ehevollzug geht er über auf die Frage der Lösung von *Sponsalia impuberum* nach erreichtem mündigen Alter: *Solet autem queri, si post VII. annum maiores annis puer et puella contraxerint consensu utriusque partis sponsalia, utrum, postquam ad legitimam aetatem venerint, abrenuntiare possint sponsalibus et transferre sua vota in alios? ad quod dicimus, quod sine peccato non possunt, non tamen hoc facere prohibentur, quod potest notari ex eo quod dicitur supra C. XX c. 1.*

Die bezogene Stelle berührt die Verbindlichkeit der in unmündigem Alter erfolgten *Professio (paterna devotio)*. Johann Faventin nimmt also nur den Fall der Lösung nach erreichter Mündigkeit an, wie die Stellung der Frage beweist. Nach diesem Zeitpunkte wird die Lösung zwar vom moralischen Standpunkte aus missbilligt, jedoch nicht verboten (unter Hinweis auf die *Desponsatio spiritualis* ähnlich wie bei Paucapalea).

44. Bezüglich der uneigentlichen Desponsatio impuberum (bei Unmündigkeit nur eines Contrahenten) bemerkt Johann weiter und zwar so, dass gefolgert werden kann, dass auch diese Frage Gegenstand öfterer Diskussion der Schule bildete: *Item solet in questione versari, si sponsalia contrahantur inter eum qui est majoris aetatis et puellam septennem, utrum, cum puella pubertatis annos habuit, possit eum efficaciter petere vel ipse possit ad aliam sua vota transferre. Et quidem credimus, virum non posse aliam desponsare, si ista ipsum habere voluerit, licet inter eos non plene legitimum conjugium in desponsatione fuerit. Nam ut ait Gelasius: Nuptiarum foedera inter ingenuos sunt plene legitima et inter coaequales, infra proximae C. 32 qu. 2 cap. Non omnis. Sed tamen, sicut liber, qui ignoranter desponsavit ancillam, in potestate habet, accipere eam vel non accipere, quia ex parte eius consensus non praecesserit, ancillae vero non est liberum desponsationi renuntiare, si eam ingenuus habere voluerit, quia in eum consenserat, et ita puellae licitum est, virum hunc renuere, quia in desponsatione efficacem consensum non habuerit, ipse vero, quia per omnia consentire potuit, ea in proposito perseverante aliam desponsare non potest.* Diese Auffassung entspricht vollständig dem bisherigen Entwicklungsgange unserer Frage. Die Desponsatio ist wegen des Mangels der gehörigen Altersreife nicht schon nichtig, sondern begründet ein giltiges, aber *non plene legitimum conjugium*, weil ein Contrahent nicht *Coaequalis*, nicht *Persona legitima*, weil nicht *idonea* ist. Wegen des unmündigen Alters erscheint der Consens desselben nicht als *efficax*, nicht als die unbedingt verpflichtende Willenserklärung wie beim

Mündigen, welcher *per omnia consentire* vermag. Es steht dem minderjährig Desponsirten frei nach erreichter Mündigkeit sich definitiv zu verpflichten, oder die weitere Zustimmung zu verweigern, so dass durch diese Entscheidung die bestehende bis zur Mündigkeit dauernde Gebundenheit entweder ganz entfällt oder zum endgültigen Eheschluss wird. Im ersten Falle wird dann die Verpflichtung des mündig Desponsirten behoben, so dass eine anderweitige Ehe für denselben möglich ist, während bis dahin durch seinen Consens eine solche a u s g e s c h l o s s e n war. Daraus ergibt sich, dass Johann Faventin hier von *Desponsatio de praesenti* spricht, welche sich von der *de futuro* nach seiner früheren Erörterung dadurch unterscheidet, dass man nach ersterer *non potest aliam desponsare,* nach letzterer *non debet ad secunda vota transire,* eine Unterscheidung, welche wir in der Summa Coloniensis noch deutlicher formulirt und ausgesprochen finden werden.

Aus der Art und Weise, wie Johann diese Frage stellt, geht hervor, dass, es sich nur darum handelt, ob der Mündige endgültig gebunden sei und der minderjährig Desponsirte ein Anrecht an ihn habe, obwohl er selbst nicht über die Unmündigkeit hinaus verpflichtet sei. Die von ihm citirte Quelle ist c. 12 C. 32 qu. 2 ; der dort gebrauchte Ausdruck *Coaequales* wird auf *Adulti* bezogen und erscheint nun in allen späteren Quellen in dieser Weise interpretirt, sowie für unsere Frage als Beleg benützt, obwohl Papst Leo nur die *Uxor* gegenüber der *Concubina* und die *Ancilla* gegenüber der *Libera* im Auge hat [1]). Auch die Glosse sagt: *Argumentum quod non sit legitimum matrimonium inter puberem et impuberem.*

Ferner finden wir in dieser Summa die *Desponsatio impuberum* in Analogie gebracht mit dem *Error conditionis* bezw. mit der Desponsatio zwischen einem Freien und einer Unfreien. Hier hat der Freie, dessen Consens wegen Irrthums nichtig ist, nach erlangter Kenntnis

---

[1]) Die Stelle gehört nicht, wie Johann Faventin sagt, dem Papst Gelasius an, sondern stammt aus Ep. ⁹⁰/₉₂ c. 4 Papst Leos an Rusticus Ep. Narbonensis: *Non omnis mulier iuncta viro uxor est viri: quia nec omnis filius haeres est patris. Nuptiarum autem foedera inter ingenuos sunt legitima et inter coaequales, multo prius hoc ipsum Domino constituente quam initium Romani iuris existeret.* Johann Faventin ergänzt *plene legitima.*

freie Wahl, während die *Ancilla* gebunden ist. Diese Zusammenstellung ist schon bei Petrus Lombardus angedeutet [1]) und ist der von Johann Faventin gebrauchte Ausdruck: *Non plene legitimum conjugium* jedenfalls in ähnlichem Sinne aufzufassen, wie Petrus Lombardus an jener Stelle von *Personae mediae nec plene legitimae nec communo illegitimae* spricht. War aber dort das verbindende Moment der später mögliche Wegfall des Ehehindernisses *(conditio, frigiditas, aetas)*, so ist es hier der Mangel oder die Unwirksamkeit des ehelichen Consenses auf Seite eines Contrahenten und die daher demselben zugestandene freie Wahl. Erst der Consens nach erreichter Mündigkeit bezw. erlangter Kenntnis vom Stande der Sponsa macht die Ehe legitim und die Gebundenheit zur unbedingten.

45. Nach diesen Ausführungen der Summa Johanns v. Faenza muss also die Wirkung einer Desponsatio impuberum sowohl von einem einfachen formlosen, höchstens beschworenen Eheversprechen als auch von einer unbedingt verpflichtenden Eheschliessung unterschieden werden. Hatte nach der älteren kirchlichen Auffassung das Eheversprechen keine eherechtlichen Folgen und konnte eine verpflichtende Wirkung hier nur von privatrechtlichem oder moralischem Gesichtspunkte aus in Frage kommen, bestrafte die Kirche daher bei Lösung einer ohne Zustimmung des Kindes erfolgten *Sponsio paterna* nur den Wortbruch der Eltern, so erhielt nunmehr mit der neuen Unterscheidung in *Sponsalia de praesenti* und *de futuro* — Eheschliessung und Eheversprechen — der Begriff des letzteren eine Erweiterung, in dem jede Desponsatio, der man nicht unbedingt verpflichtende, d. h. eheschliessende Wirkung beilegen konnte oder wollte, unter die bequeme neue Bezeichnung *Sponsalia de futuro* subsumirt wurde. Damit erhielt auch die blos eheversprechende Consenserklärung besondere Wirkungen auf dem Gebiete des Eherechts, welche im Laufe der Entwicklung jenen des ehemaligen *Matrimonium contractum* der Consummationstheorie, das nunmehr vollständige Ehe war, gleichkamen. Gegenüber der von Johann Faventin den *Sponsalia de futuro* zugesprochenen Bedeutung erscheint die eherechtliche Wirkung der Desponsatio impuberum eher noch gleich jener des ehemaligen *Pactum de contrahendo ma-*

[1]) Siehe S. 48.

trimonio, da bei beiden einseitige Lösung möglich ist. Den Unterschied dieser beiden eherechtlichen Handlungen characterisirt aber abgesehen von den äusserlich wesentlich verschiedenen Formen schon am besten der Umstand, dass dieselbe formelle Rechtshandlung der Desponsatio impuberum, welche oft schon in frühesten Alter durch die Eltern allein und später, wenigstens billigerweise mit Zuziehung der zu Verlobenden erfolgte, durch den hinzutretenden Consens der Kinder ohne weiteren Formalact zuerst bis zur Mündigkeit und dann, wenn kein Einspruch geschah, endgültig verpflichtete, s a c h l i c h also aus einer eherechtlich wirkungslosen Handlung zur Verlobung und endlich zur Eheschliessung werden konnte. Der F o r m nach liegt von Beginne an die eheschliessende Handlung vor. Die verpflichtende Wirkung derselben auf Herstellung des *Consortium vitae* bezw. Ehevollziehung wird erst durch die Zustimmungserklärung des Mündiggewordenen begründet. Der Mangel dieses bei gehöriger Altersreife abgegebenen Consenses unterscheidet die *Desponsatio impuberum* von der i n h e i r a t h s f ä h i g e m A l t e r erfolgten Desponsatio. Form und Willensinhalt ist bei beiden der *Consensus per verba de praesenti expressus*, verschieden ist nur die eherechtliche Wirkung. Auch wenn ein Contrahent mündig ist, daher sein Consens unbedingt eheschliessend wirkt, erscheint durch den für den Anderen bestehenden Mangel eine Rückwirkung auf die Gebundenheit des Ersteren gegeben, indem für denselben eine von der Entscheidung des Anderen abhängige Lösungsmöglichkeit, die sonst nicht vorliegt, eintreten kann. Um diese auszuschliessen und so der Sache nach die formelle Eheschliessungshandlung statt der verlobenden Wirkung jene endgültiger Eheschliessung gewinnen zu lassen, bedarf es nach Johann Faventin keines Formalactes, ja nicht einmal einer ausdrücklichen Consenserklärung. Darauf deutet, dass ein blosses *In proposito perseverare* des Mündigen ebenso als den Consens darthuende concludente Handlung genügt, wie auch die Consummirung der Verbindung definitive Gebundenheit des minderjährig Desponsirten herbeiführt. Johann excerpirt für letzteres Moment fast wörtlich die Bemerkung der Summa des Stefan Tornacensis.[1]

---

[1] Vgl. S. 82.

Dass der *Consensus de praesenti* des Unmündigen formell richtig abgegeben auch materiell als eheliche Consenserklärung, wenn auch nicht als voll und endgiltig wirksame eheschliessende Willensäusserung zur Geltung kommt, scheint Johann auch damit zu sagen, dass er zwischen der Desponsatio impuberum und der Eheschliessung zwischen einem Freien und einer Unfreien deutlich dahin unterscheidet, dass er von letzterer sagt: *Quia ex parte eius (scil. liberi) consensus non praecesserit,* es liege gar kein Consens vor, von ersterer jedoch bemerkt: *quia in desponsatione efficacem consensum non habuerit,* der Consens also nur nicht volle Wirkung habe. Er bindet nur bis zur Mündigkeit. Auf dieser Beschränkung beruht das Recht der *Puella, virum renuere,* mit anderen Worten: das Recht des Rücktritts. Welche anderen eherechtlichen Wirkungen diesem giltigen, wenn auch mangelhaften Consense zukommen, wird an anderer Stelle berührt werden.

46. Johann Faventin hat, wie bereits bemerkt, vieles der Summa Stefans entnommen, doch erscheinen noch einige neuartige Bemerkungen desselben hier der Erwähnung werth. So theilt er zu der Bezeichnung in C. 30 qu. 2: *Tempus discretionis* zwei controverse Ansichten mit, auf welche ich schon hingewiesen habe.[1] Er sagt: *Tempus discretionis quod videtur esse ex VII anno; ex tunc enim ut ait Augustinus potest homo consentire, potest peccare et ex tunc incipiunt esse sponsalia per consensum; vel ut quidam volunt tempus discretionis hic accipitur a XIV anno; ex tunc enim potest quis iurare, matrimonium contrahere et votum facere.* Die Meinung der Quidam, welche zum *Matrimonium contrahere* die Mündigkeit fordern, deutet auf die Consenstheorie hin; man war unsicher, ob man die Decretale Papst Nicolaus I. auf *Sponsalia* (wie Gratian) oder *Matrimonium* beziehen solle. Die Consummationstheorie interpretirte für *Sponsalia* als *Matr. initiatum* und machte die römische Zeitbestimmung geltend, die Consenstheorie sprach für *Sponsalia de praesenti* als *Matr. contractum* und forderte die Mündigkeit.

Bezüglich der Wirkung der Sponsio paterna enthält die Summa Johann v. Faenza wesentlich die Bemerkungen Stefans

---
[1] Vgl. S. 33.

v. Tournay. Auch er bringt zum Ausdruck, dass die Sponsio für die unmündige Tochter, wenn diese auch consentire, keine zwingende Verpflichtung begründe. Doch räth er unter Hinweis auf den Ausspruch des hl. Ambrosius (c. 13 C. 32 qu. 2) dem Mädchen an, die Wahl des Mannes den Eltern zu überlassen *(Persuadetur tamen ab Ambrosio non solum puellae sed etiam adolescentiori viduae, ut electionem mariti parentibus deferat, infra proxima causa qu. II: Item Ambrosius. Sed huic distinctioni videtur adversari caput quoddam Ormisdepapae quod sic incipit: Tua sanctitas requisivit. Ibi enim dicitur quod si pater filio nondum adulto desponsaverit aliquam, post filius ad perfectam aetatem veniens omnino observare et adimplere debet quod pater spopondit.* Mit der Unterscheidung der Wirkung einer *Desponsatio puella nubili et consentiente* und *Filia nondum nubili vel iam sed contradicente* kann er diese Palea nicht in Einklang bringen. Er bemerkt daher: *Credendum est, hoc ex aliis generalibus institutionibus et ex more contrario ecclesiae penitus abrogatum esse.* C. un. qu. 3 C. 31 bezieht Johann auf den Fall einer *Paterna sponsio non exquisito consensu puellarum innubilium* und will nur die Eltern wegen fahrlässiger Eidesleistung bestraft wissen: *Et quidem putamus eos iuramenti temeritate arguendos pro eo quod filias, licet minoris aetatis sint, de hoc non consuluerunt.* nicht aber wegen Meineids: *Non autem eos indicandos esse periuros, quia tunc putabant vel firmam fidei certitudinem tenebant, quod puellae suis voluntatibus non resultarent vel saltem subaudiebatur, si puella persuaderi poterit, cum ad legitimam aetatem pervenerit.* Der Consens des Mädchens sei also auch bei einer Desponsatio in unmündigem Alter einzuholen. Auch das Dictum Gratians zu diesem Capitel des Decrets erläutert Joh. Fav. in ähnlicher Weise: *Ecce quod illorum consensu: Ubi per legitime celebratas nuptias non interveniente consensu. Quippe si puella pure suis sponsalibus consenserit et postea, cum ad annos pubertatis venerit, inexorabiliter dissenserit, coguntur parentes eam ad alias nuptias tradere.*[1]

---

[1] Nach der mir vorliegenden Copie dürfte diese Lesart obiger Stelle mit ziemlicher Wahrscheinlichkeit sich ergeben. Die Originalhandschrift des Cod. Monacensis ist hier schwer leserlich.

Endlich entspricht es vollständig der von Johann Faventin festgehaltenen Anschauung, dass er im Gegensatz zu seinen Vorgängern die Aetas nicht zu den selbständigen Ehehindernissen zählt, denn er beurtheilt auch die von Impuberes vorgenommene Desponsatio de praesenti als Eheschliessung, verbindet sie aber wegen der mangelnden Legitimität und Eignung der contrahirenden Personen nicht mit der definitiv verpflichtenden Wirkung, welche die Desponsatio in heiratsfähigem Alter besitzt. Dieser Auffassung entsprechend trennt Johann Faventin ausdrücklich die Begriffe Eheschliessungsact und eheschliessende Wirkung, indem er sagt: *Desponsatio autem de praesenti dicitur, quando vir verbis vel aliis certis signis consensum maritalem mulieri exprimit et e converso mulier viro, cum et ille dicit: accipio te in meam et illa dicit: concedo me tibi in tuam. Ecce tales sponsi conjuges sunt et de cetero si personae sunt idoneae matrimonium separare non possunt nisi alterius morte, quia etiam de monasterio quod invito sponso intraverit abstraheretur.*[1]) Gerade aus dieser Stelle, in der er die Lösungsmöglichkeit durch willkürlichen Klostereintritt ausschliesst, ergibt sich deutlich, dass dieser Kanonist schon mehr der strengen Consenstheorie sich zuneigt, was bei der Bedeutung seiner Summa nicht übergangen werden darf.

7. Summa Coloniensis.[2])

47. Aus den bisherigen Bearbeitungen des Decrets geht hervor, dass gegenüber der der älteren Auffassung der Kirche entsprechenden Consummationstheorie zwei den Consens betonende Richtungen in den Rechtsschulen Oberitaliens allmählig Geltung gewannen, welche beide in der Betonung des Erfordernisses der Beziehung des Consensus nuptialis auf die Gegenwart sich vereinigen, betreff der verpflichtenden Wirkungen desselben jedoch auseinandergehen. Während die Eine derselben mit der bisherigen

---

[1]) Vgl. §. 40, 42. Stefan hatte diese Consequenz noch nicht gezogen, und die Aetas als Ehehindernis beibehalten.

[2]) Benützt nach der Kopie J. Ficker's aus Cod. Bamberg. D. II. 17. p. 271 ff.

Anschauung über die Bedeutung der Consummirung nicht zu brechen wagt, und so die ausnahmlose Gebundenheit erst an die Copula knüpft, hingegen mit dem Consensus de praesenti das eheliche Band bereits für so fest geknüpft erachtet, dass eine anderweitige Verbindung ausgeschlossen und eine Lösung nur noch durch Ordensprofess oder bei *Maleficium* gestattet wird, erklärt die durch Ivo, Hugo und Petrus Lombardus entwickelte, und nunmehr auch an den oberitalischen Rechtsschulen sich einbürgernde Doctrin unter Anwendung der Unterscheidung in *Desponsatio de praesenti* und *de futuro* erstere für gänzlich unlöslichen Eheschluss auch vor Vollzug der Copula, letztere für Eheversprechen. War bisher die der Desponsatio impuberum durch die ersten beiden Richtungen zu Theil gewordene Beurtheilung Gegenstand näherer Erörterung, so erübrigt nun noch, den Standpunkt der strengen Consenstheorie, wie ihn die gallicanische Kirche zu unserer Frage vertrat, kennen zu lernen. Hiefür sind von besonderem Interesse die eingehenden Ausführungen der Summa Coloniensis, deren Entstehung in das Jahr 1169/70 fällt.[1]) Diese Quelle verdient in diesem Zusammenhange auch darum grössere Beachtung, da sie eine ungemein wissenschaftliche und systematische Behandlungsweise des im Decret enthaltenen Rechtsstoffes aufweist, auf alle herrschenden Controversen Rücksicht zu nehmen scheint, und sowohl an neuer einheitlicher Methode als an selbständigem Urtheil von den bisher erörterten Arbeiten über das Decret sich vortheilhaft unterscheidet. Im Besonderen gewinnt dieses «auf das Decret sich stützende Lehrbuch des Kirchenrechtes[2])» noch durch den weiteren Umstand an Werth, dass es von einem Deutschen verfasst ist und auf locale Verhältnisse der Heimat des Verfassers Rücksicht nimmt. Für unsere Frage kommt dies umsomehr zur Geltung, als die Sitte, Unmündige in den Formen eheschliessender (germanischer) Verlobung und mit der Absicht endgiltiger Verpflichtung zu desponsiren, gerade damals auf deutschrechtlichem Ge-

---

[1]) Eingehend beschrieben bei Schulte, 2. Beitrag. Bd. 65 (W. S. B.) S. 93 ff., auch bei Scheurl, Eheschliessungsrecht im Anhang I. theilweise abgedruckt. Ueber Entstehungszeit und Methode, vgl. Schulte, Rechtsquellen. I. S. 223.

[2]) Siehe Schulte, Rechtsquellen, I. S. 224.

biete besondere Verbreitung gefunden hat, und wie bereits angedeutet[1] dem älteren deutschen Eherechte ihre Entstehung verdanken dürfte.

Wenn nun auch der Verfasser der S. Coloniensis eine selbstständige Ansicht über Eheschliessung festhält, indem er analog wie bei einem Realcontract die Uebergabe der Braut fordert,[2] die *Copula carnalis* jedoch nicht *Ad substantiam rei sed tantum ad modum signandi* fordert, so entscheidet er sich doch im Allgemeinen zu Gunsten der Doctrin der gallicanischen Kirche, welche damals in der Eheschliessungslehre des Petrus Lombardus ihren prägnantesten Ausdruck gefunden hatte. Die Sponsalienunterscheidung desselben gibt auch die S. Coloniensis wieder, zwar nicht in der gleichen Formulirung, aber im selben Sinne als *Desponsatio legalis* und *Desponsatio canonica*, jenachdem sie *in praesens vel in futurum concipitur*. Die *Desponsatio legalis* ist das Eheversprechen im Sinne der römischrechtlichen Sponsalia, eine *Contrahendi matrimonii pollicitatio*, welche *Nuptias atque conjugium spondet, non efficit,* aber die eherechtlichen Wirkungen der *Sponsalia de futuro* besitzt, so dass *ad monasterium transire, sed non alii viro nubere licet quia fidem, quae sic sponso promittitur, violare sacrilegium est*. Die *Desponsatio canonica* ist die *Desponsatio de praesenti* des Petrus Lombardus, das *Pactum conjugale*, nach welchem *ad substantiam matrimonii nihil deest, ergo statim plenum et perfectum matrimonium inter eos est;* daher liege Ehe vor *antequam carnaliter conveniant* und entstehe schon aus diesem *Pactum nuptiale* die erzwingbare Pflicht zur Consummirung *ex nuptiali pacto uterque alteri ad servitutem corporis sui et naturaliter et civiliter obligatus est, ideo cum effectu sibi ad huius modi servitutem tenentur.* Den Unterschied der Wirkung beider Desponsationen fasst die S. Coloniensis wie Johann Fav.[3]: *Post illam non debet, post istam*

---

[1] Siehe S. 14.

[2] *Illud etiam generale est in hujusmodi contractibus, ut traditione rei dominium transferatur. Proinde ex quo sponsa viro tradita et cum eo velata atque traducta est, ex tunc caro eius viri est etsi nuptiale mysterium nondum in ea completum sit; et hoc Gratianus post multas ambages sentire videtur.*

[3] Vgl. S. 89.

non potest, cum alia matrimonium fieri. Auf Grundlage dieser der Lehre der Ecclesia Romana gegenübergestellten Auffassung erfolgt in der vorliegenden Summa auch die Beurtheilung der Desponsatio impuberum.

48. Es erscheint vor Allem bemerkenswerth, dass, wie schon bei Johann Faventin, auch hier das Impedimentum aetatis nicht mehr als selbständiges Ehehindernis aufgeführt wird. Der Verfasser fasst *Furor, impossibilitas coeundi* und *Aetas* unter einem Sammelbegriff: *Impossibilitas conveniendi* zusammen *(vel ex animo ut inter furiosos vel ex corpore ut in frigidis et maleficiatis vel ex utroque ut in pueris et puellis.)* Es ist somit zur Ehefähigkeit ausdrücklich geistige und körperliche Reife gefordert. Der Unmündige kann also keine Ehe schliessen. In diesem Sinne wird auch die interessante Erörterung zu C. 30 qu. 2 eingeleitet: *De aetate, quomodo conjugium impedit, explanemus. Quod aetas impuberum matrimonium impediat, certum est.* Hieran ist sofort die Frage geknüpft, ob diese irritirende Wirkung der *Aetas impuberum* auch bei der Verbindung eines Mündigen mit einem Unmündigen Platz greife, ob letztere daher, wenn vielleicht die Copula erfolgte, als unauflösliche Ehe zu betrachten sei. Diese Frage wird folgendermassen gestellt: *Sed an puberis et impuberis similiter dubium. Queramus ergo utrum inter marem a XIV anno supra et feminam XII. infra vel e contra initiatum et carnaliter forte consummatum conjugium ratum sit et inseparabile?*

Da bei Annahme der Copula die Ehemündigkeit der Contrahenten thatsächlich vorhanden ist, so sucht nun der Verfasser vorher die Bedeutung der vom Rechte aufgestellten Altersgrenze darzulegen. *Matrimonium de iure naturali profectum scimus. Ergo quam primum natura expleri potest, propter iura civilia differendum non est; sic enim in institutionibus habemus quod ius civile ius tollit naturale non aeque. Illud etiam perspicuum est, quod in maribus XIV. annum, in feminis tamquam prematurioribus XII ad hoc officium natura limitavit, non quod tunc solum sed quod tunc semper (saepe?) aequis passibus incedens natura ad tale officium sufficiat. Et licet hos aetatum limites humana consideratio prudenter invenerit, si tamen aliquam indulgentior natura praematurius aptaverit ut prius copulata thoro viripotens habeatur, rescindendum non puto. quod factum habere effectum probatur. Sicut in contrario si aliquam non tunc fore idoneam inimicante natura repertum fuerit, nec tunc copulanda est. Quod ergo propter contrarietatem naturae differtur, propter favorem eius non inique maturatur, ut sic beneficium naturae hic suppleat aetatem sicut in aliis modo malitia, modo sagatia, modo discretio (devotio?) adimplet quod in aetate minus est.* Da also die Ehe auf dem *Jus naturale* beruhe, solle das Civilrecht, diesem (wie unbilligerweise nach den Institutionen) derogirend, die Ehefähigkeit rechtlich nicht erst später eintreten lassen, wenn dieselbe thatsächlich schon vorliege. Daher dürfe nach seiner Ansicht, wenn auch der durch menschliche Erwägung im Gesetze festgesetzte Zeitpunkt unter gewöhnlichen Verhältnissen den äussersten Termin, womit die Fähigkeit zum Zwecke der Ehe beginne, bezeichne, dennoch eine vor dieser Zeit geschlossene Ehe nicht getrennt werden, wenn die Contrahenten die physische Reife besitzen. Umgekehrt solle eine Verheiratung eines bis dahin nicht reifen Mädchens noch nicht stattfinden. Was man bei späterer Entwicklung hinausschiebe, solle billigerweise bei frühzeitiger Reife gestattet sein, da ja auch in anderer Beziehung öfters der Eintritt einer besonderen Fähigkeit unter gewissen Voraussetzungen auch vor dem hiefür vorgeschriebenen Alter angenommen werde. Hiezu werden nun mehrere Beispiele theils aus dem Civilrechte *(Delicta* und *Contractus minorum, S. C. Macedonianum)* theils aus anderen Gebieten des canonischen Rechts (frühere Ordination bei *Vitae et scientiae meritis insignes*) als Belege angeführt. Der Ausdruck *Malitia, prudentia supplet aetatem* kehrt bei den späteren Decretisten und in den Decretalen mehrmals in diesem Sinne wieder.

Nun könne weiters die Frage sein, fährt die Summa fort, ob die gehörige Altersreife nicht eher zur Form als zum Wesen der Eheschliessung gehöre: *Est et aliud, quod haec aetas de solemnitate magis quam de substantia sacramenti est. Sollemnitates autem omissae substantiam non corrumpunt sicut habemus de clandestinis matri-*

moniis, in quibus, licet parentum traditio, sacerdotis benedictio, legalis dotatio desit, sacramentum tamen manet. Sed ponamus matrimonium non debere sic contrahi, contractum tamen et carnaliter consummatum dissolvi non opportet. Plura, quae enim contra iuris formam fiunt, perfecta tamen subsistunt. Wäre also das Alter nur ein Erfordernis der Form, so könnten auch ohne dieses dem Wesen nach eine Ehe vorliegen, die, wenn thatsächlich geschlossen und vollzogen, zwar unerlaubt wäre, aber nicht getrennt werden müsse. Hiezu gibt der Verfasser aus dem Civilrecht als eine Analogie: die Hingabe fremden Geldes als Darlehen wird mit Verwendung desselben perfect.

Selbst wenn man nun, heisst es weiter, annehmen würde, dass für den Unmündigen keine eheliche Gebundenheit entstehe, trete diese doch im gegebenen Falle für den Mündigen ein. Daher könne ähnlich, wie bei einem Vertrage die *Exceptio doli* erfolge, der Minderjährige Einspruch erheben, während dem Mündigen der Grund und das Recht dazu fehle. *Amplius etiam si conjugium hoc pro parte puellae infirmum esset, pro viri tamen parte forte et obligatorium est, ipse si quidem eius aetatis erat, ut se puellae dare posset, licet puella eius esset infirmitatis, ut se illi tradere non posset, quia minori dari potest, quamvis minor dare non possit. Sicut ergo in transactione rescindenda non suum sed adversarii dolum allegans auditur, ita hic puella reclamare potest, vir quod obiciat non habet. Et sicut est, si ingenuus ancillam inscius ducat vel infidelium conjugum alter ad fidem veniat, ita et hic conjugium pro parte deficit, pro parte perseverat. Et quemadmodum si liber ancillam inscius duxerit, si cohabitare maluerit, redimere praecipitur, sic qui talem duxit, si nondum cognoscere potest, expectet, dum possit, si vero iam potest, non est, quare causetur.* Es liege also hier, wie bei der Eheschliessung eines Freien mit einer Unfreien oder bei Bekehrung eines ungläubigen Ehegatten, auf einer Seite eine gültige Ehe vor, für den anderen Theil nicht. Wie der Freie nach erlangter Kenntnis vom Stande seiner Gattin die Wahl zwischen Anerkennung der Ehe durch Loskauf der Unfreien und dem Rücktritt habe, so solle der Mündige warten, bis die Copula vollzogen werden könne. Diese Analogie der drei Ehen, welche wir an anderer Stelle dieser Summa und bei späteren Decretisten unter der Bezeichnung *Imparia conjugia* zusammengefasst finden, beruht auf der einseitigen Wirksamkeit der vorgenommenen Eheschliessung. Die Ehe besteht nur für einen Theil, während der andere nicht ehelich gebunden ist, sodass bei der stetigen Bezugnahme auf die römischrechtliche Vertragslehre auch der Ausdruck Matrimonium claudicans später aufkam.

Wie der Verfasser der Summa Colon. in den bisher angeführten Punkten das Erfordernis eines bestimmten Alters bekämpft, so sucht er auch aus der Analogie zwischen *Matrim. spirituale* und *carnale* die Gültigkeit und Wirksamkeit einer frühzeitigen Eheschliessung zu begründen: *Scimus etiam quod spirituale et carnale matrimonium non enormiter sibi comparantur. In spirituali autem, si puella ante XII annum monasterium elegerit et vota parentum vel accesserint vel praecesserint, quod sic actum est, perseverabit.*

An diese ausführliche theoretische Erörterung, welche an sich und nach der Diction der gestellten Frage vermuthen lässt, dass der Verfasser sich hier hauptsächlich gegen jene Beurtheilung der Desponsatio impuberum und der Bedeutung der gesetzlichen Altersgrenze wendet, welche Johann Faventin zum Ausdruck gebracht hat, schliesst sich noch eine interessante Bemerkung über die practische Seite der aufgeworfenen Frage, woraus sich erkennen lässt, dass sowohl die kirchliche Praxis als auch Sitte und Brauch damaliger Zeit den Verfasser bestimmten, so energisch gegen das unbedingte Erfordernis des gesetzlichem Alters, wenigstens bei Mündigkeit eines Theiles oder thatsächlichem Vorhandensein der Ehefähigkeit, sich auszusprechen. *Postremo si adeo desiderabitur in conjugio hic limes annorum, ut absque eo non sit verum conjugium sed illicitum contubernium, provenit ut pluraque non sint legitima conjugia auctore ecclesia celebrata. Paterna enim sollicitudo filiarum infamiam metuens et lubrico aetatis prospiciens, opitulante sibi in hoc ecclesia, quasdam ante tempus praescriptum nuptui tradit. Et quis nunc fidelem ponit calculum aut verus existet supputator annorum, ut sciat ecclesia, ubi sint vel non sint conjugia? Hic latet verum.* Wir erhalten hierin einen neuen, deutlichen Beweis, wie sehr die Sitte, Kinder frühzeitig zu vermählen, im practischen Leben — der Verfasser mag wohl speciell locale deutsche Verhältnisse im Auge haben — verbreitet war, ebenso aber, dass die Kirche derselben nicht entgegentrat. Vielmehr scheint die citirte Stelle geradezu auf einen gewissen Gegensatz zu deuten, in den die kirchliche Praxis namentlich in Deutschland zu den Bestimmungen des römischen Rechts sich stellte, indem sie von dem unbedingten Erforderniss der gesetzlichen Altersgrenze absah. Dass dies hauptsächlich dann der Fall war, wann die physische Reife der Nupturienten thatsächlich schon vorlag, ist erklärlich und hängt mit in solchen Fällen zur Geltung kommenden practischen Rücksichten in gleichem Masse zusammen, wie mit der von der Kirche und den Kanonisten in den bisherigen Quellen betonten ehewirkenden Kraft des Beischlafs.

49. Die ganze Polemik des Verfassers wendet sich also gegen die Fixirung einer bestimmten Zeitgrenze für die Annahme des Eintritts der Ehefähigkeit und gegen die Unwiderleglichkeit der damit aufgedrängten gesetzlichen Vermuthung durch einen Gegenbeweis, sei es in positiver oder negativer Richtung. Nur die wirkliche Untüchtigkeit zum ehelichen Leben *(Impubertas)* soll irritirende Wirkung haben, nicht aber das Alter und die fixirte Zeitgrenze als solche *(Limes annorum.)* In der Folge sucht er nun obigen Gegensatz von Recht und Praxis zu lösen, und erwähnt hiebei zweier sich gegenüberstehender Controversen, von denen die eine gegen, die andere zu Gunsten eines bestimmten Alters spricht. *Hanc caliginem inextricabilem quidam evitantes dicunt, quod si sagatia animi et corporis aliquam praematurius idoneam exhibuerint, traducta ea et carnaliter cognita ratum et inseparabile matrimonium fit.* Es liegt nahe, diese Auffassung als jene der Consummationstheorie zu bezeichnen, da die Unlöslichkeit der eingegangenen Verbindung an den Vollzug der Copula carnalis geknüpft wird, während auf bie Wirksamkeit des abgegebenen Consenses keine Rücksicht genommen wird und höchstens die Betonung der *Sagatia animi* darauf hindeutet. Vor der Copula wäre somit die Verbindung löslich, also keine wahre Ehe. Mit der Consummirung ist zugleich der Beweis thatsächlicher Ehemündigkeit

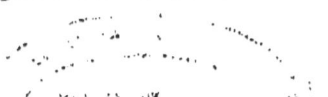

gegeben, welcher die an den gesetzlichen Zeitpunkt geknüpfte Präsumption aufhebt.

Die andere Ansicht sucht jedoch darzuthun, dass es sich wesentlicher um das **Vermögen zur Einwilligung** mit verbindlicher Wirkung, also um die Willensfreiheit der Eheschliessung handle und daher die gesetzliche Altersgrenze den Eintritt der geistigen Reife bezeichne. *Pars altera argumentatur adversari tamquam duodenarius ad id solum nuptiis praescriptus sit, quod puella tunc viripotens habeatur, sed noverint magis propter opportunitatem animorum quam congruentiam corporum hic dici. Duodenus siquidem annus limes est annorum intelligibilium. Ex tunc homo compos mentis et rationis efficitur, ex tunc per livium Pytagorici divertens vel in latum declinat voluptatis aut artum scandit latus virtutis, ex tunc de factis suis rationem reddere et praecepta evangelica implere exigitur, ex tunc ei poenitentia et consueta nostrae religionis ieiunia imponuntur. Proinde quia consensus matrimonium facit et consensum iudicium animi operatur, hoc autem ante XII annum vel nullum vel incertum est, ideo prius acta matrimonia deficiunt; non enim est consensus, ubi deest sensus. Itaque haec aetas non ad sollemnitatem tantum sed ad substantiam sacramenti magis operatur.* Hier tritt uns die Ansicht der Consenstheorie entgegen: Der Consens sei das massgebende Moment für die Eheschliessung, daher auch das Vermögen zur Einwilligung bestimmend für die Ehefähigkeit. Hierauf beziehe sich die Altersgrenze des Rechtes, nicht aber auf die physische Eignung.

Dass der Verfasser selbst dieser Auffassung zuneigt, ergibt wohl die ausführliche Begründung, welche er dafür gibt, dass erst mit diesen Jahren das erforderliche Verständnis für das eheliche Leben und der nöthige selbständige Wille vorliege. Es entspricht diese Anschauung eben auch jener, welche er im Allgemeinen bezüglich der Eheschliessung festhält. Es kommt hienach alles auf die eheliche Willenserklärung an, vor jenem Alter aber sei diese nur unsicher oder gar nicht vorhanden. Das Alter gehöre also zum Wesen der Ehefähigkeit, weil keine Eheschliessung erfolgen könne, so lange eine freie, im Bewusstsein ihrer Bedeutung erfolgte und daher rechtsverbindliche Consenserklärung unmöglich sei. Diese Auffassung steht jener der Consummationstheorie diametral gegenüber. Eine Andeutung derselben Controversen haben wir schon bei Johann Faventin getroffen, wo diese an die Auslegung des Tempus discretionis anknüpfen.

Weiters bemerkt die Summa: Wenn man schon für gewisse Zeiten die feierliche Eheschliessung verbiete, so müsse dies umsomehr für jene vor Eintritt der gesetzlichen Altersgrenze geschehen: *Praeterea quaedam sunt tempora nuptiis illicita ut a LXI^ma post, in quibus, si contra interdictum ecclesiae celebratae fuerint, separatio fieri iubetur. Si hoc in tempore, multo magis in aetate observandum est.* Der Verfasser hält also offenbar die geschlossene Zeit für ein irritirendes Ehehinderniss, eine Auffassung. die in jener Zeit sehr vereinzelt [1] dasteht, aber in diesem Zusammenhange sich durch das Bestreben erklärt. für die irritirende Wirkung der Altersgrenze möglichst viel Belege zu bringen.

50. Der Verfasser schliesst sich nun ganz der bisher erörterten Auffassung an, indem er sich selbst sprechend einführt. Auch die *Ratio iuris* und *Impossibilitas legis* verlange die Beobachtung des fixirten Zeitpunktes. Wie aus diesen Gründen der Kaufvertrag über eine *Res sacra* nicht zur Uebergabe verpflichte, so sei auch der *Minor* untaugliches Subject der Eheschliessung; es komme daher keine Ehe zu Stande: *Habemus etiam, quod si quis cum laico venditore super re sacra contrahat, eum sibi ad praestationem rei non obligat, obstante ratione iuris et impossibilitate legis. A simili concludimus, quod, ubi maior minorem sibi copulat, matrimonium non efficitur, quia et ius et ratio refragatur.* Nach dieser civilrechtlichen Analogie liegt also die *Obstans ratio iuris* in dem Mangel der wirksamen Ver-

---

[1] Gratian scheint in c. 10 C. 33 qu. 4 dieselbe Ansicht zu vertreten, ähnlich auch die ältere Glosse zu c. 7 C. 33 qu. 4. Später wurde dieses Impedimentum nur als aufschiebendes behandelt und infolge der Trennung von Eheschliessung und Nuptiae nur mehr auf letztere (Hochzeitsfeierlichkeiten) bezogen. In dieser Weise entschied dann auch Clemens III. in c. 4 X. 2, 9, welcher Ansicht auch die spätere canonistische Jurisprudenz beitrat. Hierüber vgl. Freisen a. a. O. S. 646.

pflichtung auf Seite des *Minor*. Zur Begründung der *Impossibilitas legis*, der Ungültigkeit nach dem Gesetze, führt er die Decretale Papst Nicolaus I. (c. un. C. 30 qu. 2) an, welche den *Consensus utriusque* betont. *Ex hac auctoritate liquet, nec inter ambos minores nec inter minorem et maiorem matrimonium valere, ideoque nec consummari per subsecutam commixtionem sexuum, quia, quod non est, non confirmatur.* Hiemit wendet er sich direct gegen die Auffassung der Consummationstheorie, welche in der Copula das eigentliche eheschliessende Moment sieht. Da er dieser, wie erwähnt, nur sacramentale Bedeutung — *ad modum signandi* — beilegt, kann bei Mangel des erforderlichen Consenses auch durch die nachträgliche Consummirung keine Ehe entstehen. Er theilt also nicht die Ansicht, welche bei Stefan Tornacensis und Johann Faventin zum Ausdruck gebracht erscheint, dass nämlich die Copula den *Consensus maritalis* vermuthen lasse, bezw. die ungenügende Consenserklärung des Unmündigen verbindlich mache. Nach dieser Auffassung sollte nun aber für den mündig Desponsirten selbst nach Vollzug der Copula keine eheliche Gebundenheit vorliegen, wenn nicht auf Seite des Unmündigen der Consens nachgetragen wird. Diese Consequenz scheut sich der Verfasser der Summa Coloniensis offenbar zu ziehen, wie aus seiner später bekannt gegebenen eigenen Meinung hervorgeht. Er sucht vielmehr zwischen beiden schroff sich gegenüber stehenden Theorien zu vermitteln, indem er zwischen consummirter und nicht consummirter Verbindung unterscheidet. Vorher berührt er noch die Einwendung der Vertreter der Consenstheorie bezüglich des naturrechtlichen Ursprungs der Ehe, indem er bemerkt: *Illi quoque quod dictum est, conjugium a iure naturali profectum, respondentes dicunt, quod a natura habeat initium, a lege formam maiusque esse quod a iure civili accessit quam quod a iure naturali cepit.* Damit ist, für unsere Rechtsfrage angewendet, eben nichts anderes gesagt, als dass die thatsächliche Fähigkeit zur Ehe vor dem gesetzlichen Zeitpunkt, welcher ihren Eintritt präsumire, nicht zur Geltung komme. Zugleich ersehen wir, dass die eingangs zur Frage gegebene Polemik der Summa gegen diese ausschliessende Wirkung der rechtlichen Altersgrenze gewissermassen vom Standpunkte der Consummationstheorie erfolgte, gegen den nun alle Gegengründe der Consenstheorie angeführt werden.

Diese wollte und konnte vor erreichter Mündigkeit keine giltige Ehe entstehen lassen. Was für ein Verhältnis bei einer vorzeitigen Eheschliessung vorliege, wird nicht gesagt, jedenfalls kein giltiges Matrimonium, denn *quod non est non confirmatur*. Dies war ausser Zweifel, wenn beide Theile unmündig waren. Anders lag aber die Sache, wenn ein Theil bei Eingehung der Ehe bereits mündig war. Hier wieder ergab sich der besondere Fall, dass der Unmündige nur nach dem Buchstaben des Gesetzes, nicht aber thatsächlich eheunfähig war, wenn vor der *Aetas legitima* die Consummirung erfolgte. Die Praxis drängte dazu, eine solche Verbindung als Ehe anzuerkennen. Damit hätte man aber zugeben müssen, dass für den minderjährig Desponsirten die eheliche Gebundenheit mit der Copula eintrete, dieser Act also den *Consensus de praesenti* enthalte, selbst wenn er vor der *Aetas legitima* erfolgte. Folgerichtig hätte auch eine *Desponsatio legalis* durch Vollzug der Beiwohnung eheschliessende Wirkung erhalten müssen. Der Beischlaf wäre sohin an und für sich zum eheschliessenden Moment geworden, wenn man derartige Verbindungen anerkannt hätte, da in beiden Fällen die zum Eheschluss erforderliche Consenserklärung *de praesenti* — bei der *Desponsatio inter maiorem et minorem* wenigstens der Sache und Wirkung nach — nicht vorausging.

Eine Anerkennung der letzteren als giltiger Eheschliessung widerstrebte ebensosehr dem nun immer mehr betonten Principe der Freiheit der Eheschliessung; die Zulassung einer nachträglichen Consenserklärung aber, welche eben deshalb nicht erzwingbar war, hätte dann, wenn der Consens verweigert wurde, wenigstens auf Seite des Mündigen zur Lösung einer giltigen *Desponsatio de praesenti* geführt. Diese war aber, weil wahre Ehe, nach der Consenstheorie unlöslich. Die späteren Decretisten suchten sich mit diesen Folgerungen, so gut es gieng, zurecht zu finden, da sie mit der Betonung der eheschliessenden Wirkung des *Consensus de praes.* auf dieselben kommen mussten. Auch der Verfasser der S. Coloniensis kommt auf diese Bedenken, kann sich jedoch nicht damit befreunden, eine consummirte Verbindung zu lösen, weil das mit der Consummirung gegebene

Sacramentum unionis Christi ad ecclesiam unlöslich ist. Er sagt daher: *In hac controversia tutius est dicere sic: carnaliter consummatum perseverare, ne viam aperiamus divortiis et, quibus favorem debemus, matrimonia disturbemus.* Es leitet ihn hiebei offenbar die Rücksicht auf die im practischen Leben herrschende Sitte, da, wie aus seinen Worten hervorgeht, er hiemit allein seine Entscheidung begründet. Betreff der noch nicht consummirten Verbindung scheint er, vielleicht aus demselben Beweggrunde, ganz im Zweifel zu sein, wofür er sich entscheiden soll. *Si tamen necdum carnaliter convenerunt, credibile est, minorem, cum ad annos pubertatis pervenerit, suo iudicio permitti, maiorem vero praecedenti pactione conjugali obligari, ut possit minor alii nubere, etiam si maior nolit, et major non possit alio sua vota transferre, nisi minor prius cum alio nuptiale foedus inierit.* Der Minor ist also nicht eherechtlich verpflichtet und hat nach erreichter Mündigkeit freie Wahl zuzustimmen oder zurückzutreten. Der mündige Contrahent hat kein Anrecht an ihn, ist aber selbst endgültig verpflichtet, wenn nicht der Minderjährige eine andere Ehe eingeht. Von einer nachträglichen Consenserklärung ist nicht die Rede. Dem Verfasser war sichtlich diese Auffassung als jene gleichzeitiger Decretisten oder Glossatoren bekannt. Er hält sie aber nur für annehmbar, ohne sich weiter hierüber auszusprechen. Wahrscheinlich lag ihm die Summe Johann Faventins vor, wenigstens citirt auch er den Ausspruch Papst Leo's (c. 12 C. 32 qu. 2) und zwar, was diese Annahme nur zu bestätigen vermag, auch mit der Ergänzung: *plene legitima,* wenn er die Stelle auch nach dem Decrete und der richtigen Quelle citirt: *Unde Leo papa C. 32 qu. 2. Non omnis, inquit, mulier viro coniuncta uxor est viri, nuptiarum foedera inter ingenuos et inter coaequales plene legitima sunt.*

51. Nachdem bisher die Summa Coloniensis nur von der Eheschliessung zwischen einem Maior und Minor gesprochen, geht dieselbe mit einer ähnlichen Bemerkung[1]) zu den Worten *Nihil faciunt*

---

[1]) S. Colon. sagt hier nur deutlicher: *Ceterum quod ait Nicolaus „nihil facere, qui pueros puellis iungunt", intelligendum pro matri-*

des c. un. C. 30 qu. 2, wie bei Stefan und Johann von Faenza, über auf die Frage, ob von nach dem *Septennium* geschlossenen Sponsalien ein Rücktritt in mündigem Alter möglich sei? Es ist nicht ganz klar, wie die betreffende Stelle zu verstehen ist: *Unde si queratur, utrum capaces doli ante legitimam pubertatem in se consentientes possint ab invicem sua vota dividere? Respondendum est, non posse quidem absque culpa, posse tamen absque ecclesiae vindicta, quia, ut innuit Nicolaus, ex huiusmodi compromissione pro matrimonio ecclesiae non obligantur, nisi adulti facti in se consentiant.* Aus der Gegenüberstellung von *Compromissio* und *Matrimonium ecclesiae* geht hervor, dass der Verfasser eine *Desponsatio legalis* im Gegensatz zur *Desp. canonica* im Auge hat. Die *Capaces doli* sind nach damaligem Sprachgebrauch die *Impuberes* vom *Septennium* an, während sie vorher *Infantes* heissen.[1]) Da ein *Matrimonium contrahere* unter Unmündigen nicht erfolgen kann, begründet der Consens derselben nur eine *Compromissio* im Sinne der römischrechtlichen Sponsaliendefinition, also ein blosses Eheversprechen. Aus demselben entsteht keine eherechtliche Verpflichtung nach kirchlichem Rechte, wenn nicht in mündigem Alter eine Consenserklärung erfolgt. Da hiezu die Decretale Papst Nicolaus citirt wird, ergibt sich, dass die dort gebrauchte Bezeichnung *Tempus discretionis* hier auf die Mündigkeit bezogen ist. Der Bruch eines solchen Verlöbnisses könne nur für die Eltern Folgen haben, wenn diese dasselbe mit Eid bekräftigt haben: *Alternam obligationem* (zu c. un. C. 31 qu. 3) *Elibertanum Concilium confirmat iniungens parentibus septennem poenitentiam deberi sive per se sive per eorum prolem desponsationis fidem iuramento firmatam infregerunt, ait enim: si qui parentes etc.* Die Worte *Alternam obligationem* beziehen sich auf seine Erläuterung zu *Nihil facere* der Decretale des Nicolaus.

Die Summe hat hier also nur mehr **Sponsalia im eigentlichen Sinne** im Auge. Aus der allgemeinen Bezeichnung *ante*

---

monii intentione, non pro alterna obligatione, praesertim si poena interposita sit vel sacramentum intervenerit. Es ist damit nur noch mehr hervorgehoben, dass keine eherechtliche Verpflichtung entstehe.

[1]) Vgl. Rolands Summe bei c. 20 qu. 1. Thaner, ed. p. 71.

legitimam pubertatem in se consentientes aber darf wohl geschlossen werden, das nach Ansicht des Verfassers jeder vor der Mündigkeit abgegebene Consens, auch der *per verba de praesenti expressus* nur die Wirkungen eines Eheversprechens habe.

Bezüglich der Wirkungen der *Sponsio paterna* gibt die vorliegende Summa nur die Erörterungen Johann Faventins wieder. Durch Zusammenfassung der Verbindungen verschiedenen Standes, Alters und Glaubens erscheint auch hier der Begriff *Inparia conjugia*. *Tria sunt inparia conjugia. Primum est in dispari conditione, secundum in aetatis disparitate, tertium in fidei dissimilitudine.*

52. Weitere Andeutungen über unsere Frage enthält die Summa Coloniensis, soweit sie mir zugänglich war, nicht. Wir werden durch dieselbe über die herrschenden Controversen bezüglich der Desponsatio impuberum informirt, und wenn wir das hier genommene Resultat in Kurzem zusammenfassen, ergibt sich, dass dieselben mit den zwei die allgemeine Eheschliessungslehre damals beherrschenden Theorien in Zusammenhang stehen. Die eine ist zugleich die ältere Auffassung der Kirche, sie betont die Consummirung als eheschliessendes Moment, vor dieser war das Verhältnis nicht Ehe und konnte gelöst werden. Eine Desponsatio impuberum im Sinne von eigentlicher Eheschliessung Minderjähriger konnte daher gar nicht in Frage kommen. Die Consenstheorie jedoch theilt sich in zwei Richtungen. Die ältere und consequente entstand in der gallicanischen Kirche durch Ivo v. Chartres, Hugo a St. Victore, Petrus Lombardus. Nach ihr erfolgt die Eheschliessung durch den *Consensus de praesenti:* diesen konnte nur der Mündige abgeben, da vorher das Vermögen verpflichtender Einwilligung nicht vorlag. Die *Aetas impuberum* war also trennendes Ehehindernis. Eine Desponsatio impuberum begründet nur ein Eheversprechen, schloss aber keine Ehe, auch wenn der Consens *per verba de praesenti* erklärt war. Die zweite den Consens betonende Richtung entstand selbständig schon vor Gratian in der italischen Kirche. Ohne die Betonung der Copula carnalis gänzlich aufzugeben, erachtete dieselbe die Ehe schon durch Abgabe des *Consensus nuptialis* für geschlossen, wenn dieser *per verba de praesenti* erfolgte. Dennoch wurden noch einzelne Lösungsgründe einer giltigen De-

sponsatio anerkannt. Das Bestreben diese zu beseitigen und das *Matrimonium contractum* zum *M. ratum* zu gestalten, characterisirt die ganze eherechtliche Doctrin der Decretisten. — Eine Desponsatio impuberum, bei welcher der *Consensus per verba de praesenti* erklärt wurde, war nach dieser Richtung eine giltige, aber beschränkt wirksame Eheschliessung, welche des nachträglichen verpflichtenden Consenses bedurfte, um zur Vollständigkeit der Form auch die materielle Bedeutung unbedingten Eheschlusses zu erhalten. Die Entstehung des ehelichen Verhältnisses als eines unlösbaren auf Grund des erfolgten Formalactes ist für den unmündigen Contrahenten an seine nachträgliche Consenserklärung geknüpft, während die Verweigerung dieser für ihn wie für den bereits endgültig verpflichteten mündigen Theil jede eherechtliche Gebundenheit aufhebt. Sind beide Contrahenten unmündig, so wird, soweit die Quellen erkennen lassen, die eingegangene Verpflichtung bis zur Mündigkeit als bindend erachtet.

Bei dem Mangel kirchlicher Bestimmungen und dieser Uneinigkeit der canonistischen Jurisprudenz kann es nicht befremden, dass die immermehr sich entfaltende Decretalengesetzgebung der Päpste bei Reform des Eherechts auch dieser Frage sich bemächtigt hat. Auch in dieser besonderen Richtung sind, wie für die allgemeine Eheschliessungslehre, die Entscheidungen Alexander III. massgebend gewesen.

8. Die Summa Parisiensis.[1]

53. In diesen Zusammenhang gehört nach eine von Maassen[2] als Summa Parisiensis bezeichnete Summe, welche Anfang der Siebziger Jahre des zwölften Jahrhunderts von einem in Bologna geschulten Canonisten in Paris verfasst wurde. Dieselbe vertritt die strenge Consenstheorie der *Ecclesia Franciae*, deren Doctrin

---

[1] Benützt nach der Copie J. Ficker's aus Cod. Bamberg. P. II. 26. Bl. 85.

[2] Maassen, Paucapalea W. S. B. Bd. 31 S. 449 ff. Beiträge etc.: Bd. 24 S. 4 ff. Schulte, 2. Beitrag W. S. Ber. Bd. 64 S. 114; Rechtsquellen I. S. 224.

wiederholt jener der *Ecclesia Romana*, ähnlich wie in der Summa Coloniensis, gegenüber gestellt wird. Es ist interessant zu erwähnen, dass diese Summa der Desponsatio de praesenti ausdrücklich die Bedeutung eines Versprechens der Ehevollziehung beilegt, obwol daraus die Ehe unmittelbar entsteht. *Statim enim ex quo aliquis alicui promisit per verba praesentis temporis se ducturum eam in conjugem, matrimonium est perfectum et ratum.* Dem gegenüber steht das *promittere iureiurando (iuris iurandi religione interposita);* dieses ist nicht absolut erzwingbar verpflichtend. Für unsere Frage enthält diese Summa nur einen kurzen Passus zu c. 30 qu. 2: *Sequitur II. questio, qua queritur, an sponsalia contrahantur inter infantes. Questio ista satis expedita est. Infantes etenim, qui ratione carent, matrimonium contrahere non possunt, quia vero nec consentire — ubi autem consensus non est, non est matrimonium. Sic etiam capitulo illo habetur: ubi non est.* Es erscheint hier also Gratians Frage nur für *Sponsalia de praesenti:* — denn diese sind das *Matrimonium contrahere* — beantwortet. Der Ausdruck *Infantes* dürfte allerdings, wie aus dem Beisatze *qui ratione carent* zu schliessen, sich nur auf die *Septennio minores* beziehen.

Die verpflichtende Wirkung der Desponsatio ist besonders hervorgehoben: *Si autem ab initio desponsationi consentiat, postea autem dissentiat, verberibus etiam cogenda est, eum habere, cui desponsata est.* Vorher schon betont der Verfasser der Summa zu C. 31 qu. 2 die Freiheit der Eheschliessung. Daher sagt er auch betreff der *Sponsio paterna: In primo autem casu* (einer *invita copulata) neque, si iuramentum pater dederit, cogi debet sed distulta occasione debet pater penitentiam agere,* weil, wie er zu Qu. 3 h. C. bemerkt: *Quia non tanta efficatia illorum (scil. parentum) iuramentorum ut inviti copulari debeant.*

Die Frage, welche Wirkung den *Sponsalia de praesenti* nach dem Septennium zuzumessen sei, erscheint hier nicht behandelt. Offenbar waren auch dieser Summa, wie der S. Coloniensis und den bisherigen Bearbeitungen des Decrets die Decretalen Alexander III. noch nicht bekannt, ja es kann hieraus mit einiger Gewissheit gefolgert werden, dass die genannten Entscheidungen erst nach der

Abfassung dieser Arbeiten erlassen oder wenigstens früher nicht in eine zugängliche Extravagantensammlung aufgenommen wurden, da sonst deren Unkenntnis nicht erklärlich, eine Berücksichtigung derselben bei der umfassenden Quellenkenntnis der Verfasser, insbesondere in der Summa Coloniensis, sicher erfolgt und bei der Wichtigkeit jener Decretalen auch nicht zu umgehen gewesen wäre. Denn für das Recht der Kirche hat die Frage der Fähigkeit zum Sponsalienschlusse und die Beurtheilung einer Desponsatio impuberum ihre Lösung erst in den Entscheidungen der Päpste gefunden, welche nunmehr zur Besprechung gelangen.

D. Die nachgratianische Decretalengesetzgebung bis Innocenz III.

1. Die Praxis der Kirche zur Zeit Gratians.

54. Während die Doctrin der canonistischen Schule im unmittelbaren Anschlusse an Gratians Decret unsere Frage bereits zum Gegenstande lebhafter Diskussion gemacht hat, und in controverser Weise dieselbe zu entscheiden suchte, ergibt sich für die Praxis der Kirche das Resultat, dass dieselbe keine positiven Bestimmungen in dieser Hinsicht erlassen hat, sondern für den Zeitpunkt der Fähigkeit zum Sponsalienschlusse, wie für die Ehefähigkeit als solche die vom römischen Rechte fixirten Altersgrenzen acceptirte, wenn auch die Praxis bei den Einzelkirchen — insbesondere auf deutschem Gebiete — eine andere und durch die Rücksicht auf jeweilige Sitte und weltliches Recht geleitete gewesen sein mag. Die Kirche beschränkte sich vielmehr darauf, die Freiheit der Eheschliessung besonders zu betonen und etwaige abweichende Bestimmungen des weltlichen Rechtes mit diesem Grundsatze in Einklang zu bringen. Hauptsächlich war es ihr auch darum zu thun, ein frühzeitiges eheliches Zusammenleben von Heirathsunfähigen als christlicher Moral widersprechend zu verbieten. Bezüglich der Bestimmung der Ehefähigkeit macht sich gegenüber dem römischen Rechte bereits ein Gegensatz insoferne geltend, als die mit dessen Altersgrenze verbundene gesetzliche Vermuthung ehelicher Eignung durch den Gegenbeweis früherer thatsächlicher

Reife für widerlegbar erklärt und im Allgemeinen nicht ein bestimmtes Alter, sondern der Eintritt körperlicher Reife als massgebendes Moment bezeichnet wurde. Ein viel wichtigerer Umstand, der die directe Annahme der Zeitgrenzen des römischen Rechtes nicht mehr gestattete und sehr bald einen Gegensatz zu dessen Anschauung hervorrief, war damit gegeben, dass die kirchenrechtlichen Begriffe Sponsalia und Matrimonium sich nicht mehr ganz mit jenen deckten, welche das römische Recht mit diesen Ausdrücken bezeichnete. Die römischrechtlichen Sponsalia hatten nur die Bedeutung eines reinen Eheversprechens, die Kirche verstand unter Sponsalia den Act, bei dem und durch den die eherechtliche Willenseinigung erfolgte. Seit den Anfängen der Entwicklung des canonischen Eherechtes bestand daher unter den Canonisten die Streitfrage, welche Gebundenheit die Desponsatio zur Folge habe, und ob mit derselben die Ehe, welche nach kirchlicher Auffassung unauflöslich war, schon geschlossen sei. Das Bestreben, jenen Act zu bestimmen, mit welchem das *Matrimonium ratum* vorliege, characterisirt die ganze Entwicklung des canonischen Eheschliessungsrechtes. Wir wissen, dass neben der älteren kirchlichen Auffassung, welche die Unauflöslichkeit der Ehe an die erfolgte Consummirung knüpfte, eine andere Richtung sich geltend gemacht hatte, welche das *Matr. ratum* mit der *Pactio conjugalis* entstehen liess. Hatte diese letztere Doctrin schon frühzeitig im Gebiete der gallicanischen Kirche Geltung erlangt, so entwickelte sich, wie schon erwähnt wurde, neben der Consummationstheorie auch in den oberitalischen Rechtsschulen parallel zu jener, aber selbstständigen Ursprungs eine andere Theorie, welche nach ihrer späteren Ausbildung durch die ersten Decretisten in der Betonung des Consenses nur so weit gieng, das durch *Desponsatio de praesenti* begründete Verhältnis für im allgemeinen unlöslich zu erklären. Schon Gratian hatte, um über dieselbe hinwegzukommen und die Bedeutung der Copula zu wahren, zur bekannten Unterscheidung in *Matr. initiatum* und *consummatum* greifen müssen, aber erst in den Reformen Alexander III. kam auch für das Eherecht der Kirche die Absicht zum Ausdrucke, die Wirkung des *Matrimonium contractum* zu verstärken, so dass eine anderweitige Verbindung durch dieselbe zu Lebzeiten des anderen Theils — abgesehen von einigen Ausnahmsfällen — ausgeschlossen war. Trotz dieses Hervortretens der Desponsatio als eheschliessenden Formalactes, hielt die Kirche betreffs des Eintritts der Fähigkeit zu derselben noch an dem Septennium des römischen Rechtes oder, genauer gesagt, an der Bestimmung fest, dass eine Desponsatio erfolgen könne, so ferne nur die nöthige Einsicht des Kindes hiezu vorliege. Das für die *Nuptiae* vom römischen Rechte geforderte mündige Alter bezog die Kirche consequent auf die Ehevollziehung und die damit verknüpften Feierlichkeiten und Formalacte. Hiebei muss eben wieder beachtet werden, dass die Kirche in einer eher der germanischen Auffassung entsprechenden Weise zwischen contrahirter und consummirter Ehe unterschied, während nach römischen Recht eheliche Consensabgabe und Ehevollziehung in der Regel zusammenfallen. Solange nun die Kirche mit der Desponsatio noch nicht die Wirkung endgültiger Eheschliessung verband, sondern durch dieselbe nur ein unfertiges, lösbares, weil nicht consummirtes Verhältnis, also nicht wahre Ehe entstehen liess, konnte sie auch ohne weiters zwischen Fähigkeit zur Desponsatio und Ehefähigkeit unterscheiden. So erklärt es sich auch, dass wir in den Quellen das Erfordernis der Mündigkeit bezw. physischen Reife nur für das *Nuptias celebrare, copulam inire, conjungi, tradere* betont finden, während keine positiven Bestimmungen vorliegen, dass dieses Erfordernis für die Desponsatio absolut nöthig sei, vielmehr dieser Formalact *a septennio in antea* gestattet und selbst dieser Zeitpunkt nicht einmal so strenge fixirt erscheint, dass nicht eine nachträgliche Genehmigung einer früher erfolgten Desponsatio für genügend erachtet worden wäre. Hatte somit der Abschluss vor erreichter Mündigkeit auf die Giltigkeit des Formalactes als solchen keinen Einfluss, so begann mit der hervortretenden Betonung der Desponsatio die Kirche aus verschiedenen Beweggründen (Freiheit der Eheschliessung, Bezugnahme des Consenses auf die Gegenwart, Entfallen willkürlicher Löslichkeit) der unter Minderjährigen oder mit einem Minderjährigen geschlossenen Desponsatio nicht mehr die vollen Wirkungen zuzusprechen, welche dieser Act unter Heirathsfähigen hatte. Theilweise mit den gleichen Motiven hängt es zusammen, dass auch in der Theorie sich bereits die Auffassung geltend macht, dass das Septennium nur auf die der römischrechtlichen Begriffsbestimmung entsprechenden *Sponsalia de futuro* zu beziehen sei, welche ihrem Inhalte nach eben auch nicht mehr als ein Eheversprechen sind.

55. An dieser Stelle mögen einige kirchliche Entscheidungen die schwanke, den jeweiligen Verhältnissen und Interessen sich anpassende Praxis der Kirche illustriren, welche am besten die Stellungnahme der Kirche zu dieser Frage für die erste Hälfte des zwölften Jahrhunderts, also zur Zeit des Erscheinens des Decrets, kennzeichnen. So ist uns ein Brief des Bischofs Aloisius von Arras an Papst Lucius II. aus dem Jahre 1144/45 folgenden Inhaltes erhalten.[1]) Zwischen zwei Familien war ein Eheversprechen bezüglich ihrer Kinder er folgt. Der Bischof hatte zuerst den Abschluss der Sponsalia wegen Verwandtschaft untersagt, später jedoch, da diese nicht bewiesen werden konnte, gestattet. Nach Vollzug der Nuptiae wurde Klage wegen der Verwandtschaft erhoben, der Gatte forderte jedoch vor der Verhandlung die Rückkehr seiner entflohenen Frau. Diese erklärte nun, bei der heimlich erfolgten Desponsatio und Hochzeit unmündig gewesen zu sein. Nach erreichter Mündigkeit sei sie zu ihren Eltern zurückgekehrt. Der Gatte bestritt die Unmündigkeit bei der Desponsatio und behauptete, dass bei den öffentlichen Nuptiae die feierliche Consenserklärung stattgefunden und seine Frau nach erreichter Mündigkeit wiederholt bei ihm verweilt habe. Diesbezüglich lautet die Quelle: *Ad hoc puella inquit, quod ipsa Balduino reddi non debuit, eo quod eam parvulam, sub custodia patris eiusdem Balduini relictam, clam nondum nubilem et sponsalia non intelligentem duxerat, quod se probaturam dicebat. Crescente vero aetate, dum quid esset intellexit, illicitum execrata torum, ne dicamus matrimonium, nolens amplius cognato suo carnali communicare contubernio, ad sinum parentum confugit. Balduinus respondit, illam in desponsatione nubilem fuisse et nuptiis in conspectu totius ecclesiae factis assensum praebuisse; Quinetiam, postea quam ad annos discretionis venit, eam multodies visitatis parentibus ultro ad ipsum rediisse.*

---

[1]) Bouquet Scriptores Bd. XV p. 417.

Inde quidquid posceret ratio, asserens se facturum esse. Wegen Vereitelung der vom Bischofe angeordneten Verhandlung erfolgte Appellation an den Papst. Die von Lucius II. Nachfolger Eugen III. anno 1145 getroffene Entscheidung [1]) geht auf die Frage der Mündigkeit gar nicht ein, sondern trägt dem Bischofe die nochmalige Vorladung der Parteien und die Trennung der Ehe, welche gegen dessen Verbot geschlossen wurde, auf. Wir haben somit in dieser Stelle drei Stadien der Eheschliessung: Das beschworene Eheversprechen von Seite der Eltern, die Consenserklärung der Nupturienten *(Desponsatio, sponsalia)* und die feierliche Wiederholung derselben bei den *Nuptiae in conspectu totius ecclesiae,* also Eheschluss und Ehevollzug *(ducere.)* Die *Anni discretionis* bedeuten nach dem Sinne der Stelle die Mündigkeit, da der Gatte das Verweilen in mündigem Alter für sich geltend machen will. Diese war auch nach deutschem Rechte für die Sponsalia (Eheschluss) erforderlich. Daher erfolgte auch in diesem Sinne die Einwendung. Nach kirchlicher Anschauung aber, wie wir sie hierüber in Ivos Briefen vorgefunden haben, sind Sponsalia vom siebten Jahre an gestattet.

Es kennzeichnet diese Stelle also anschaulich den Conflict, in den die Kirche bei derartigen, nicht seltenen Fällen kam. Dieselbe hat daher auch keine sichere Praxis eingehalten, sondern unter Umständen den Abschluss der Sponsalia und die mit der Eheschliessung verbundenen Feierlichkeiten nicht nur vor der Mündigkeit, sondern, wenn es in ihrem Interesse lag, auch vor dem siebten Jahre gestattet. Dies zeigt beispielsweise die Epistel der päpstlichen Legaten Henricus von Pisa, Wilhelmus von Pavia und Odo an den Erzbischof Hugo von Rouen [2]) aus dem Jahre 1160 (also dem zweiten Regierungsjahre Alexander III.), womit im Namen der Kirche und des genannten Papstes den Königen Heinrich von England und Ludwig von Frankreich die erbetene Zustimmung ertheilt wird, ihre Kinder, von denen das eine erst fünf, das andere zwei einhalb Jahre zählte, nachdem diese schon im Jahre 1158 eidlich zur Ehe versprochen worden waren, nunmehr zu vermählen, und die nöthigen Feierlichkeiten dem Bischofe gestattet werden. *Verum quia de con-*

---

[1]) a. a. O. p. 426.   [2]) a. a. O. p. 700.

trahendis sponsalibus inter filium Henrici serenissimi Regis Anglorum et filiam Ludovici gloriosissimi Regis francorum, quibus adhaec peragenda plenitudo videbatur deesse aetatis, pro bono pacis et concordiae fuerat pertractatum et, sicut veridicorum relatione percepimus, de consensu amborum Regum, ut eadem sponsalia fierent, si ecclesiae possent habere consensum, fuerat stabilitum: postulavit a nobis praedictus Rex Anglorum, ut in eisdem sponsalibus contrahendis ex parte Domini Papae et Romanae ecclesiae, cuius legatione fungimur, nostrum praeberemus assensum. Nos ergo permittimus et concedimus — ipsos puerum videlicet et puellam ad invicem desponsari et solemnitates, quae in contrahendis conjugiis requirentur, si postulatum fuerit, a vobis concedimus exhiberi. Es handelte sich also um den feierlichen Eheschluss zwischen beiden Kindern und thatsächlich erfolgte dieser noch im selben Jahre, da dem Könige von England darum zu thun war, die ihm *Inito matrimonio* zufallenden *Castella Normanniae* (*Vulcassinum Normannicum* u. a.), welche bis dahin einstweilen sequestrirt waren, zu erhalten. Die Einleitung dieser Epistola sagt, dass hier mit Rücksicht auf besondere politische Interessen und des Friedens halber ein Ausnahmsfall geschaffen werde, der den *Instituta ecclesiastica et traditionis* zuwiderlaufe, da das erforderliche Alter nicht vorhanden sei. Dass hier an die Mündigkeit, nicht an das Septennium gedacht ist, kann nicht bestimmt gefolgert werden. Doch dürfte der Ausdruck *Plenitudo aetatis* eher auf erstere zu beziehen sein.

Da nun diese Sitte frühzeitiger Vermählung noch unmündiger Kinder sehr verbreitet war und der Mangel klarer kirchlicher Bestimmungen sich umsomehr fühlbar machte, als die Normen der einzelnen weltlichen Rechte nicht durchaus der Auffassung der Kirche entsprachen, so darf man hierin wohl hauptsächlich den Anlass erblicken, der die Stellungnahme der Kirche zu dieser Frage in so hervortretender Weise zur Folge hatte. Wenn die Kirche hier vor Allem den Grundsatz freier Eheschliessung festhalten wollte, andererseits aber jener Sitte nicht schroff gegenüber zu treten beabsichtigte, so blieb ihr kein anderer Ausweg als die *Desponsatio impuberum* als Eheschliessungsact, was sie nach der Form und dem

Standpunkte des weltlichen Rechts auch war, anzuerkennen, jedoch zur Sicherung des Rechtes freier Selbstbestimmung eine nachträgliche bindende Consenserklärung des mündiggewordenen Desponsirten zu fordern. Es frägt sich nun, wie die Kirche diese Entscheidung getroffen hat, inwieferne dieselbe dem bisher geschilderten Entwicklungsgange dieser speciellen Rechtsfrage sich anschliesst und in welcher Weise die Kirche ihre Entscheidung mit den neuen Reformen der allgemeinen Eheschliessungslehre in Einklang zu bringen suchte.

2. Das Jus novum der Decretalen bis Innocenz III. (1198—1216).
a) Vorbemerkungen.

56. Von den bekannt gewordenen nachgratianischen Decretalen berühren 19 entweder direct oder indirect unsere Frage. Von diesen erscheinen sechzehn [von Eugen III. (1145—53) eine, von Alexander III. (1159—1181) zehn, je zwei von Urban III. (1185—87), Clemens III. (1187—91) und eine Cölestin III. (1191—1198)] durch Gregor IX. Sammlung in das *Corpus iuris canonici* aufgenommen, während in den Compilationen sich noch zwei bezügliche Decretalen Alexander III. (c. 4 und c. 11 Comp. 1. 4, 2) und eine von Clemens III. (c. 6 C. 2. 4, 1) finden. Diese verhältnismässig grosse Anzahl einschlägiger Decretalen bezeugt am besten, wie oft die Beurtheilung von ehelichen Verbindungen Minderjähriger Gegenstand päpstlicher Entscheidung wurde, so dass das Bedürfnis nach einer einheitlichen Behandlung dieser Frage umso fühlbarer war. Alexander III. hat daher bei seiner Reform des canonischen Eherechts derselben ein besonderes Augenmerk zugewendet, da nicht weniger als zwölf der obigen Decretalen ihm angehören. Sind auch die meisten derselben ihrem Zwecke entsprechend nur Entscheidungen über erfolgte Appellationen, Belehrungen über von Bischöfen gestellte Anfragen, so zeigen sie doch mehrfach auch den Character ganz allgemeiner Bestimmungen über die *Desponsatio impuberum* und bekunden so die Absicht, für die Beurtheilung derartiger Eheschliessungen, über deren Anerkennung die kirchliche Praxis so oft entscheiden musste und auch die Schule lebhaft discutirte, eine bestimmte Anschauung durch die Autorität der Kirche zu sanctioniren.

Die durch Praxis und Theorie geschaffenen Motive eines solchen Eingreifens der Kirche wurden bereits erörtert. An dieser Stelle handelt es sich um die Frage, ob das Recht der Kirche sich einer der in der Schule vertretenen Theorien angeschlossen oder eine neue Auffassung zur Geltung gebracht hat und inwieferne die getroffene Entscheidung mit dem bisherigen Eheschliessungsrechte der Kirche und den Reformen Alexander III. im Einklang steht.

b) Die Entscheidungen der Decretalen.

57. In den Fällen, welche durch die einschlägigen Decretalen zur Entscheidung gelangen, frägt es sich meistens um die Löslichkeit einer unter Heirathsunfähigen oder mit einem Minderjährigen geschlossenen *Desponsatio de praesenti,* oder auch einer schon vollzogenen Ehe (vgl. c. 21 X. 4, 1, c. 6, 10, 11, X. 4, 2, c. 4 X. 4, 18). um die Wirkung der gelösten Verbindung (z. B. *Quasi affinitas,* c. 3, 8, X. 4, 1; c. 4, 5, 6, 12 X. 4, 2; c. 11 Comp. 1. 4, 2) oder um allgemeine Vorschriften über die *Desponsatio impuberum* (c. 7, X. 4, 1; c. 7, 8, 9, 15 X. 4, 2; c. 11 Comp. 1. 4, 2). Dass es sich hiebei in der Regel um eheliche Verbindungen handelte, welche schon im Stadium thatsächlicher Lebensgemeinschaft sich befanden, beweisen die in den *Partes decisae* gebrauchten Ausdrücke: *Ducere* (mit erfolgter *Traductio* c. 3 X. 4, 1), *matrimonio copulare* (c. 8 ib.), *in uxorem tradita et traducta* (c. 6 X. 4, 2), *nubere* (c. 7 ib.), *matrimonii nomine conjungi, a matrimonio tali discedere, confirmatur matrimonium aut separentur* (c. 8 ib.), *traduntur et conjunguntur, divortium postulare* (c. 9 ib.), *a pactione nuptiali recedere, ad aliud matrimonium convolare, ad matr. complendum commonendi* (c. 11 Comp. 1. 4, 2), *uxorem accipere* (c. 10 X. 4, 2). *iurata, desponsata et ad domum patris pueri adducta* c. 11, X. 4, 2), *matrimonialiter copulavit* (c. 21, X. 4, 1), *matrimonialiter coniuncti, matrimonium non fuit legitime copulata,* (c. 12 X. 4, 2), *contrahere et cognoscere* (c. 4 X. 4, 18). Da wir aus diesen Bezeichnungen schliessen dürfen, dass es sich um Eheschliessungen Heirathsunfähiger handelt, welche mit der Absicht bindender Verpflichtung eingegangen waren und daher formell, wie nach dem weltlichen Rechte als Vermählungen bezw. Verheirathungen erscheinen, so frägt es sich vor Allem, ob die

Kirche dem erfolgten Formalacte die Wirkung einer Eheschliessung beilegte, wie sie nach Alexander III. der *per verba de praesenti* erfolgten, unmittelbar wirksamen Desponsatio zukam. In diesem Sinne ist auch noch für jene Zeit der Ausdruck *Desponsatio* schlechtweg zu nehmen, wobei die darunter verstandene eherechtliche Handlung auf der einen Seite von dem blossen Eheversprechen *Pactum de contrahendo matrimonio (Fide data,* c. 16 X. 4, 1, *iuramento firmare,* c. 13, 17 ib., *sub fidei pollicitatione* c. 3 C. 31, qu. 2, *iurare et desponsare* c. 2 C. 35 qu. 6 (Palea), Panorm. Ivonis VI. 108, Epist. 134, 161 u. a.), das wir später in den *Sponsalia de futuro* mit eherechtlichen Wirkungen bedacht finden, ebenso scharf zu trennen ist, wie von dem Acte der Ehevollziehung *(Traductio, nuptiae),* hier insbesondere dann, wenn mit den Hochzeitsfeierlichkeiten auch eine *Desponsatio solemnis (et publica, in facie* oder *in conspectu ecclesiae)* verbunden war.

Obwohl nun schon jetzt sehr häufig, besonders aber in späterer Zeit *Desponsatio* und *Nuptiae* — Eheschliessung und Ehevollziehung — mit einander vereinigt erscheinen, während das Eheversprechen längere Zeit voraus erfolgte [1]), so erklärt es sich bei einer Desponsirung Unmündiger sehr leicht, dass der Act der Ehevollziehung auf die Zeit verschoben wurde, in der die Contrahenten die erforderliche physische Reife besassen. Bisher hatte nun die Kirche die freie Lösung des Desponsationsverhältnisses, solange die Copula nicht erfolgt war, gestattet. Sobald jedoch mit der Desponsatio, wenn sie *per verba de praesenti* geschlossen wurde, eine unlösbare, endgültig bindende Verpflichtung und damit die Unmöglichkeit jeder anderweitigen Ehe verbunden wurde, welche Auffassung allerdings im Rechte der Kirche noch nicht streng zum Durchbruche kam, musste sofort die Frage rege werden, ob man an dem bisherigen Satze, dass die Desponsatio schon nach dem siebten Jahre erfolgen dürfe, noch festhalten könne oder ob nunmehr in Folge der geänderten Beurtheilung dieses Rechtsactes für die gesteigerte

---

[1]) Vgl. hiezu c. 30 C. 27 qu. 2. Nach Petrus Lombardus 14 D. 27 § m ist hier nur *de nuptialibus pactis, ubi est tantum sponsio futuri* die Rede.

Wirkung desselben die Mündigkeit als Voraussetzung bestimmt werden solle. Wollte die Kirche nun die Zeitgrenze des Septennium nicht fallen lassen, da diese nach weltlichem (römischen) Rechte für die Sponsalienfähigkeit massgebend war, dennoch aber den Grundsatz aufstellen, dass nur der Consens des Mündigen endgültig verpflichtende Wirkung besitze, so musste sie einen Unterschied zwischen der in heirathsfähigem Alter erfolgten Desponsatio und der Desponsatio impuberum annehmen, der nicht in der Form oder Giltigkeit des betreffenden Formalactes, wohl aber in der bindenden Wirkung desselben zur Geltung kam. Es bedarf keiner besonderen Begründung, dass gerade die Betonung der Beziehung auf die Gegenwart für die erforderliche eheliche Consenserklärung, welche dadurch unmittelbare und unbedingte Wirksamkeit und Vollziehbarkeit erhielt, dahin führen musste, eine derartige Desponsatio, mit welcher Eheschliessung beabsichtigt war, nur unter Heiratsfähigen vollwirksam zu gestatten, wenn sie aber nach dem Septennium, also formell giltig erfolgt war, den Formalact anzuerkennen, aber nicht mit erzwingbarer, eherechtlicher Verpflichtungswirkung zu sofortiger Herstellung thatsächlicher Lebensgemeinschaft (Consummirung) zu belegen, da der Heirathsunfähige sich zu dieser nicht rechtlich verpflichten kann und eine sofortige Wirksamkeit einer solchen Verpflichtung vor Erreichung der Pubertät thatsächlich auch vollständig illusorisch wäre.

Erhielt daher schon aus dem letzteren Grunde Willensinhalt und Bedeutung der Desponsatio impuberum eine gewisse Bezugnahme auf die Zukunft, in dem die Möglichkeit sofortiger Ausführung der eingegangenen Verbindlichkeit und damit auch die wirksame Willensrichtung hierauf nicht vorlag, selbst dann nicht, wenn nach Absicht der Nupturienten und durch Gebrauch von *Verba de praesenti* die geforderte Richtung des Consenses auf die Gegenwart formell und erkennbar gegeben war, so führte noch ein anderer Umstand dazu, der Desponsatio impuberum nur eine beschränkte, nicht unbedingte und unmittelbare eherechtliche Wirkung beizumessen. Es widersprach, wie ich schon an früherer Stelle angedeutet habe, vollständig dem von der Kirche immermehr betonten Grundsatze der Freiheit der Eheschliessung, der Desponsatio impuberum eine endgültig bindende Wirkung des Ehecontracts beizulegen, welche zu Lebzeiten des anderen Theils jede anderweitige Ehe ausschloss, da doch solche Vermählungen in der Regel und naturgemäss von den Eltern für die Kinder geschlossen wurden. Da nun gerade die Absicht, eine solche bindende Wirkung zu erzielen, jener allgemein verbreiteten Sinne zu Grunde lag, wonach heirathsunfähige Kinder in den feierlichen Formen definitiver Eheschliessung vermählt wurden, (was, wie bereits erörtert wurde, auf die besondere Betonung des elterlichen Verlobungsrechtes in deutschen Rechtsgebieten zurückzuführen ist,) die Kirche aber nach ihrer strengrechtlichen Auffassung mit diesem Brauche sich aus den obigen Gründen nicht zurecht finden konnte, handelte es sich darum, den Standpunkt des kirchlichen Rechts gegenüber dieser Sitte des practischen Lebens zu präcisiren, ohne damit derselben schroff gegenüber zu treten. Wenn auch die kirchliche Eheschliessungslehre der vollständigen Anerkennung derselben entgegenstand, so verdienten doch die vom weltlichen Rechte gestützte Praxis, die hiebei ins Spiel kommenden wichtigen Interessen, welche die Eltern zu einer solchen Verfügung über ihre Kinder bewogen, ebenso auch das scheinbare Vorliegen einer giltig eingegangenen Ehe (nicht eines blossen Verlöbnisses), welch letzterer Umstand in Folge der Anwendung der Eheschliessungsformen des weltlichen Rechts besonders hervortrat, volle und billige Berücksichtigung.

58. In den Decretalen, welche diese Frage zur Entscheidung bringen ist daher ein Mittelweg gewählt, welcher diesen sich gegenüberstehenden Momenten gerecht zu werden sucht. Wir finden vor Allem in den Decretalen Alexander III. die gehörige Reife des Alters, sowohl in geistiger als physischer Beziehung betont. So heisst es in c. 7 X. 4, 1 auf die Frage: *Quid debeat observari, quando inter aliquos sponsalia contrahuntur, nec intellegit alter, quod alter proponit — respondemus quod inspiciendum est iudici, si matrimonium contracturi ad id faciendum sint idonei scientia et aetate.* Die Glosse bemerkt hiezu: *Nota quod in matrimonio discretio et aetas est attendenda et consideranda.* Dass es sich aber besonders um die physische Mündigkeit bezw. körperliche Reife handelt, ergibt sich weiter aus c. 2 X. 4, 15:

Sicut enim puer, qui non potest reddere debitum, non est aptus conjugio, sic quoque, qui impotentes sunt, minime apti ad contrahenda matrimonia reputantur. Hier ist somit die Unmündigkeit mit der Impotenz auf eine Linie gestellt. Es hatte dies eine gewisse Berechtigung und war nur eine Consequenz der damaligen Auffassung der Kirche, welche die Unfähigkeit zur Geschlechtsverbindung nur als Lösungsgrund einer giltigen Desponsatio, nicht als Nichtigkeitsgrund (trennendes Ehehinderniss) behandelte, daher sich, wie wir sehen werden, hierin eine Analogie mit der Beurtheilung der Wirkung der *Aetas impuberum* ergab. Diese letztere äussert sich auch nicht in der Weise, dass der unter Unmündigen erfolgte Eheschliessungsact nichtig ist. Derselbe kommt vielmehr als giltiger Act zu Stande, aber mit beschränkter und behebbarer Wirkung. Es ergibt sich dies deutlich aus der Decretale Alexander III. c. 8 X. 4, 2: *A nobis tua discretio requisivit, utrum iis, qui intra annos nubiles matrimonii nomine conjunguntur vel eorum alteri, antequam ad annos aptos matrimonio perveniant, liceat a matrimonio tali discedere? Ad quod inquisitioni tuae taliter respondemus, quod pro eo quod ante nubiles annos conjugalem consensum de Sanctorum Patrum non habent auctoritate, usque ad legitimam aetatem expectare tenentur et hinc aut confirmetur matrimonium aut, si simul esse noluerint, separentur, nisi forte carnalis commixtio ante intervenerit, quum interdum illa tempus anticipare soleat pubertatis.* Der erfolgte Formalact bedarf somit einer Bestärkung durch eine nachträgliche Consenserklärung in mündigem Alter oder durch Vollzug der Copula. Aus dem Nachsatze ergibt sich, dass es also auf eine Willensäusserung des Mündigen ankommt, welche, je nachdem dieser zurücktritt oder consentirt, die Aufhebung des ganzen Actes oder die volle Wirksamkeit desselben zur Folge hat.

Dass es sich bei Eintritt der ersteren Möglichkeit nicht um eine Nichtigkeitserklärung der eingegangenen Ehe, sondern um die Lösung einer giltigen Desponsatio handelt, welche nur unter gewissen Voraussetzungen gestattet wird, erhellt aus der weiteren Decretale Alexander III. c. 9 h. tit.: *De illis autem, qui in minori aetate desponsantur, traduntur et conjunguntur et processu temporis divortium postulant minorem allegantes aetatem — — Respondemus, quod si ita fuerint aetati proximi, quod potuerint copula carnali conjungi, minoris aetatis intuitu ab invicem separari non debent, si unus in alium visus fuerit consensisse, quum in eis aetatem supplevisse malitia videatur.* Diese eventuelle Lösung kann nicht vor der Mündigkeit und dann nur *Iudicio ecclesiae* erfolgen; Voraussetzung hiefür ist wiederum, dass dieser Trennungsgrund überhaupt von dem hiezu Berechtigten geltend gemacht wird. Hierüber bestimmt die mit c. 8 h. t. früher vereinte Decretale c. 7 h. t. *De illis, qui infra annos aptos matrimoniis contrahendis (existentes) sponsalia contrahunt, sive uterque sive alter reclamet, antequam ad annos matrimoniis contrahendis aptos pervenerint, et postulent separari, non sunt ullatenus audiendi. Si vero alteruter istorum ad annos pubertatis pervenerit, infra eosdem annos altero exsistente, quum eadem sponsalia contrahuntur; si is qui minoris aetatis est quum ad annos illos pervenerit, reclamaverit nec in alterum voluerit consentire, iudicio ecclesiae poterunt ab invicem separari. Mulier autem, quae postquam annos nubiles attingit, ei, qui nondum ad annos aptos matrimoniis contrahendis venerat, nupsit, cum in eum semel consenserit, amplius non poterit aliquatenus dissentire vel divertere, nisi forte ipse, cui nupsit, postquam ad legitimam aetatem pervenerit, in eam suum omnino negaverit praestare consensum.* Es handelt sich somit um ein von der Kirche dem minderjährig Desponsirten eingeräumtes Recht die eingegangene Verbindung in mündigem Alter anzufechten, bezw. durch Verweigerung jeder Zustimmung die Lösung derselben herbeizuführen.

In den voraus citirten Decretalen ist der Hauptsache nach die von der Kirche festgehaltene Beurtheilung der *Desponsatio impuberum* und die dadurch getroffene Entscheidung aller bisherigen Controversen über diese Frage enthalten. Es ist im Wesentlichen nur eine Bestätigung derselben Anschauung, wenn Alexander III. in c. 11 Comp. 1.4, 2 sagt: *Si puella infra XII. annum alicui desponsata fuerit vel sponsus aliquam infra XIV. annum desponsavit, ante-*

quam ad annos pervenerat matrimonio aptos, a pactione nuptiali recedere et ad aliud matrimonium convolare non possunt, sed cum puella ad nubiles annos et sponsus ad annos aptos matrimonio pervenerit, tunc de pactione illa complenda vel recipienda sunt audiendi et ad complendum matrimonium ab iis, qui matrimonium juraverant, commonendi. Sponsam autem, si nubili aetati proxima est, nullus consanguineorum sponsi potest eam sibi matrimonio copulare. Hier ist also nur von einer durch die Eltern erfolgten Desponsatio die Rede, bei welcher von denselben der Eid für die Kinder geleistet wurde, während die ersteren Fälle eine Eheschliessung im Auge haben, zu der die als Ehevollziehung erscheinenden Acte der *Traditio, traductio, nuptiae* (letzter Ausdruck nicht in der Bedeutung des Beilagers) bereits hinzugetreten waren.

59. Aus diesen generellen Bestimmungen, zu deren Ergänzung die anderen für specielle Fälle getroffenen Entscheidungen heranzuziehen sein werden, ergeben sich mehrere Rechtsfragen, um den Standpunkt der Kirche und den Character ihrer Entscheidung näher präcisiren zu können.

Es handelt sich in diesen Decretalen vor Allem um die Lösbarkeit derartiger in der Form der Eheschliessung eingegangener Verbindungen. Da die Kirche die Unlöslichkeit erst an die erfolgte Consummirung knüpfte, das Nichterfolgtsein der Copula carnalis in diesen Fällen aber stets vorausgesetzt ist, so hat Alexander III. mit der Gestattung dieses Lösungsgrundes einer giltigen Desponsatio den Boden der bisherigen kirchlichen Auffassung nicht verlassen. Er ist damit auch nicht mit seinen eherechtlichen Reformen in Widerspruch getreten, wenn auch die Schule, die dieselben auch nicht in ihrer Gänze acceptirte, den bestehenden Zusammenhang nicht begriff. Während die Doctrin immer energischer den Standpunkt eintrat, dass mit der *Desponsatio de praesenti* die unlösliche Ehe vorliege, hatte Alexander III. die Wirkung einer solchen feierlichen Consenserklärung nur insoferne gegenüber der einfachen Desponsatio Gratians gesteigert, dass deren Aufhebung nur noch aus wenigen factischen Gründen, sonst aber nicht mehr wie bisher durch die Willkür der Contrahenten d. h. durch Eingehung und Consummirung einer zweiten Ehe, sondern im Allgemeinen überhaupt nur mehr durch Ausspruch der Kirche gestattet war. Rechtfertigte diese Anschauung somit die Zulassung der Lösung einer giltigen Desponsatio, weil diese keine eigentliche Ehe noch entstehen liess, so war es, wie oben § 55 schon gesagt wurde, gerade die nunmehr gesteigerte Bedeutung der Desponsatio, welche die ausdrückliche Anerkennung dieser Lösungsmöglichkeit für eine unter Eheunmündigen erfolgte Desponsatio zur Folge haben musste. Die Kirche ist also gegenüber solchen durch die damalige Sitte gerechtfertigten Eheschliessungen nicht mit einem directen Verbote aufgetreten, sondern hat sich aus den bereits angedeuteten Beweggründen darauf beschränkt, für die Beurtheilung derselben eine definitive Entscheidung zu geben, ohne durch die Anerkennung der geschlossenen Verbindungen mit ihrer strengrechtlichen Auffassung in Widerspruch zu treten.

60. Hielt nun die Kirche auch die Desponsatio impuberum für eine **formell giltige Eheschliessung**, das unmündige Alter demnach nicht für ein trennendes Ehehindernis, welches Nichtigkeit des Eheschliessungsactes herbeiführte, liess sie aber andererseits eine spätere Aufhebung einer solchen Desponsatio zu, deren Anlass wenigstens in der Willkür der Contrahenten lag, während eine solche Lösung für die Desponsatio Heirathsfähiger ausgeschlossen war, so ergibt sich, dass wir den Unterschied beider in der **beschränkt verpflichtenden Wirkung** zu suchen haben, welche der Desponsatio impuberum zugesprochen ist. Gegenüber der in heirathsfähigem Alter erfolgten Eheschliessung erscheint letztere in ihrer eherechtlichen Wirkung sowohl **zeitlich** als **sachlich** beschränkt, während nach der äussern Form des erfolgten Rechtsactes, welche eine scheinbare Existenz der Ehe zur Folge hat, und oft auch nach der Absicht endgültigen Eheschlusses beide Rechtsacte sich gleichen.

Die **eherechtliche Wirkung der Desponsatio impuberum ist nun vor Allem eine zeitlich beschränkte**. Wie die angeführten Decretalen ersehen lassen, dauert die Gebundenheit des minderjährig Desponsirten nur **bis zur Erreichung der Mündigkeit**. Erst nach dieser ist ihm der Rücktritt gestattet. Allerdings sind nach c. 11 Comp. I. 4, 2 solche Sponsi von den Eltern zu ermahnen, die Ehe zu vollziehen. Dasselbe ist wohl auch damit gesagt, wenn Roland und die späteren Decretisten die *Innubilis puella* durch die *Sponsio paterna* nicht so verpflichtet werden lassen, dass ein Zwang eintreten könnte *(Stare minime compellitur sponsioni paternae)*. Ist bei der Desponsatio ein Theil heirathsfähig, so dass dessen Consenserklärung endgültig bindende Wirkung hat, so erscheint auch für diesen eine Einschränkung der letzteren gegeben, indem durch das Einspruchsrecht des Anderen die Möglichkeit, eine anderweitige Ehe zu Lebzeiten desselben einzugehen, für diesen Fall offen bleibt. Allerdings steht die Entscheidung hierüber ausser dem Bereiche seiner Willkür. Sieht man von dieser einzigen Lösungsmöglichkeit ab, so muss man sagen, dass der mündig Desponsirte bereits endgültig gebunden erscheint. Für denselben ist kein *Dissensus* mehr möglich, die Freiheit der Eheschliessung ist für ihn durch seine Consenserklärung aufgehoben. Alexander III. spricht dies in c. 7 X. 4, 2 klar aus, indem er von der Mündigen sagt: *Cum in eum semel consenserit, amplius non poterit aliquatenus dissentire vel divertere, nisi forte ipse, cui nupsit, postquam ad legitimam aetatem pervenerit, in eam suum ommino negaverit praestare consensum.* Wenn später Urban III. in seiner Entscheidung c. 11 h. tit. einen Rücktritt des Mündigen gestattet, bevor noch der andere unmündige Theil heirathsfähig geworden und sich für oder gegen die Verbindung erklärt hat, so ist dies entweder darauf zurückzuführen, dass die *Desponsatio* in jenem Falle *de voluntate parentum potius, quam sua (scil. puellae)*, also gegen den freien Willen des Mädchens erfolgte, oder es hat diese mildere Auffassung ihren Grund in dem Anschlusse an die zu jener Zeit in der Theorie aufkommende Auffassung, welche auch den Mündigen bei Unmündigkeit des anderen Contrahenten nicht für absolut gebunden erklärte. Bernardus Papiensis bemerkt daher in seinen Casus decretalium zu dieser Decretale (c. 14 Comp. 1, 4, 2): *Nota, quod hic discedere volenti datur licentia discedendi non expectata legitima aetate, contra dicitur supra eodem De illis (c. 9) A nobis (c. 10), sed forte hic fuit coacta, ibi volens vel quod supra dicitur, tenetur expectare de debito honestatis non necessitatis.* Aehnlich sagt er zu c. 9 Comp. 1. 4,

2.[1]) In Alexander III. Decretale c. 5 X. 4, 2 ist auch von einer Trennung des Verhältnisses die Rede, bevor der unmündige Theil das heirathsfähige Alter erreicht hatte. Doch handelt es sich dort um eine *Desponsatio infra septem annos*, die wegen Mangel des nachträglichen Consenses gar nicht giltig geworden war.

Ob eine von dem mündigen Theile v o r der Entscheidung des Unmündigen eingegangene Ehe getrennt werden müsse, ist in den Decretalen nirgends gesagt, ist aber jedenfalls daraus zu folgern, dass die Gebundenheit des Mündigen so sehr betont wird. Dass die Mündigkeit des Contrahenten für diese irritirende Wirkung der Desponsatio Voraussetzung ist, ergibt sich aus c. 4 Comp. 1. 4, 4: *Convenientius tamen videtur, ut si vir et mulier ad aetatem conjugio aptam devenerint et ita mulier desponsata fuerit, quod vir mulierem in suam et mulier virum in suum recipiat, licet postea ab alio desponsetur et cognoscatur, debeat primo restitui.* Hier ist jedoch von beiden Contrahenten das heirathsfähige Alter vorausgesetzt. Es erscheint aber nicht bloss der Mündige gebunden, sondern es ist gerade die am meisten hervorgehobene Wirkung der *Desponsatio impuberum*, dass auch der minderjährig Desponsirte oder beide Unmündigen bis zur Mündigkeit unbedingt gebunden erscheinen. So heisst es in der eben schon citirten Decretale c. 11 Comp. 1. 4, 2: *Si puella infra XII. annum alicui desponsata fuerit, vel sponsus aliquam infra XIV. annum desponsavit, antequam ad annos pervenerat matrimonio aptos, a pactione nuptiali recedere et ad aliud matrimonium convolare non possunt, sed cum puella ad nubiles annos et sponsus ad annos aptos matrimonio pervenerit, tunc de pactione illa complenda vel recipienda sunt audiendi et ad complendum matrimonio ab hiis qui matrimonium iuraverant commonendi.* Ebenso sagt Alexander III. in c. 8 X. 4, 2 auf die Frage: *Utrum iis, qui infra annos nubiles matrimonii nomine conjunguntur vel eorum alteri, antequam ad annos aptos matrimonio perveniant, liceat a matrimonio tali discedere? — respondemus quod pro eo, quod ante nubiles annos conju-*

---

[1]) Vgl. hierüber den Abschnitt über das Eherecht des Bernardus Papiensis.

galem consensum de sanctorum Patrum non habent auctoritate usque ad legitimam aetatem expectare tenentur etc. Auch in c. 7 ib. wird ausdrücklich entschieden: *Sive uterque sive alter reclamet, antequam ad annos matrimoniis contrahendis aptos pervenerint et postulent separari, non sunt ullatenus audiendi.*

Die verpflichtende Wirkung der Desponsatio erstreckt sich also für den Minderjährigen nur bis zur Mündigkeit. Mit Erreichung dieser hat derselbe freie Wahl, entweder zur Ehe zuzustimmen oder seinen Consens zu verweigern. Die Decretalen drücken sich hier sehr verschieden aus: *Reclamare, praestare consensum, matrimonium confirmare, complere vel recipere pactionem nuptialem, dissentire.* Es handelt sich demnach nur um eine Bestimmung der Kirche, welche das freie Selbstbestimmungsrecht des Unmündigen wahren sollte. Will der letztere nicht seine Zustimmung zur geschlossenen Verbindung geben, so liegt eben keine wirksame eheliche Willenseinigung vor. Die Verbindung muss dann getrennt werden, während sie bei erfolgter Genehmigung durch den Mündiggewordenen zur endgültig geschlossenen Ehe wird, ohne dass der frühere Formalact wiederholt zu werden brauchte.

61. Es muss hier nun vor allem die Frage aufgeworfen werden, ob dieses Recht des Unmündigen über die Verbindlichkeit des erfolgten Eheschliessungsactes zu entscheiden, lediglich nur eine Folge der Betonung des *Consensus liber* ist oder ob dasselbe auch in der in den Decretalen zum Ausdruck kommenden Auffassung der Kirche über die wesentlichen Momente der Eheschliessung seine Begründung findet. Es wurde bereits betont, dass das Princip der Freiheit der Eheschliessung besonders in der Richtung nunmehr zur Geltung kam, dass im Gegensatze zum weltlichen Rechte der *Consensus paternus*, die Mitwirkung oder Zustimmung der Eltern nur mehr als Formsache erklärt wurde, die zur Eheschliessung nicht wesentlich sei. Umgekehrt wurde der durch die Eltern erfolgten Sponsio keine verpflichtende Wirkung beigemessen, solange das Kind nicht heirathsfähig war. Die Schule hat, wie sich aus den bisher gebrachten Arbeiten ihrer Vertreter ergibt, sich mit diesem Thema eingehend beschäftigt und finden wir die Entwicklung dahin gerichtet, dass in jedem Falle der Consens des Desponsirten gefordert wird, in welchem

Alter auch die *Sponsio paterna* vorgenommen werden möge. Solange jedoch die Desponsatio in unmündigem Alter erfolgt, was vom siebten Jahre an gestattet ist, erscheint die Wirkung derselben nunmehr nicht mehr jener der in heirathsfähigem Alter vorgenommenen Desponsatio gleichgestellt. Früher war hier kein Unterschied gemacht worden; lag hiefür hauptsächlich die Ursache darin, dass bisher die Lösung der Sponsalia zwar verboten war, dieses Verbot aber keine irritirende Wirkung besass, eine willkürliche Trennung also nur unerlaubt war, so hatte seit Alexander III. diese Auffassung eine Aenderung dahin erfahren, dass eine zweite später eingegangene Verbindung nunmehr als nichtig erklärt wurde. Ausser dieser endgültig bindenden Wirkung der nunmehrigen *Desponsatio de praesenti* war dieselbe auch eine unmittelbar verpflichtende geworden, so dass dieselbe ein sofort erzwingbares Anrecht auf Ehevollziehung gewährte. Widersprach es nun, wie schon an früherer Stelle erörtert wurde, einerseits dem Grundsatze freier Eheschliessung, aus der Consenserklärung des Minderjährigen eine endgültige Gebundenheit entstehen zu lassen, so war es andererseits insbesondere die unmittelbare rechtliche Verpflichtung zum Ehevollzug, welche der Heirathsunfähige durch seine Willensäusserung für sich nicht wirksam begründen konnte. Beide Momente mussten dazu führen, die in unmündigem Alter erfolgte Desponsatio von jener unter Mündigen zu unterscheiden; da jedoch die Kirche im Anschluss an die Zeitbestimmung des römischen Rechtes die Desponsatio vom siebten Lebensjahre an giltig geschlossen werden liess, musste sie den Unterschied in die Wirkung legen, welche sie der Desponsatio vor und nach der *Aetas legitima* zuerkannte und daher erklären, die Desponsatio Unmündiger begründe nicht die volle und endgültig verpflichtende Wirkung, wie eine unter Heirathsfähigen erfolgte Desponsatio. Die Giltigkeit des eingegangenen Formalactes wurde durch diesen Unterschied nicht berührt. Dies geht schon daraus hervor, dass derselbe die Contrahenten bis zur Mündigkeit verpflichtete, und wenn der gestattete Einspruch nicht erfolgte, sondern beiderseits die Billigung des eingegangenen Verhältnisses ausdrücklich ausgesprochen wurde oder dies aus der Fortsetzung des Verhältnisses beziehungsweise dem Vollzuge desselben durch

Copula hervorgieng, auch zum endgültig bindenden Eheschlusse genügte.

62. Die Wirkung der *Desponsatio impuberum* war also nach dem zuletzt Gesagten nicht nur eine zeitlich beschränkte, indem dieselbe keine endgültige Gebundenheit hervorrief, sondern sie war auch eine sachlich beschränkte. Es fehlte ihr die unmittelbar verpflichtende Kraft. Der Unmündige konnte eben nicht gezwungen werden, die Ehe thatsächlich zu vollziehen. Er war daher auch jener Willensäusserung nicht fähig, welche eine solche erzwingbare Verpflichtung für ihn hätte begründen können. Die Kirche hat seinen Consens nicht für genügend erklärt, um jene erzwingbare Wirkung hervorzubringen, und sie hat dies folgerichtig und nothwendig erklären müssen, da sie auf der einen Seite die Desponsatio schon vor der Mündigkeit formell giltig erfolgen liess, andererseits niemand eine rechtliche Verpflichtung als sofort wirksame eingehen kann, wenn er der Erfüllung derselben für die Gegenwart, d. h. zur Zeit des verpflichtenden Actes nicht fähig ist. Es war also, um noch einmal die letzte wesentliche Ursache dieser kirchlichen Auffassung zu betonen, nicht bloss eine Rücksicht auf die Freiheit der Eheschliessung, wenn die Kirche die Desponsatio eines Minderjährigen nicht mit gleicher Wirkung bedachte, wie die Desponsatio des Heirathsfähigen, sondern es war dies zugleich eine unausbleibliche Folge der gesteigerten Bedeutung des genannten Formalactes. Dem Erfordernisse der Richtung des Consenses auf die Gegenwart, wodurch eben die unmittelbare Wirksamkeit der eingegangenen Verpflichtung zum Ausdruck gebracht werden sollte, konnte der Unmündige zwar formell durch Gebrauch der *Verba de praesenti* gerecht werden, die damit verbundenen rechtlichen Folgen konnten jedoch daraus nicht wirksam für ihn entstehen.

Der eheliche Consens des Unmündigen ist also **nicht endgültig verpflichtend und nicht unmittelbar wirksam**. Nur mit dem Consense des Mündigen ist diese Wirkung verbunden. Soll daher der Formalact der Desponsatio dieselbe begründen, so muss eine eheliche Willenserklärung in unmündigem Alter hinzutreten. Dadurch wird derselbe, obwohl er schon vorher formelle Giltigkeit besass, zu einer vollwirksamen Desponsatio. In diesem Sinne hat Alexander III. seine Entscheidung getroffen. So entscheidet er in c. 8 X. 4, 2: *Quod pro eo quod ante nubiles annos conjugalem consensum de sanctorum Patrum non habent auctoritate, usque ad legitimam aetatem expectare tenentur et tunc aut confirmetur matrimonium aut, si simul esse noluerint, separentur.* Damit will nicht gesagt sein, dass der vor der Mündigkeit abgegebene Consens nichtig ist, sondern nur dass er eherechtlich nicht als wirksam anerkannt wird. Deutlicher hat dies Cölestin III. in c. 4 X. 4, 18 ausgedrückt: *Sicut enim ante legitimum consensum, qui in duodecimo anno spectatur, secundum ius canonicum potuit dissentire.* Erst der vom Mündigen abgegebene Consens ist *legitimus,* d. h. eherechtlich wirksam. Als *Consensus legitimus* wird in der Regel die eheliche Consenserklärung jener Personen bezeichnet, gegen deren Ehe kein trennendes Ehehindernis vorlag. Alexander III. versteht darunter den wirksamen *Consensus de praesenti:* vgl. hiezu: c. 3 X. 4, 4; Innocenz III. in c. 24 und 25 X. 4, 1 und c. 2 X. 3, 32 und a.[1]). Voraussetzung desselben ist die *Idoneitas personarum.*

63. Soll also eine verbindliche Eheschliessung vorliegen, so muss dieser Consens von beiden unmündigen Contrahenten oder jenem, der allein minderjährig desponsirt wurde, bei Eintritt der Mündigkeit erklärt werden. Es frägt sich nun, worauf diese nachträgliche Consenserklärung gerichtet sein bezw. welchen Willensinhalt dieselbe haben müsse und wodurch dieselbe zum Ausdruck gebracht oder ersetzt werden könne.

Soweit die Decretalen in erster Hinsicht eine Andeutung bringen, handelt es sich nur um die Billigung des eingegangenen Verhältnisses und um die Zustimmung zum Ehevollzuge, wenn nur eine *Pactio nuptialis* erfolgt war, oder zur Fortsetzung der Verbindung, wenn die thatsächliche Vereinigung schon vollzogen war, d. h. *Traductio* stattgefunden hatte. In diesem Sinne drücken sich auch die einzelnen Decretalen aus, so c. 7 X. 4, 2: *In alterum con-*

---
[1]) Huguccio sagt hierüber in seiner Summa (zu c. 51 C. 27 qu. 2): *Tamen nihil interest, quae verba vel inditia fiant, dummodo legitimus consensus legitime per illa possit exprimi;* ebenso zu c. 17 C. 28 qu. 1: *Dicitur etiam legitimum (scil. conjugium), quod inter legitimas personas contrahitur.*

sentire, c. 8 h.tit.: *confirmetur matrimonium* oder: *simul esse velle* (als Gegensatz des dort genannten Einspruches); ferner c. 11 Comp. 1. 4, 2: *Tunc de pactione illa complenda vel recipienda sunt audiendi et ad complendum matrimonium ab his, qui matrimonium iuraverant, commonendi;* c. 10 X. 4, 2: *Respondemus, quod si mulier per idoneos testes probare nequiverit, quod post XIV. annum aetatis suae vel circa finem XIV. anni praedictus iuvenis consensisset in eam, ab ipso iuramento recepto, quod, postquam ad legitimam aetatem pervenit, ipsam habere non consensit in uxorem* etc. endlich c. 4 X. 4, 18: *ex ratihabitione* etc. Mit dieser Anerkennung des erfolgten Formalactes durch den Mündiggewordenen wird die Ehe endgültig geschlossen. Nicht zur Giltigkeit an sich, sondern zur Vervollständigung der ehewirkenden Kraft der Desponsatio bedarf es dieser nachträglichen Zustimmung. Vorher ist die Desponsatio eine mangelhafte, sie begründet kein *Matrimonium contractum* in dem Sinne, dass eine anderweitige Ehe ausgeschlossen und das Verhältnis an sich unlöslich wäre.

Die Frage, ob dieser nachträgliche Consens wirklich erfolgte, aus concludenten Handlungen geschlossen oder aus anderen Umständen wenigstens mit einiger Sicherheit vermutet werden kann, ist daher auch in den Decretalen gleichbedeutend mit jener, ob eine Lösung der Verbindung noch gestattet werden kann oder nicht. Mit der Beantwortung ersterer ist auch die Entscheidung für letztere gegeben, soferne es sich eben um eine Trennung über erfolgten Einspruch eines minderjährig Desponsirten handelt. Vgl. hiezu: c. 6, 8, 9 und 10 X. 4, 2; c. 11 Comp. 1. 4, 2; c. 21 X. 4, 18. Bei der Beurtheilung der Frage jedoch, wann dieser Consens vorliege, zieht die Kirche keine engen Grenzen. Da einerseits für das practische Leben nur die Verweigerung der Zustimmung, also ein **ausdrücklicher Widerspruch** und dieser nur dann in Betracht kam, wenn die Entscheidung der Kirche angerufen wurde, weil eine Lösung nur *iudicio ecclesiae*, nicht *ipso iure* erfolgen konnte, da anderseits aber die Billigung der contrahirten Ehe wohl meistens stillschweigend durch Fortsetzung oder Consummirung zum Ausdruck gelangte, so hat die Kirche auch von dem Erfordernisse einer ausdrücklichen ehelichen Consenserklärung, die ja thatsächlich, wenn auch mit mangelhafter Wirkung, meistens schon bei der Desponsatio abgegeben wurde, abgesehen. In den Decretalen ist wenigstens einer solchen ausdrücklichen Consenserklärung nirgends Erwähnung gethan, wenn man nicht aus dem in c. 11 Comp. 1. 4, 2 gebrauchten Passus: *Tunc de pactione illa complenda vel recipienda sunt audiendi et ad complendum matrimonium — commonendi* auf ein formelles Einholen dieser Zustimmung schliessen wollte. Hier handelt es sich eben um den Fall, dass die Trennung bereits vor erreichter Mündigkeit und offenbar ausdrücklich begehrt worden war, um die Ehe mit einem *Consanguineus sponsi* einzugehen, wie das diesbezügliche Verbot an dieser Stelle schliessen lässt. Auch aus c. 4 X. 4, 18: *Ante legitimum consensum, qui in duodecimo anno spectatur* etc. kann dies nicht gefolgert werden.

Vielmehr ergeben die meisten gefällten Entscheidungen, dass es genügte, wenn der *Consensus conjugalis* aus concludenten Handlungen, wie z. B. der Fortsetzung der Verbindung durch einige Zeit nach der Mündigkeit geschlossen werden konnte. So c. 21 X. 4, 1: *Quia postmodum per annum et dimidium sibi cohabitans consensisse videtur.* Insbesondere ist es hier der Vollzug der *Copula carnalis* oder auch nur die blosse Wahrscheinlichkeit derselben infolge der Nähe des mündigen Alters, welche als Aeusserung des *Consensus maritalis* und somit als *Ratihabitio* der eingegangenen Verbindung angenommen wird. So trifft Alexander III. in c. 6 X. 4, 2 für einen Fall, wo die minderjährig Vermählte behauptet, niemals consentirt zu haben, während der Mann den Vollzug der Copula behauptet, seine Entscheidung verschieden je nach Erfolgen oder nicht Erfolgen der Beiwohnung: *Continebatur in literis tuis, quod, quum quaedam puella infra nubiles annos cuidam viro in uxorem tradita fuerit et ab ipso traducta, suis parentibus asserentibus, eam legitimae aetatis existere, haec ad nubiles annos perveniens, alii nubendi licentiam postulavit asserens se in eundem virum nullatenus consensisse. Praedictus vero vir econtra proponit, quod, licet eadem puella nondum forte annum XII. attigisset, cum ei tradita fuisset in uxorem, usque adeo tamen aetati fuit proxima, quod ipsam car-*

nali commixtione cognovit. Inde est quod, cum ipsa dicit ab eodem viro se incognitam et tu nos consuluisti, utrum alii possit nubere, consultationi tuae taliter respondemus, quod, cum in decretis habeatur expressum, quod si vir dixerit, quod uxorem suam cognoverit et mulier negaverit, viri standum est veritati, unde praefato viro, qui dicit se mulierem ipsam cognovisse, fides est adhibenda, si id firmaverit iuramento. Si autem fuerit aetati proxima ut in undecimo vel circa XII annum et cum suo assensu et voluntate parentum desponsata et benedicta fuerit et cognita ab eodem viro, separari non debet, praesertim quum parentes eius ipsam fuisse aetatis legitimae faterentur. Si vero puella infra nubiles annos (et aetati proxima) alicui desponsata fuerit, benedicta atque traducta, non licet alicui de consanguinitate ipsius, cui desponsata fuerit, eam ducere in uxorem, nec fas est eidem sponso de consanguinitate sponsae sibi aliquam (matrimonio) copulare. Ist also die Copula erfolgt, so kann das Verhältnis nicht getrennt werden, denn es ist zur eigentlichen Ehe geworden. Alexander III. entscheidet hier consequent nach der bisherigen Auffassung der Kirche, die er in seinen Decretalen nicht aufgegeben hat. Obwohl hier nur ein vor der Mündigkeit abgegebener Consens vorliegt *(Cum suo assensu)*, wird der endgültige Eheschluss durch die Consummirung der Verbindung bewirkt. Es erscheint hier also derselbe Gedanke zum Ausdruck gebracht, wie in c. 6 (8) Comp. 1. 4, 4 und c. 3 X. 4, 5, wo ein *Consensus de futuro* oder ein bedingter Consens bei Hinzutritt der Copula zum endgültigen Eheschlusse genügt. Die spätere Zeit (Innocenz III. in c. 6 X. 4, 5, Gregor IX. in c. 30 X. 4, 1), welche die Bedeutung der Copula für die Unlöslichkeit der Ehe nicht mehr anerkennen wollte, hat hier mit einer unwiderlegbaren Praesumptio operirt. Damit wurde nur die Art und Weise, in der sich die Schule mit jenen Entscheidungen Alexander III. zurecht gefunden hatte, in das Recht der Kirche aufgenommen. Erstere hatte nämlich erklärt, dass in dem Vollzuge der Copula eine Aeusserung des *Consensus de praesenti (Affectus maritalis)* zu erblicken sei und auf Grund dieses vermuteten Consenses, nicht des wirklich vorliegenden *Consensus de futuro* die Ehe entstehe. Im gegenständlichen Falle scheint auch Alexander III. eine ähnliche Begründung vorgeschwebt zu haben, da es sonst nicht erklärlich wäre, warum er hinzusetzt: *Praesertim cum parentes eius ipsam fuisse aetatis legitmae fate-rentur.* Die Betonung der *Aetas legitima* hätte sonst keinen Werth, wenn sie nicht die Voraussetzung des *Consensus legitimus* wäre, denn die thatsächliche Mündigkeit ist ja durch die Copula bewiesen. Wenn hier aber Alexander III. die bestimmte gesetzliche Altersgrenze gegenüber der thatsächlichen körperlichen Reife hervorzuheben scheint, wie wohl auch aus der wiederholten Bezeichnung bestimmter Jahre hervorgeht, so ergibt sich dadurch auch ein Zusammenhang zu seinem in c. 8 h. tit. enthaltenen Ausspruche: *Aut si simul esse noluerint, separentur, nisi forte carnalis commixtio ante intervenerit, quum interdum illa tempus antecipare soleat pubertatis.* Es will damit offenbar nichts anderes gesagt sein, als dass es zwar eigentlich auf die Erreichung des *Tempus pubertatis* im Sinne des Gesetzes *(Usque ad legitimam aetatem exspectare tenentur)* ankomme, dass aber die Vermuthung der Ehemündigkeit, welche Wesen und Zweck der gesetzlichen Altersgrenze bilde, durch das Erfolgen der Copula von selbst entfalle.

64. Bei der *Desponsatio impuberum* handelt es sich also wesentlich nur um die Billigung der Verbindung durch den minderjährig Desponsirten bei Eintritt thatsächlicher Heirathsfähigkeit. Dies war aber nur die nächste Consequenz aus der Erwägung, welche die Kirche dazu führen musste, den Consens des Unmündigen nicht mit derselben eheschliessenden Wirkung zu verbinden, die der ehelichen Willenserklärung des Heirathsfähigen zukam. Die Unfähigkeit, sich endgültig und unmittelbar wirksam zur Herstellung thatsächlicher voller Lebenseinigung zu verpflichten, entfällt nun in dem Momente, als das erforderliche Verständnis für die Bedeutung dieser Verpflichtung und der auf Grund derselben erfolgenden und erzwingbaren Consummirung, bezw. für das eheliche Leben überhaupt sich einstellt. Dieser Grad geistiger Reife tritt aber naturgemäss zugleich mit der körperlichen Reife zum Zwecke der Ehe ein, da er deren unmittelbare Folge ist und hier nur die Möglichkeit und Wahrscheinlichkeit dieses Verständnisses, nicht aber das thatsächliche Vorhandensein desselben in Betracht kommt. Wirksam verpflichten kann sich nur jener, der sowohl der Ausführung der ehe-

lichen Verpflichtung fähig ist, als auch zu erkennen vermag, worin diese besteht. Allerdings muss man hier auch berücksichtigen, dass diese Frage zum grösseren Theile das Gebiet der Sitte als das des Rechtes berührt.

Dass es sich aber auch nach dem Wortlaute der Quellen eher um das erforderliche Verständnis handelt, welches durch den Vollzug der Copula erkennbar wird, scheint mir ebenso aus der schon aus der Summa Coloniensis bekannten Ausdrucksweise hervorzugehen, welcher Alexander III. in c. 9 h. tit. sich bedient: *De illis autem, qui in minori aetate desponsantur, traduntur et conjunguntur et processu temporis divortium postulant minorem allegantes aetatem — respondemus quod, si ita fuerint aetati proximi quod potuerint copula carnali conjungi, minoris aetatis intuitu ab invicem separari non debent, si unus in alium visus fuerit consensisse, quum in eis aetatem supplevisse malitia videatur.* Hier ist es wohl im Schlusssatze geradezu direct ausgesprochen, dass es sich um den Eintritt der geistigen Reife handelt, welche den Mangel des erforderlichen Alters ergänzen soll. Diese kommt hier nur insoferne in Betracht, als die Wahrscheinlichkeit der Copula aus ihr gefolgert werden kann; dieser Schluss ist wiederum nur berechtigt, wenn die factische Geschlechtsreife überhaupt vorhanden ist. Da es aber für diese wie für das Verständnis des geschlechtlichen Actes keinen sicheren Beweis geben kann als den Vollzug der Copula selbst und diese daher mit Recht als eine Handlung bezeichnet werden muss, die einen ehelich verpflichtenden Willensact des M ü n d i g g e w o r d e n e n in sich schliesst und zu Ausführung und Ausdruck bringt, so war es abgesehen von dem augenscheinlichen Einflusse der Consummationstheorie ganz folgerichtig, der Beiwohnung die Bedeutung und Folgen einer wirksam und endgültig verpflichtenden Genehmigung des vorzeitig erfolgten Eheschliessungsactes beizulegen. Aus diesem Grunde kam es aber hiebei auch mehr auf die darin gegebene oder damit vermutete Aeusserung des *Affectus maritalis* durch den *Consensus in copulam carnalem* an, als auf die körperliche Vereinigung als solche. Dementsprechend wenden die Decretalen auch meistens den Ausdruck *Consentire* an, selbst wenn es sich nur um die Frage handelt, ob die Copula factisch vollzogen wurde, während die eheliche Consenserklärung von dem minderjährig Desponsirten in Abrede gestellt wird. Die Redewendungen *Consentire in eundem virum, in alterum, c. in uxorem eam habere, c. unus in alium* lassen sich nach dem Wortlaute der Entscheidungen kaum anders als in ersterem Sinne verstehen und es ist nur die beste Bestätigung dieser Auffassung, wenn Coelestin III. in c. 4 X. 4, 18 ausdrücklich sagt: *Sic postquam legitimo tempore accedente semel etiam copulae carnali consensit, ex ratihabitione sibi suber hoc silentium non ambigitur indixisse.* Dasselbe ist offenbar in c. 9 X. 4, 2 gemeint, wo es heisst: *Si unus in alium visus fuerit consensisse*, noch deutlicher aber in c. 21 X. 4, 1: *Quia postmodum per annum et dimidium sibi cohibitans consensisse videtur.* Den Mangel der Copula wie überhaupt jeglicher ehelicher Willenserklärung scheint dagegen Urban III. in c. 10 X. 4, 2 zu betonen: *Respondemus quod si mulier per idoneos testes probare nequiverit, quod post XIV. annum aetatis suae vel circa finem XIV. anni praedictus iuvenis consensisset in eam, ab ipso iuramento recepto quod, postquam ad legitimam aetatem pervenit, ipsam habere non consensit in uxorem, ab impetitione mulieris eum potes et debes absolvere etc.* Der blosse Versuch der Copula vor erlangter Mündigkeit genügt nach dieser Entscheidung nicht; so auch in c. 3 X. 4, 1. Auch in c. 11 h. tit. betont Urban III. neben dem Mangel des gesetzlichen Alters die Unmöglichkeit oder das Nichterfolgtsein der Copula als Begründung des dem Mündigen gestatteten Rücktritts: *Quum autem iam dictus puer, sicut tuae literae continebant, nondum ad XIV. annum aetatis suae pervenerit nec unquam ad eandem puellam carnaliter accessum habuerit* etc.

65. Aus diesen Belegen ergibt sich, dass die Kirche nach Vollzug der Copula die Ehe als unlöslich betrachtete, auch wenn die vorhergehende Consenserklärung ganz fehlte oder wegen Mangels der gehörigen Altersreife nicht ehewirkend war. Die Copula ersetzte somit einerseits die Abgabe der zustimmenden Willenserklärung von Seite des minderjährig Desponsirten und behob andererseits, wenn dieser Consens vorlag, den Mangel, der dem formell giltig vollzogenen Formalacte den Character einer endgültig ver-

pflichtenden Eheschliessung nahm. Die gleiche Wirkung hatte jede ausdrückliche Zustimmung des Mündiggewordenen, denn es handelte sich eben nur darum, dass eine eheliche Willensäusserung durch diesen Contrahenten nachträglich erfolgte, mit welcher die Freiheit der Eheschliessung durch denselben selbst aufgegeben und der eheliche Consens in nach Auffassung der Kirche vollständig wirksamer Weise erklärt wurde.

Dass die Kirche nun bei Beurtheilung ähnlicher Eheschliessungen sich hauptsächlich von practischen Gesichtspunkten und der Rücksicht auf die allgemeine Sitte, derartige Formalacte mit der Absicht auf endgültigen Ehechluss vorzunehmen, geleitet wurde, ergibt sich nicht nur aus dem allgemeinen Character der einzelnen hierüber getroffenen Entscheidungen, sondern besonders auch daraus, dass bei Consummirung des Verhältnisses oder längerer Fortsetzung desselben nach erreichter Mündigkeit (vgl. aus 21 X. 4, 1 die oben angegebene Stelle) eine Trennung nicht mehr zugelassen wurde. Ausser der hier zur Geltung kommenden Bedeutung der *Copula carnalis* ist aber weiters zu berücksichtigen, dass für das practische Eingreifen der Kirche es erste Voraussetzung war, dass deren Entscheidung überhaupt in Anspruch genommen wurde. Dies war in der Regel wohl nur dann der Fall, wenn der minderjährig Desponsirte die Zustimmung zum erfolgten Eheschliessungsacte in mündigem Alter verweigerte, und es sich dann um die Lösung der meist unter Mitwirkung der Kirche[1]) durch frühzeitige Formalacte contrahirten Ehe frug, welche nach Auffassung der Kirche noch keine wahre Ehe war. Die Verweigerung des Consenses und die dadurch bewirkte Unverbindlichkeit des erfolgten formellen Eheschliessungsactes war die andere hier in Frage kommende Möglichkeit, welche sich daraus ergab, dass die Kirche den Consens des Unmündigen nicht als eherechtlich unmittelbar wirksam und damit eine vor der Mündigkeit erfolgte Desponsatio nur als mangelhaften, nicht endgültig bindenden Eheschliessungsact erklärt hatte. Mit der

---

[1]) Vgl. die hiefür bezeichnenden Bemerkungen der S. Coloniensis, oben S. 100: *Paterna sollicitudo — opitulante sibi in hoc ecclesia quasdam ante tempus praescriptum nuptui tradit — conjugia auctore ecclesiae celebrata.*

Gestattung dieses Widerspruchsrechtes des minderjährig Desponsirten erschien aber zugleich die volle Selbständigkeit seiner Entschliessung genügend gesichert und war der Kirche damit ein Ausweg gegeben, mit dessen Hülfe sie die Desponsatio, wie nach dem bisher acceptirten Standpunkte des römischen Rechtes, vom siebten Lebensjahre an formell giltig erfolgen lassen konnte, ohne mit dem nun zum Durchbruche gelangten Principe der Freiheit der Eheschliessung und mit ihrer nunmehrigen Auffassung über die zu irritirender Kraft verstärkte Wirkung der *Desponsatio de praesenti* in Widerspruch zu treten.

66. Die Einräumung des Widerspruchsrechtes war somit die practische Seite dieser Beurtheilung der *Desponsatio impuberum*. Da die Kirche eine solche, soferne sie nur nach dem siebten Jahre erfolgte, für giltig, wenn auch nicht für voll wirksam erachtete, handelte es sich hier nicht um die Geltendmachung eines Nichtigkeitsgrundes für die eingegangene Verbindung, sondern um die Berechtigung des minderjährig Desponsirten, die Zustimmung zu dem ohne seinen freien und selbstständigen Willen erfolgten Formalacte zu verweigern und sich so die Unabhängigkeit seiner Entschliessung über diesen wichtigen Schritt zu wahren. Mit der Ausübung dieses Einspruchsrechtes entfiel jede Verbindlichkeit in eherechtlicher Beziehung für den unmündig gewesenen Contrahenten, sofern eine solche auf Grund des vorausgegangenen Rechtsactes für die Dauer der Unmündigkeit bestanden hatte, und damit auch die Möglichkeit, auf Grund des früheren Formalactes einen endgültigen Eheschluss anzuerkennen. Die unerlässliche Voraussetzung für letzteren Fall war die ausdrückliche oder stillschweigende Genehmigung des eingegangenen Verhältnisses oder, präciser vielleicht zusammengefasst, das Nichterfolgen des gestatteten Widerspruches von Seite des Mündiggewordenen. War diese Consenserklärung demnach der Vorbehalt, welchen die Kirche für die Anerkennung der *Desponsatio impuberum* gemacht hatte, und die Bedingung für die nachherige Geltung des vorzeitigen Formalactes als endgültigen Eheschlusses, so erscheint der erfolgte Widerspruch als Lösungsgrund der begründeten Verbindung, mit dem die Wirkungen der vorausgehenden Desponsatio wegfielen. Da die Consens-

erklärung in mündigem Alter, welche die definitive und unmittelbar wirksame Verpflichtung des minderjährig Desponsirten hätte begründen sollen, durch diesen Widerspruch ausgeschlossen erscheint, liegt keine Gebundenheit des nunmehr Mündigen vor und kann die Trennung wie die eines einfachen unverbindlichen Eheversprechens erfolgen. In den Decretalen ist hiefür das *Iudicium ecclesiae* verlangt, woraus sich einerseits wiederum ergibt, dass Alexander III. die Lösung jeder Desponsatio der Willkür der Contrahenten entziehen wollte, anderseits die Absicht der Kirche hervorgeht, sich die Entscheidung über die Berechtigung des Einspruchs und die Zulässigkeit der Lösung vorzubehalten. Dies war umsomehr begründet, als nach der zur Darstellung gebrachten Auffassung der Kirche die *Desponsatio impuberum* eine giltige, wenn auch in ihrer Wirkung wesentlich eingeschränkte Eheschliessung war. Diesen Standpunkt musste die Kirche aber auch deswegen festhalten, da sie, wie aus den Entscheidungen der Decretalen hervorgeht, gewöhnlich über die Lösbarkeit von nach weltlichem Rechte und formell giltig geschlossenen Ehen handelte, welche nur nach der strengen Auffassung der Kirche keine wahren Ehen waren, solange die Consummirung nicht erfolgt war. Abgesehen von dieser frug es sich hiebei, ob der erfolgten Desponsatio die definitiv verpflichtende und irritirende Wirkung beizulegen sei, welche die Desponsatio unter Heirathsfähigen, die das *Matrimonium contractum* begründete, zukam. Diese Frage musste aber je nach dem Verhalten des minderjährig Desponsirten nach erreichter Mündigkeit entschieden werden, wobei, abgesehen bei schon erfolgter Copula, vorausgesetzt wurde, dass die fragliche Desponsatio überhaupt mit den von der Kirche geforderten *Verba de praesenti* und den in c. 3 X. 4, 4 vorgeschriebenen Solemnitäten, aber nicht als *Promissio de futuro* im Sinne des c. 4 h. tit., kurz mit der Absicht giltiger Eheschliessung, nicht aber als Eheversprechen erfolgt war.

67. Die Berechtigung des Widerspruches ist daher an mehrere Voraussetzungen geknüpft. Bezüglich der in erster Linie in Betracht kommenden Geltendmachung desselben äussern sich die Decretalen in verschiedener Ausdrucksweise; so sagt c. 6 X. 4, 2: *Haec ad nubiles annos perveniens alii nubendi licentiam postulavit asserens se in eundem virum nullatenus consensisse,* c. 7 h. tit.:

Postulent separari — reclamaverit nec in alterum voluerit consentire, später: *Nisi ipse, cui nupsit, postquam ad legitimam aetatem pervenerit, in eam suum omnino negaverit praestare consensum,* c. 8 h tit.: *Si simul esse noluerint;* c. 9 h. tit.: *Processu temporis divortium postulant minorem allegantes aetatem,* c. 10 h. tit.: *Sed cum vir XVII annos habeat, ipsam recipere contradicit.* c. 12 h. tit.: *Prior autem sponsus ad annos discretionis perveniens a praedecessore tuo contrahendi cum alia licentiam impetravit,* c. 4 X. 4, 18: *Contra matrimonium proclamavit, asserens se semper ab initio dissensisse — quae ante cognitionem sui legitimum annum attingens, cum potuit, minime reclamavit. Sicut enim ante legitimum consensum, qui in duodecimo anno spectatur, secundum ius canonicum potuit dissentire* etc. Immer handelt es sich also um die Trennung der Verbindung, welche verlangt wird, beziehungsweise um die Verweigerung der Genehmigung des erfolgten Formalactes, der Consummirung oder Fortsetzung des Verhältnisses oder auch um die Erlaubnis eine anderweitige Ehe einzugehen. Der Zeitpunkt, in welchem dieser Einspruch gestattet wird, ist nach den obigen Ausdrücken der Beginn der *Aetas legitima*, also die gesetzliche Altersgrenze für die Mündigkeit des minderjährig Desponsirten. Mit dieser wird die Selbständigkeit der Entscheidung und die nöthige Freiheit des Willens als vorhanden vorausgesetzt, welche für die Eheschliessung als wesentlich betrachtet werden. Zugleich ist auch mit dem Eintritte der Mündigkeit das erforderliche Verständnis für die Bedeutung der ehelichen Pflichten anzunehmen. Wenn in c. 5 X. 4, 2 von einer Consensverweigerung **vor** erreichter Mündigkeit die Rede ist, so hat dies wohl darin seine Erklärung, dass die Desponsatio in dem dort entschiedenen Falle schon vor dem siebten Jahre erfolgte, also schon zu ihrer Geltung als solche des Consenses der Desponsirten bedurfte, hiefür aber die Mündigkeit nicht in Betracht kam. Diese war nur Erfordernis der eheschliessenden Wirkung. Dass diese nicht beabsichtigt war, scheint der in jener Decretale gemachte Gegensatz zwischen dem einfachen *Desponsare* und *Solemniter desponsare* anzudeuten, doch geht aus der Pars decisa der Entscheidung hervor, dass der **eheliche** Consens eingeholt werden sollte und verweigert wurde. Die Decretale beginnt: *Accessit ad praesentiam nostram nobilis vir W. filius G. cum literis tuis, ex quarum tenore perpendimus, quod quum filiam cuiusdam nobilis viri, dum esset minoris aetatis, desponsasset et postmodum ipsa assensum in hac parte non praebente, antequam ad nubiles annos pervenisset, celebratum est inter eos divortium. Verum praefatus W. in nostra praesentia constitutus sua nobis assertione proposuit, quod puellam ipsam, dum esset infra septimum annum, desponsavit, postea (vero) antequam ad nubiles annos pervenisset, noluit aliquatenus consentire, ut praefatum W. in virum acciperet, et ita cum patre suo, in cuius potestate remanserat, et cum praefato W. ad praesentiam tuam accessit. Et quum ab ore puellae audisses et per eam cognosceres et per patrem eius, quod memoratum W. in virum nolebat, statim illum in plena synodo ab huiusmodi desponsatione publice absolutum denunciasti. Elapsis vero pluribus annis post, mortuo etiam patre puellae, carissimus in Christo filius noster H. Anglorum rex matrem supradictae puellae memorato W. tradidit in uxorem, quam idem W., ut discordia orta inter consanguineos suos et consanguineos mulieris sopiretur, accepit et solenniter desponsavit et sine contradictione ecclesiae duxit et ex ea liberos procreavit et puella fuit alteri viro copulata.* Da also die Desponsatio vor dem siebten Jahre stattfand und später kein Consens erfolgte, war dieselbe völlig wirkungslos, daher erfolgte auch deren Lösung, wie es später heisst: *Ipso iure*. Für die Giltigkeit der Desponsatio als Eheschliessung ist aber der nachträgliche Consens in mündigem Alter erforderlich, während für ihre beschränkte Wirkung als *Desponsatio impuberum* der Consens nach dem Septennium genügt. Es ist also auch hier die in heirathsfähigem Alter gestattete Eheschliessung, welche das *Matrimonium contractum* begründete, unterschieden von der *Desponsatio impuberum*, welche meist durch eine spätere neuerliche Desponsatio in mündigem Alter vollwirksame und endgültige Eheschliessung wurde. Nicht aber ist hier gesagt, dass die Desponsatio mit letzterem Zeitpunkte überhaupt erst giltig werde. Dies geht sowohl aus der nachherigen Ableitung der *Quasi affinitas (impedimentum publicae honestatis)* als auch aus dem dort gebrauchten Satze hervor: *Sicut discretio tua non ignorat, despon-*

sationes et matrimonia ante septem annos fieri non possunt, praesertim si consensus postea non accedit. Alexander meint hier ganz consequent, dass zur formellen Giltigkeit des eheschliessenden Actes, wie der thatsächlichen Ehe nur der Consens nach dem siebten Jahre erforderlich ist; die volle eheliche Wirkung, welche in der endgültigen Gebundenheit des Desponsirten besteht, tritt hiefür aber erst durch den Consens des Mündigen ein.

68. Da nun der Widerspruch des Unmündigen sich nur auf die Verweigerung der zur vollen Wirksamkeit des erfolgten Formalactes erforderlichen ehelichen Consenserklärung bezieht, so entfällt die Berechtigung desselben naturgemäss in allen jenen Fällen, in denen die Kirche die Aeusserung des *Consensus conjugalis* aus concludenten Handlungen folgert. Der Vollzug der Copula oder deren Wahrscheinlichkeit wegen Nähe des mündigen Alters gilt daher ebenso als Verzicht und Verwirkung des eingeräumten Einspruchsrechtes oder schliesst denselben aus, wie eine längere Fortsetzung der bereits thatsächlich vorhandenen *Cohabitatio*. In diesem Sinne entscheidet Alexander III. in c. 8 X. 4, 2 und c. 9 h. tit.: *Si unus in alium visus fuerit consensisse.* Nach dem in letzterer Decretale gebrauchten Zusatze kann nur der *Consensus in copulam* hier gemeint sein, was auch die Voraussetzung: *Si ita fuerint aetati proximi, quod potuerint carnali copula conjungi* bestätigt. In c. 21 X. 4, 1 lässt Papst Clemens III. den Widerspruch der *Postmodum per annum et dimidium sibi cohabitans* nicht gelten, sondern nimmt Consens an *(consensisse videtur)* und schliesst den Gegenbeweis durch Zeugen aus: *Nec de cetero recipiendi sunt testes, si quos memorata mulier ad probandum, quod non consenserit in eundem, nominaverit producendos, cum mora tanti temporis huiusmodi probationem excludat.* Es kommt also auf einen ausdrücklichen Widerspruch an, dessen Berechtigung in zweifelhaften Fällen offenbar nach der Fassung der einzelnen Entscheidungen vor dem bischöflichen oder päpstlichen *Iudicium ecclesiae* bewiesen werden musste. Dass mit Vollzug der Copula das Widerspruchsrecht verloren gieng, dieses aber nur nach Erreichung der gesetzlichen Altersgrenze gestattet war, bestätigt auch c. 4 X. 4, 18 des Papstes

Coelestin III.: *Insuper adjecisti, quod aliquis cum quadam innubili puella contraxit, quae tandem aetatis metas attingens et ab illo pluries cognita post quatuor aut quinque annos a praefata aetate decursos contra matrimonium proclamavit, asserens se semper ab initio dissensisse ab illo, et quod dicit, per testes probat fama et conversatione praeclaros. In hoc itaque casu sentimus, quod adversus matrimonium audiri non debet, quae ante cognitionem sui* (andere Leseart: *conjunctionem matrimonii sui* oder *cognitionem sive ante*) *legitimum annum attingens, quum potuit, minime reclamavit. Sicut enim ante legitimum consensum, qui in duodecimo anno spectatur, secundum ius canonicum potuit dissentire: sic postquam legitimo tempore accedente semel etiam copulae carnali consensit, ex ratihabitione sibi super hoc silentium non ambigitur indixisse.* Damit ist gesagt, dass der Widerspruch nur gestattet ist, wenn vor erlangter Mündigkeit oder mit Eintritt dieser kein Beischlaf erfolgte. Das eingeräumte Recht entfällt, weil die Lösung der Verbindung nach der Consummirung nicht möglich ist und mit dieser die wahre Ehe entsteht.

69. Dieses Einspruchsrecht stand nur dem minderjährig Desponsirten zu, weil dieser nicht endgültig verpflichtet war. Der Mündige hatte kein Recht zurückzutreten. Wurde aber der Einspruch geltend gemacht, so entfiel mit den eherechtlichen Wirkungen für den anderen Theil auch seine Verpflichtung. Waren nun beide Contrahenten unmündig, so fragt es sich, ob der Einspruch des z u e r s t Mündiggewordenen die Lösung der Verbindung herbeiführte, gleichviel ob der Andere consentirte oder widersprach, oder ob des Letzteren Entscheidung auch abgewartet werden musste. Folgerichtig müsste die Antwort lauten, dass schon durch den Einspruch des zuerst Mündiggewordenen das Verhältnis gelöst werde. Doch hat die unklare Fassung einer Decretale Alexanders (c. 7 X. 4, 2) hier Anlass zu verschiedenen Ansichten gegeben. Diese bebestimmt nämlich: *Si vero alteruter istorum ad annos pubertatis pervenerit, infra eosdem annos altero existente, cum eadem sponsalia contrahuntur, si is qui minoris aetatis est, cum ad annos illos pervenerit, reclamaverit nec in alterum voluerit consentire, iudicio* *ecclesiae poterunt ab invicem separari. Mulier autem, quae, postquam annos nubiles attingit, ei qui nondum ad annos aptos matrimoniis contrahendis venerat, nupsit, cum in eum semel consenserit, amplius non poterit aliquatenus dissentire vel divertere, nisi forte ipse, cui nupsit, postquam ad legitimam aetatem pervenerit, in eam suum omnino negaverit praestare consensum.* Hienach liegt der Schluss nahe, dass die Kirche hier dahin sich entschieden hätte, dass die Erklärung des zweiten Contrahenten abgewartet werden müsse. In diesem Sinne bemerkt die Glosse zu: *Cum sponsalia contrahuntur: Id est altero existente intra annos pubertatis sicut existebat quando sponsalia contrahebantur. Si alter perveniat ad aetatem, non est audiendus, si petat separari, sed exspectabit quousque alter ad aetatem pervenerit; quidam dicebant, quod alter eorum erat maior et alter minor, quando sponsalia contrahebantur et secundum hoc non differret a sequenti versu. Alan.* und zu *Minoris aetatis: Videtur quod in optione illius, qui ultimo ad aetatem pervenit, sit reclamare, et tu dic, quod idem iuris est de alio quod potest reclamare, etiamsi minor vellet consentire: aliter non differret à sequenti versu.* Bernardus Papiensis sagt hierüber in seinen Casus decretalium *c. 9: Si ambo impuberes, expectare debent pubertatem, nisi forte unus eorum perveniat ad pubertatem, quo casu statim poterit resilire.* Die Decretale dürfte wohl meines Erachtens dahin auszulegen sein, dass Alexander III. zuerst den Fall annimmt, dass der zuerst Mündiggewordene nicht Einspruch erhebt und es daher auf die Entscheidung des anderen noch minderjährigen Contrahenten ankommt. Im zweiten Satze wird jedoch nur die Frage beantwortet, ob der mündige Desponsirte oder, da es *Nupsit* heisst, der bei der Hochzeit Heirathsfähige später zurücktreten könne. Der Schlusssatz beginnt nämlich in einigen Handschriften: *Utrum autem mulier, quae .... nupsit, ab eo, si quaerat dissidium, debeat separari, consultationi tuae taliter respondemus, quia quum* etc. Im betreffenden Falle hatte also die mündig Vermählte noch vor der Mündigkeit des anderen Theiles die Lösung der Verbindung verlangt. War nun auf diese Weise von Seite eines unmündigen Contrahenten die Zustimmung zur erfolgten Desponsatio nach Erreichung des mündigen Alters nicht eingetreten oder der frühere unverbindliche Consens nunmehr nicht mit endgültig verpflichtender Kraft zum Ausdruck gebracht worden, so konnte die Verbindung getrennt werden. Sie musste nicht getrennt werden, denn die *Impubertas* war kein Nichtigkeitsgrund, sondern begründete nur eine Lösungsmöglichkeit und beschränkte Wirksamkeit des während ihr erfolgten Eheschliessungsactes. Die Lösung konnte vielmehr nun durch *Judicium ecclesiae* eintreten und war somit der Willkür der Contrahenten entzogen.

70. Zeigt sich nun in allen getroffenen Entscheidungen das Bestreben, die einmal formell giltig geschlossene Ehe so viel als möglich aufrecht zu erhalten, wenn dies nach dem Rechte der Kirche nur irgendwie zulässig war, und lag hierin zugleich auch ein Zugeständnis vom Standpunkte des strengen Rechtes an die verbreitete Sitte, der man nicht mit einem directen Verbote entgegentreten wollte und konnte, so ergibt sich endlich noch weiters aus den vorliegenden Decretalen, dass die Kirche in der Desponsatio impuberum auch kein Eheversprechen im Sinne der späteren *Sponsalia de futuro,* sondern eine Eheschliessung erblickte. Ein einfaches Eheversprechen, wie wir es in c. 3 X. 4, 4 als *Promissio de futuro,* in c. 15 Comp. 1. 4, 1 als *Tantum iurare* (ähnlich in c. 10. X. 4, 1) oder als *Fidem dare de contrahendo matrimonio* in c. 2 X. 4, 1 u. a. bezeichnet finden, wurde von der Kirche als eherechtlich unverbindlich und daher für einfach löslich angesehen. Hier haben wir die Lösung einer giltigen Desponsatio, allerdings nicht die Trennung einer wahren Ehe im Sinne der kirchlichen Auffassung, denn diese lag auch nach der Desponsatio Heirathsfähiger, obwol diese als endgültiger Eheschliessungsact wirkte, noch nicht vor.

Bei der Desponsatio impuberum war allerdings nach erfolgtem Widerspruche nur mehr eine auf moralischem oder privatrechtlichem Gebiete massgebende Verpflichtung vorhanden; in der Regel der Fälle lag jedoch auf Seite eines Theils, da insbesondere der Mann gewöhnlich schon mündig war oder es früher wurde als das Mädchen, eine endgültige Verpflichtung vor, mit welcher auch ein Anrecht auf die Zustimmung des anderen Contrahenten geltend gemacht wurde. Es handelte sich also meist um die Loslösung des minderjährig Desponsirten von diesem nach der Auffassung der Kirche allerdings nicht bestehenden Ansprüche des anderen Contrahenten. So sagt c. 10 X. 4, 2: *Verum ipse antequam ad annum XIV. pervenisset, a memorata muliere recessit, quem, cum XVIII annos habeat, eadem pro viro sibi vindicare contendit, - respondemus quod — ab impetitione mulieris eum potes et debes absolvere et ad alia vota utrique dare licentiam transeundi.* In vielen Fällen war schon die *Traditio, traductio* oder *Benedictio* erfolgt. Hier konnte es sich also nur mehr um den Beweis der nicht vollzogenen Consummirung und um die Lösung durch das bischöfliche *Judicium ecclesiae* in Ehesachen oder durch päpstliche Dispens handeln, wenn die Kirche von ihrem Standpunkte, die Lösung der Desponsatio bezw. der contrahirten Ehe so viel als möglich der Willkür der Contrahenten zu entziehen, nicht wieder abgehen wollte. So spricht auch Riccardus Anglicus in seinen Casus decretalium zu c. 9 Comp. 1. 4, 2 von *Separare in facie Ecclesiae*, während in der Decretale c. 5 X. 4, 2 von *Divortium celebrare, in plena synodo absolutum denunciari* die Rede ist, obwohl die Lösung der Desponsatio wegen Mangel jedes Consenses *Ipso iure* erfolgte. Wie bereits oben bemerkt, ist hier eine Trennung vor erreichter Mündigkeit zugelassen. Bernhard bemerkt daher in seinen Casus decretalium zu dieser Stelle: *Ergo non erat expectanda pubes aetas ad dispensum; ar. infra eod. c. ult (= c. 11 X. 4, 2); ar. contr. infra eod. A nobis (c. 10), Si puella (c. 11), sed ista ante septennium fuerat desponsata. Hanc solutionem posuimus in huius lit. summa.* Er bezieht sich also hier auf die Entscheidung Urban III., wo dem durchaus dissentirenden mündigen Contrahenten der Rücktritt gestattet wird (c. 11 X. 4, 2).

71. Abgesehen von dieser beschränkten Lösungsmöglichkeit der Desponsatio impuberum muss diese auch noch in anderer Richtung von einem blossen Eheversprechen streng geschieden werden. Liegt schon in dem äusserem Vorgange und der Form ein Unterschied zwischen beiden darin, dass, soweit die Decretalen von einem Ehevesprechen reden, hier der Formalact der Desponsatio nicht erfolgt, sondern es sich um eine einfache Stipulation unter Anwendung privatrechtlicher Sicherstellungsmittel handelt (so c. 10 X. 4. 1: *Cum duo nobiles viri — filios et filias impubescentes haberent, quod eos ad invicem matrimoniis copularent, et hoc tam patres quam filii sub iuramento se promisere facturos* etc.), während die Desponsatio impuberum der formelle Ehevertrag selbst ist, so kommt hier weiters noch die eherechtliche Wirkung in Betracht, welche die Desponsatio impuberum, soferne sie nur nach dem siebten Jahre oder früher, aber unter nachträglicher Consenserklärung erfolgte, nach ihrer Auflösung infolge Einspruches des minderjährig Desponsirten äussert. Diese Wirkung besteht in der Begründung des *Impedimentum publicae honestatis (p. h. iustitia,* später *Quasi affinitas).* Dieses verhindert die nachherige eheliche Verbindung mit einer Blutsverwandten der Sponsa bezw. einem *Consanguineus* des sponsus. Gerade die von der Desponsatio impuberum handelnden Decretalen nehmen oft in scheinbar unvermittelter Weise Anlass von diesem Impediment zu sprechen. Dasselbe entsteht aus jeder giltigen Desponsatio. Wie öfters erwähnt, tritt diese Giltigkeit mit dem Septennium ein. Die meisten Decretalen, welche dieses Ehehindernis berühren, haben daher Fälle zum Gegenstande, wo eine Desponsatio vor dem siebten Jahre, oder nach demselben ohne Consens erfolgte und es also zweifelhaft war, ob jene irritirende Wirkung damit verbunden werden könne. Dieses Impediment hat sich zugleich mit dem Aufkommen der Consenstheorie entwickelt, indem man an Stelle des aus der consummirten Ehe entstehenden *Impedimentum affinitatis* ein Analogon, wenigstens der Wirkung nach, für die Desponsatio schuf, mit welcher man ersteres Ehehindernis nicht verbinden konnte. Ich glaube, dass diese Erklärung für die Entstehung dieses Ehehindernisses natürlicher und einfacher sich darstellt, als jene, welche Freisen [1] gibt, der aus der Entwicklung desselben die spätere Consenstheorie ableiten und ausserdem die Anwendung dieses Impediments darauf beschränken will, dass die Anhänger der Consenstheorie aus den *Sponsalia de praesenti* eigentliche *Affinitas* und nur aus den *Sp. de futuro* die *Quasi affinitas* entstehen lassen wollten. Thatsächlich lässt aber die kanonistische Literatur dieser Periode dieses Ehehindernis ebensogut aus der *Desponsatio de praesenti* als

---

[1] Vgl. a. a. O. S. 500 ff.

der *D. de futuro* entstehen, allerdings mit dem Unterschiede, dass dasselbe im ersten Falle nur *Sponso mortuo*, im letzteren auch *Sponso vivo* zur Geltung kommen kann [1]). Auch die Decretalen Alexanders erwähnen desselben in Fällen, wo es sich zweifellos um eine *Desponsatio de praesenti*, wenn auch unter *Impuberes* handelt. So verbietet Eugen III. in c. 3 X. 4, 1 die Ehe zwischen einem *Juvenis, qui puellam nondum septennem duxit* und der *Consobrina ipsius puellae*. Die Begründung seiner Entscheidung geht dahin, dass bei dem Zweifel, ob nicht die Copula schon versucht wurde, und da auch eine förmliche Eheschliessung erfolgt sei, er sich eher für die Lösung der späteren Ehe entscheide: *Quamvis aetas repugnaret, ex humana tamen fragilitate forsan tentavit, quod complere non potuit. Quia igitur in his, quae dubia sunt, quod certius existimamus, tenere debemus, tum propter honestatem ecclesiae, quia ipsa conjux ipsius fuisse dicitur, tum propter praedictam dubitationem mandamus tibi, quatenus consobrinam*

---

[1]) Vgl. Huguccio zu c. 14 C. 27 qu. 3: — *Dicitur in his capitulis quod si qua fuerit sponsa alicuius, quamvis ab eo non cognoscatur, tamen illo mortuo nullus de consanguinitate eius usque ad septimum gradum poterit eam ducere in uxorem, quod intellegitur tam de sponsa de futuro quam de praesenti, tam de sponsa de solo facto quam etiam de iure, dummodo desponsatio celebrata sit eo tempore, quo sponsalia solent valere, scil. a septimo anno in antea. ar. infra Extra. Litterae, Accessit et infra cap. Si quis desponsaverit. Et dicunt quidam quod affinitas est impedimentum in omnibus his. Hoc dixit Cardinalis, sed male quia nulla hic intervenit affinitas. Affinitas enim non contrahitur, nisi per carnalem commixtionem ut infra e. palea: Lex divinae et XXXV. qu. III. Sane dico ergo, quod in tali casu est impedimentum publica honestas sive publicae honestatis iustitia i. e. institutio ecclesiae facta propter publicam honestatem. — Et sic tractatur hic de illo impedimento conjugii, quod dicitur iustitia publicae honestatis et dicitur sic propter defectum nominum, quia nullum aliud nomen potuit ei assignari, cum non sit ibi affinitas vel consanguinitas vel huiusmodi et hoc impedimentum est perpetuum et matrimonium contractum dissolvit, ut in c. Si quis ux. Nota quod in sponsa de praesenti vivo sponso est impedimentum ligatio, sed eo mortuo et in sponsa de futuro et in qualibet sponsa de solo facto sive vivo sive mortuo sponso est impedimentum publica honestas.*

ipsius puellae, quam postmodum duxit, dividas ab eodem. Der Zweifel war dadurch gegeben, dass nicht klar war, ob die Eheschliessung überhaupt Geltung habe, da das Mädchen das siebte Jahr noch nicht erreicht hatte. Die wenn auch erfolglose Gestattung des Beischlafs hätte den Beweis der *Doli capacitas* und daher des erforderlichen Consenses gegeben. Da es aber sicherer sei, diese anzunehmen, weil ja eine förmliche Eheschliessung vorliege, welche bei gänzlicher Kindheit doch nicht erfolgt wäre, so verlange die *Honestas Ecclesiae* die Trennung der zweiten Ehe.[1]) Erst aus giltigen Sponsalia entsteht dieses Impediment, also nach dem siebten Jahre. Vorher sind Sponsalia wirkungslos und begründen keine *Quasi affinitas*. In diesem Sinne entscheidet auch Alexander III. in c. 5 X. 4, 2 für und gegen dieses Hinderniss je nach dem Zeitpunkte des Sponsalienschlusses: *Verum licet contineatur in literis tuis, quod puella ipsa erat minoris aetatis, quando huiusmodi desponsatio facta fuit, tamen refert, utrum, quum esset minoris aetatis, (fuerit) proxima aetati aptae matrimonio aut infra septem annos. Ideoque fraternitati tuae — mandamus, quatenus — si tibi constiterit quod praefata puella non esset septennis, quando praenumerato G. desponsata fuit, et postea in eum non consenserit et quod idem G. ab huiusmodi desponsatione per te fuerit absolutus, matrimonium inter eundem G. et matrem puellae celebratum praecipias inviolabiliter observari, quia desponsationes et matrimonia ante septem annos fieri non possunt, praesertim si consensus postea non accedit. Sane si praefata puella ante desponsationem septimum annum compleverat, licet praedictus vir a desponsatione ipsius puellae ipso iure fuerit absolutus,*

---

[1]) Freisen schreibt a. a. o. S. 503 diese Decretale aus mir unbekanntem Grunde Alexander III. zu und bezieht die *Dubitatio* darauf, dass dieses Ehehinderniss für eine zweite Ehe des Sponsus überhaupt noch neuartig und daher die Entscheidung hierüber zweifelhaft gewesen sei. Doch liegt offenbar in dem *forsan tentavit* und den Worten *in his quae dubia sunt* ein Zusammenhang und bezieht sich der Zweifel auf die Möglichkeit des Versuchs der Copula. Daher ist der Zweifel darüber auch Grund der Lösung, was obiger Auslegung Freisens widerspricht.

quum ea in cum consentire noluerit, inhonestum tamen videtur, ut matrem eius habeat, cuius filia fuit sibi desponsata. Das Impediment entsteht daher auch aus *Sponsalia ante septennium*, wenn diese durch nachträglichen Consens giltig werden. Ganz ähnlich lautet Alexanders Entscheidung in c. 4 h. tit.: *Perpendimus quod, quum quidam A esset perfectae aetatis, quandam puellam in cunabulis desponsavit; procedente vero tempore idem A. matrem puellae cognovit et eam in uxorem accepit. Unde quia dubitas, an huiusmodi matrimonium stare debeat, a nobis exinde consilium postulasti — consultationi tuae taliter respondemus quod, si praefatus vir matrem puellae, antequam puella ipsa septimum annum complesset, in uxorem accepit, matrimonium ipsum non dissolvas — — quum desponsationes huiusmodi nullae sint, quae in cunabulis fiunt. Verum si postquam puella septimum annum complevit, praedictus vir matrem eius accepit in uxorem, quum sponsalia ex tunc placere consueverint, inter eos sententiam divortii non differas promulgare* etc. Hieraus könnte man auf ein stillschweigendes Giltigwerden der *Sponsalia ante septennium* durch Fortsetzung nach diesem Zeitpunkt schliessen. Clemens III. verbietet daher in c. 12 h. tit. die Ehe mit der *Consobrina* auch *propter publicae honestatis iustitiam*, obwohl bei der ersten Desponsatio der Sponsus nur sechs Jahre alt war: *Duo pueri Guilielmus et Guilielma — matrimonialiter sunt conjuncti, puero VI. puella vero VII. annum agente.* Der Grund liegt in der Fortsetzung der Verbindung: *Qui simul per tres annos manserunt.* Es lag daher eine giltige Desponsatio vor, was auch aus den Bezeichnungen: *Subtrahens eam sponso suo, — — cui prius fuerat desponsata, ad G. suam desponsatam rediret* hervorgeht. Doch bestand auf Grund derselben noch keine Ehe: *Quod impediente puerili aetate matrimonium inter G. et G. non fuit.* Folgerichtig wird aber die mit zehn Jahren anderweitig Verheiratete als *Legitime copulata* bezeichnet, weil sie mit ihrem Gatten *Per VII annos quiete permansit*, die Verbindung also durch stillschweigende Fortsetzung über die Altersgrenze hinaus mangels Widerspruchs zur Ehe wurde. Die Decretale gibt einen interessanten Beleg dafür, wie die Kirche die

Eigenthümlichkeiten des practischen Lebens damaliger Zeit mit ihrer strengrechtlichen Auffassung in Einklang zu bringen suchte.

Die *Quasi affinitas* erstreckt sich auf die gegenseitigen *Consanguinei* und *Consanguineae*, wenn die *Sponsa proxima pubertati* war.[1]) So sagt Alexander III. in c. 11 Comp. 1. 4, 2: *Sponsa autem si nubili aetati proxima, est nullus consangineorum sponsi potest eam sibi matrimonio copulare.* Aehnlich in c. 8 X. 4, 2: *Sponsam alterius, maxime si est nubili aetati proxima, nullus cons. sibi potest m. copulare.* Endlich in c. 5 ib.: *Si vero puella infra nubiles annos et aetati proxima alicui desponsata fuerit, benedicta atque traducta, non licet alicui de consanguinitate ipsius, cui desponsata fuerit, eam ducere in uxorem, nec fas est eidem sponso de consanguinitate sponsae sibi aliquam (matrimonio) copulare.* Eine gegentheilige Entscheidung trifft Alexander III. in c. 2 Comp. 1. 4, 1. Das *Impedimentum publicae honestatis* kommt somit als besondere eherechtliche Wirkung der *Desponsatio impuberum* in Betracht; so erklärt es sich auch, dass die Decretalen, welche dasselbe besprechen, meistens von jener handeln, denn bei Desponsirung Minderjähriger tritt eben der gewöhnliehste Fall der Lösung einer giltigen Desponsatio ein. Die Wirkung eines blossen Eheversprechens unter Unmündigen hat c. 10 X. 4, 1 zum Gegenstande: *Siquidem G. filiam alterius consentiente patre se iuravit ducere in uxorem.* Die Entscheidung lautet: *Quia igitur praedicto G. priculosum est, contra suum iuramentum venire, fraternitati tuae mandamus, quatenus — — eum moneas et si non acquieverit monitis, ecclesiastica censura compellas, ut ipsam, nisi rationabilis causa obstiterit, in uxorem recipiat et maritali affectione pertractet.* Es wird also nur die Einhaltung des Eides betont, eherechtliche Wirkungen entstehen eben keine. Entsprechend der bisher noch im Rechte der Kirche aufrecht erhaltenen Bedeutung der Copula berühren sich aber Eheversprechen *(Promissio, assensus de futuro)* und *Desponsatio impuberum* darin, dass durch Vollzug der Beiwohnung das auf beiden beruhende persönliche Verhältnis in wahre Ehe übergeht.

---

[1]) Vgl. die diesbezüglichen Unterscheidungen in den Casus Decretalium des Bernhard von Pavia bei c. 5 d. d. i., Laspeyres, ed. p. 343.

72. Hat es somit nach diesen Ausführungen keine Schwierigkeit die *Desponsatio impuberum* von dem Eheversprechen zu trennen, so wird es aber schwerer, die *Desponsatio impuberum* von der Desponsatio Heirathsfähiger zu unterscheiden. Wenn letztere in dem Sinne Eheschliessung genannt werden kann, als dieselbe das *Imped. ligaminis* für jede andere Verbindung des *Sponsus* zu Lebzeiten des anderen Contrahenten begründet, so können wir die *Desponsatio impuberum* nur als formellen Eheschliessungsact, dem diese definitiv bindende Wirkung nur eventuell zukommt, bezeichnen. Der Mangel dieser endgültigen Verpflichtung, der eventuelle Eintritt derselben oder der Lösung des Verhältnisses sind die characteristischen Momente dieses Actes. Die *Desponsatio impuberum* ist eine giltige Desponsatio mit beschränkter Wirkung. Beschränkt ist diese Wirkung in der Richtung, dass in mündigem Alter durch freien Einspruch eine willkürliche Lösung der Verbindung hervorgerufen werden kann. Bis dahin besteht keine Ehe, denn das Verhältnis ist noch löslich; die Contrahenten sind gebunden, aber nicht ehelich, sondern auf Grund der anderen eherechtlichen Wirkungen der Desponsatio. Diese bestehen vollinhaltlich bis auf eine und diese ist allerdings das eigentliche ehewirkende Moment, nämlich die Begründung des *Impedimentum ligaminis*, jener endgültig eheschliessenden Wirkung, welche nur der *Desponsatio de praesenti* Heirathsfähiger zukommt. Versteht man aber unter Eheschluss die Begründung des *Matr. ratum* — und dies ist die eigentliche christliche Ehe — so ist keine der beiden Desponsationen (Mündiger und Minderjähriger) Eheschliessung in diesem Sinne. Der Unterschied beider bleibt jedoch immer der zwischen endgiltiger Verpflichtung und einer unter bestimmter Voraussetzung lösbaren Verpflichtung. Präciser dürfte dies mit den Worten auszudrücken sein: Die Kirche hat die *Desponsatio impuberum* als Eheschliessungsact betrachtet, dessen endgültig eheschliessende Wirkung an die Voraussetzung geknüpft ist, dass von Seite des minderjährig Desponsirten eine eheliche Willensäusserung nach Erreichung der Mündigkeit erfolgt. Der Mangel dieser ist Ursache der beschränkten Wirkung. Wir haben hier also einen giltigen Eheschliessungsact mit suspensiv bedingter eheschliessender Wirkung.

Bedingung ist die Zustimmung des Mündiggewordenen oder die Unterlassung des rechtzeitigen Einspruches. Eine Resolutivbedingung, wobei die Ausübung des Einspruchsrechtes das lösende Moment bilde, hier anzunehmen, erscheint dadurch ausgeschlossen, dass die an die Bedingung geknüpfte Wirkung d. i. die endgültige Verpflichtung mit jenem Momente eintritt, nicht erst fortfällt, daher das Werden dieser Thatsache, nicht deren Fortbestand bedingt ist. Der Mündige ist definitiv gebunden, die Ehe ist für ihn insoferne endgültig geschlossen, als die einzige Lösungsmöglichkeit, abgesehen von einigen von der Kirche noch festgehaltenen Ausnahmsfällen, ausser Bereich seiner Willkür steht und von der Entscheidung des anderen Contrahenten abhängt. Seine Willenserklärung als die eines Heirathsfähigen begründet die Unmöglichkeit eines Rücktritts, wenn nicht die Lösung des Verhältnisses durch den Unmündigen erfolgt. Wir werden sehen, wie die Schule in Folge der Gleichstellung des *Matrimonium contractum* und *M. ratum* sich mit der Frage nicht zurechtfinden konnte, ob der Mündige hier e h e l i c h gebunden sei. Dieselbe gelangte schliesslich zu der von ihrem Standpunkte aus richtigen Anschauung, dass, wo keine Ehe vorliege, auch von keiner ehelichen Gebundenheit die Rede sein könne. Worauf man diese dann basirte, werde ich später besprechen. Für das Recht der Kirche war diese Frage von Anfang an gar nicht gegeben, da das *Matrimon. contractum* noch nicht als die wahre Ehe angesehen wurde, sondern diese erst mit der Copula vorlag. Es war daher der Mündige nicht eigentlich ehelich gebunden, wenn auch für ihn die Ehe als endgültig geschlossene bestand. Nicht schon die geschlossene, sondern erst die vollzogene Ehe begründete eheliche Gebundenheit. Gieng dann der mündige Theil eine anderweitige Ehe ein, so musste diese wegen des *Imped. ligaminis* gelöst werden. Auch für den unmündig Desponsirten trat diese Wirkung ein, solange er unmündig war. Immer muss jedoch berücksichtigt werden, dass nur die *Constitutio ecclesiae* dem Consens des Unmündigen diese Wirkung zusprach. Der Papst konnte diese *Constitutio* auch wieder aufheben und sagen, die zweite Ehe ist aufrecht zu erhalten; vgl. hiezu c. 10 X. 4, 2. Für den unmündigen Theil scheint ein solcher Fall in c. 12 h. tit. vorzuliegen, wo die zehnjährige G. als *legitime copulata* bezeichnet wird, vgl. S. 151. Auch die Decretale c. 5 h. tit. gehört in diesen Zusammenhang. Die Kirche hat sich hiebei stets von der Rücksicht auf die Praxis leiten lassen, und darin ist auch die Grundlage dieser Beurtheilung der Desponsatio impuberum zu suchen.

Soweit ich sehe, findet sich nirgends eine Bestimmung, dass ein neuer Formalact nach erreichter Mündigkeit erforderlich ist. Die einmal geschlossene Verbindung geht bei erfolgter Genehmigung oder Consummirung auf Grund des früher erfolgten Eheschliessungactes in unlösliche Ehe über. Darin liegt die practische Seite der in den Decretalen niedergelegten Anschauung. Die Kirche wollte offenbar nicht solche Verbindungen direct verbieten und sie für nichtig erklären, sondern beschränkte sich darauf, die Freiheit der Eheschliessung dadurch zu sichern, dass sie das eingegangene Verhältnis durch ausdrücklichen Widerspruch des unmündig Desponsirten für lösbar erklärte. Diese Löslichkeit der geschlossenen Ehe widersprach auch nicht der Eheschliessungslehre der Kirche, da nach ihrer Ansicht nur die vollzogene Ehe wahre und unlösliche Ehe war. Wurde das Einspruchsrecht geltend gemacht, so erfolgte durch Spruch der Kirche die Aufhebung der giltigen Desponsatio, welche noch nicht die endgiltig verpflichtende Wirkung der in heirathsfähigem Alter erfolgten *Desponsatio de praesenti* besass. Eine *Desponsatio de futuro* in dem Sinne der Doctrin kennen die Decretalen nicht, indem hier im allgemeinen nur das beschworene Eheversprechen ohne den Formalact der Desponsatio in Betracht gezogen ist (c. 2, 4, 5, 10, 15, 16, 17 X. 4, 1; c. 3, 4 X. 4, 4; c. 3 X. 4, 5 u. a.). Doch zeigt schon eine Decretale Alexander III. c. 4 X. 4, 4, dass man diesen Unterschied der Willensrichtung des Consenses auf den Formalact der Desponsatio anzuwenden begann. Innocenz III. hat sodann die Auffassung der Doctrin in das Recht der Kirche aufgenommen; vgl. hiezu besonders c. 32 X. 4, 1.

Die *Desponsatio impuberum* ist also noch nicht die *Desp. de futuro* der späteren Zeit, weder der Wirkung, noch der Form nach. Sobald jedoch die Vertreter der Consenstheorie den *Sponsalia de futuro* allmählig die eherechtlichen Wirkungen des früheren *Matr. contractum* beizulegen suchten und diese Auffassung von Innocenz III.

unter Anerkennung der ganzen scholastischen Eheschliessungslehre acceptirt wurde, erscheint auch *Desponsatio impuberum* nur mehr als *D. de futuro* aufrecht erhalten.

73. Aus der bisher dargestellten Beurtheilung, welche die Kirche der *Desponsatio impuberum* zu Theil werden lässt, ergibt sich ferner, dass die *Impubertas* als trennendes Ehehindernis aufgefasst wurde, wie es sich aus der Auffassung der Kirche und dem Wesen der Ehe überhaupt von selbst erklärt. Unter Unmündigen kann keine Ehe zu Stande kommen. Wird dennoch ein Eheschliessungsact vorgenommen, so entsteht auf Grund desselben keine wahre Ehe, sondern ein persönliches Verhältnis, dem allerdings die Kirche nicht nur eine der ehelichen Gebundenheit ähnliche Wirkung beilegte, sondern in dem dieselbe auch den Beginn des ehelichen Rechtsverhältnisses, die Ehebegründung, wenn auch nicht im Sinne des Existentwerdens der vollständigen Ehe sah. Die Decretalen haben daher einen vorzeitig erfolgten Eheschliessungsact als giltig und wirksam anerkannt, die beabsichtigte endgültig verpflichtende Wirkung jedoch an die nach der Mündigkeit erfolgende Genehmigung dieses Actes geknüpft. Wenn man also berücksichtigt, dass die Unmündigkeit sich mit dem Verlauf der Zeit von selbst behebt und die Kirche bisher stets zwischen contrahirter und consummirter Ehe unterschieden hat, hienach also zur wahren Ehe die Copula, also *eo ipso* Mündigkeit erfordert ist, so wird man sagen können, die Kirche hat bei Vornahme eines Desponsatio vor erreichter Mündigkeit die Ehe nur als unvollkommen d. h. nicht definitiv bindend geschlossen erachtet, den endgültigen Eheschluss durch Zustimmung im mündigen Alter, die eigentliche wahre Ehe aber erst durch Vollzug der Copula, gleichviel ob sie vor oder nach der gesetzlichen Altersgrenze erfolgte, entstehen lassen. Es ist dies noch immer dieselbe Auffassung, die in der oben S. 85 citirten Decretale des Alexander Martyr niederlegt erscheint. Auf die Giltigkeit der Desponsatio hat die *Impubertas* nach erreichtem siebten Jahre keinen Einfluss. Dieselbe begründet lediglich einen nach Eintritt der Mündigkeit geltend zu machenden Lösungsgrund der giltigen Desponsatio, auch jener *de praesenti*; sie hindert nicht das giltige Erfolgen dieser, sondern das Zustandekommen der vollen Wirkung derselben, des eigentlichen Eheschlusses und naturgemäss auch die Entstehung der eigentlichen Ehe durch Ehevollziehung.

Was jedoch den Zeitpunkt des Wegfalls dieses Hindernisses durch Eintritt der Ehefähigkeit betrifft, so hat die Kirche hier, insbesondere, was den Rechtsact der Eheschliessung betrifft, an der aus dem römischen Rechte herübergenommenen Zeitbestimmung festgehalten. Für die Ehevollziehung war nur die thatsächliche körperliche Reife massgebend, und da erstere die Ehe fast ebenso unlöslich entstehen liess, als die nachträgliche Consenserklärung dies bewirkt hätte, so war damit dem Gegenbeweise gegen die mit der Altersgrenze verbundene gesetzliche Vermutung der Ehefähigkeit volle Geltung verschafft. Die Decretalen geben dieser dem römischen Rechte widersprechenden Auffassung, wiederholt Ausdruck. So sagt c. 8 X. 4, 2: *Nisi forte carnalis commixtio ante intervenerit, cum interdum illa tempus antecipare soleat pubertatis;* c. 9 h. tit.: *Si ita fuerint aetati proximi, quod potuerint carnali copula conjungi, minoris aetatis intuitu separari non debent, si unus in alium visus fuerit consensisse, cum in eis aetatem supplevisse malitia videatur;* vgl. diesbezüglich § 48 (S. Coloniensis.) Nicht nur die körperliche Reife, sondern auch das sittliche Erfassen der Bedeutung der Geschlechtsverbindung *(malitia)* wird daher betont. Letzteres tritt aber gleichzeitig mit der wirklichen Pubertät ein, auf welche es eben hauptsächlich ankommt. So hat die Decretale c. 4 (6) Comp. 1. 4, 4 in den Worten: *Si vir et mulier ad aetatem conjugio aptam devenerint* die gesetzliche Altersgrenze im Auge, während es in c. 2 X. 4, 15 heisst: *Sicut enim puer, qui non potest reddere debitum, non est aptus conjugio, sic quoque qui impotentes sunt, minime apti ad contrahenda matrimonia reputantur.* Es wird daher auch in c. 6 X. 4, 2 die *Aetati proxima ut in XI vel circa XII annum* der Mündigen gleich gestellt, wenn die Copula erfolgte. Denn durch diese wird die Altersgrenze des Gesetzes überflüssig. Ebenso heisst es in c. 4 X. 4, 18: *Adversus matrimonium audiri non debet, quae ante cognitionem sui legitimum annum attingens, cum potuit, minime reclamavit.*

War nun bei thatsächlicher Ehefähigkeit der eheliche Wille

auf irgend eine Weise factisch zum Ausdruck gekommen, so liess die Kirche eine Lösung des Verhältnisses nicht mehr zu. Als Zeitpunkt für die Vervollständigung der Wirkung des erfolgten rechtlichen Eheschliessungsactes acceptirte dieselbe die Altersgrenze des römischen Rechtes. Ungiltig war der Formalact nur vor dem siebten Jahre, wie c. 5 X. 4, 2: *Desponsationes et matrimonia ante septem annos fieri non possunt,* c. 12 h. tit.: *Impediente puerili aetate matrimonium inter G. et G. non fuit,* vgl. auch c. 4 h. tit. Gerade aus diesen Stellen ergibt sich, dass der Eheschliessungsact gleich nach diesem Zeitpunkte erfolgen konnte; seine Wirkung ist jedoch insoferne beschränkt, als wegen Mangels gehöriger Altersreife eine eigentliche Ehe nicht daraus entstehen kann. Darin, dass die Kirche auf der einen Seite die Giltigkeit des Eheschliessungsactes zuliess, andererseits demselben die Wirkung, eine Ehe endgültig zu schliessen, für die Dauer der Unmündigkeit absprach und nur als suspensiv bedingte anerkannte, lag ein Widerspruch, der durch die Rücksicht auf das practische Leben und die frühere kirchliche Beurtheilung der Desponsatio hervorgerufen war, mit der Sponsalienunterscheidung und den eherechtlichen Reformen Alexander III. nur gezwungen, noch weniger aber mit der Doctrin der Schule sich vertrug, und daher von dieser auf das Lebhafteste und schliesslich auch mit Erfolg bekämpft wurde.

E. Die weiteren Bearbeitungen des Decrets nach Alexander III.

1. Vorbemerkungen.

74. Die bisher erörterte Literatur über das Decret geht über den Umfang desselben nicht hinaus. Die zahlreichen, präcisen Entscheidungen Alexander III. konnten aber nunmehr nicht unberücksichtigt bleiben, umsomehr als sie durch vereinzelnte, theils selbständige, theils wie in der ersten Zeit dem Decrete angehängte Sammlungen allgemein bekannt wurden. Stand der Kirche schon zur Zeit Gratians das Recht der Gesetzgebung und Jurisdiction in Ehesachen unbestritten zu, so jetzt auch nunmehr weiters zu berücksichtigen, dass gerade zu jener Zeit, als Alexander III. seine eherechtlichen Re-

formen erliess, dass *Jus novum* der Decretalen an massgebender Bedeutung gegenüber den Canones gewann, der Unterschied zwischen particulären und gemeinen Recht der Kirche wiederholt hervorgehoben und die *Consuetudo generalis ecclesiae*, die Praxis der Ecclesia Romana, schon vielfach als den älteren Canones derogirend hingestellt wurde. In dieser Periode der Blüthe der canonistischen Jurisprudenz verfochten zwar die Päpste selbst noch (wie Alexander III.) den Grundsatz, dass jede Einzelkirche das Recht der Gesetzgebung habe, die Schule aber trat nun denselben bekämpfend mit grosser Energie für die allgemeine Geltung jener in Rom gefällten Entscheidungen ein, welche sie acceptirte, und bahnte so dem Principe den Weg, dass alles kirchliche Recht von der römischen Kirche seinen Ausgang nehme. Hiemit war die Grundlage für die spätere ausschliessliche Geltung der Decretalengesetzgebung geschaffen, die Schule allerdings raubte sich hiedurch selbst die Hauptstütze ihrer Autorität und den Boden für eine einflussreiche Weiterentwicklung ihrer Theorien.

Auch für die Behandlung unserer speciellen Frage kam der durch die Entfaltung der päpstlichen Gesetgebung eingetretene Umschwung zur Geltung. Der Mangel kirchlicher Bestimmungen zur Frage der Sponsalienfähigkeit hatte bisher genötigt, auf das weltliche Recht hinzuweisen. Die Sätze des letzteren galten im Allgemeinen nur subsidiär, soweit sie den Canones nicht widersprachen und kirchliche Bestimmungen nicht gegeben waren. Eine derartige Bezugnahme auf ausserkirchliches Recht, welche die ersten Decretisten wiederholt beklagten, wurde durch die neuen Decretalen überflüssig und galt nun auch hier der schon von Gratian zu c. 7 C. 2 qu. 3 ausgesprochene Satz, der uns in den Summen der Decretisten bereits einige Male bgegnete: *Cum matrimonia hodie regantur jure poli, non iure fori* etc. *Cum enim leges saeculi p r a e c i p u e in matrimonio sacros canones sequi non dedignentur* etc. Aehnlich betonten besonders Stefan [1]) und Johann Faventin [2]) das Gesetzgebungsrecht der Kirche in Ehesachen.

[1]) Vgl. oben S. 77.
[2]) Zu C. 14 qu. 1: *Quae quidem conjugia, et cum sint iuris naturalis per inventionem et civilis per approbationem, i u r i s t a m e n e c c l e s i a s t i c i*

Mit der Benützung der Decretalen Alexander III. erfolgte auch theilweise ein Anschluss an seine allgemeine Eheschliessungslehre von Seite mehrerer Vertreter der Schule. Die hauptsächlichsten Controversen blieben jedoch bestehen und unter diesen gewinnt nunmehr allmählig die Consenstheorie, jedoch nicht in der strengen, consequenten Auffassung der gallicanischen Kirche, sondern nach der in den oberitalischen Rechtsschulen selbstständig entstandenen Doctrin die Oberhand.

Als die älteste der hier in Betracht kommenden Bearbeitungen des Decrets erscheint

2. Die Summa des Simon de Bisiniano [1])

75. Simon de Bisiniano ist der erste Vertreter jener Richtung der canonistischen Jurisprudenz, welche nunmehr unter steter Heranziehung der einschlägigen neueren Decretalen den Rechtsstoff des Decrets in mehr juristischer als rein interpretirender Behandlungsweise zu bearbeiten sucht und hiebei durch eine eingehende civilistische Argumentirung den Einfluss des römischen Rechts erkennen lässt. Die Summa Simons, der noch ein Schüler Gratians gewesen sein dürfte,[2]) fällt in die ersten Siebziger Jahre des 12. Jahrhunderts (vor das lateranensische Concil, März 1179). Die Summe citirt die wichtigsten der bis zu jener Zeit erlassenen nachgratianischen Decretalen und zwar in einer Weise, welche darauf schliessen lässt, dass Simon bereits eine grössere Sammlung derselben vorlag [3]), wie sich dies gerade aus seiner Bemerkung zu C. 30 qu. 2 ergibt.

Was Simons Standpunkt zur allgemeinen Eheschliessungslehre betrifft, so sucht er die Unterscheidung seines Lehrers Gratian, für den er energisch eintritt,[4]) unter Anwendung der Distinction des

---

sunt ad transmutationem, cum hodie iure poli matrimonia fiant. Gedruckt bei Schulte, W. S. B. Bd. 57 S. 592. Vgl. auch die Bemerkungen der S. Coloniensis, oben S. 97 und 104.

[1]) Benützt nach der Copie J. Ficker's aus Cod. Bamberg Da. II. 20 p. 82 ff.

[2]) Schulte, 1. Beitrag W. S. B. Bd. 63, S. 317 ff. Rechtsquellen. I. S. 140, 225 ff.

[3]) Schulte, 1. Beitr. W. S. B. Bd. 63 S. 329.

[4]) Schulte, a. a. O. S. 321. Anm. 2.

Petrus Lombardus in ähnlicher Weise wie Johann Faventin, dessen Summa jedenfalls von ihm benützt wurde, zu modificiren und gibt als Beleg für diese Doctrin die bekannte hier massgebend gewesene Decretale Alexander III. *Licet praeter solitum* (c. 3 X. 4, 4). Die hiezu von Simon vorausgeschickte characteristische Einleitung kennzeichnet am besten die Autorität dieser päpstlichen Entscheidung. Er sagt: *Dicimus eum (scil. Gratianum) bene dixisse, sed minus plene. Matrimonium itaque initiatur* [1]) *aliquando per verba de praesenti, cum mutuo sibi dicunt: accipio vel iuro vel duco te in meum vel meam. Cum autem per verba de praesenti matrimonium contrahitur, usque adeo firmum esse videtur, ut vivente altero alter non valeat ad secunda vota transire nec in alio casu potest intervenire divortium nisi in duobus casibus scil. propter causam religionis ut infra e. 7. Desponsatam* (C. 27 qu. 2 c. 27) *et propter maleficii impedimentum ut C. 33 qu. 1. Si per sortiarias* (c. 4). — **Quoniam quidam aliter sentiunt et varia est super hoc opinio sapientum, non nostram, sed canonis auctoritatem inducimus, ut sit eis difficile contra stimulum calcitrare.** *Asserit enim summus Pontifex in decretali sua, quae sic incipit: Licet praeter solitum* etc. Er erblickt also in dieser Richtung gewissermassen nur eine Fortsetzung der gratianischen Eheschliessungslehre und vertritt dieselbe gegenüber der strengeren Theorie der *Quidam*, welche das *Matrimonium contractum per verba de praesenti* als absolut unlöslich erklärt und alle bisher gestatteten Lösungsgründe entweder auf die *Desponsatio de futuro* bezieht oder aus dem Titel der Nichtigkeit, nicht aber als Lösung einer giltigen Desponsatio anerkennt: *Qui vero in nullo casu dicunt solvi posse, speciale dicunt in istis fuisse et duo sequentia capitula de desponsatione per verba de futuro facta dicunt esse intelligenda — vel de maleficio loquitur, quod ante desponsationem factum* (zu c. 26, 27, 28, C. 27 qu. 2).

Simon de Bisiniano hält daher auch hinsichtlich der *Despon-*

---

[1]) Dieser Ausdruck wird von jetzt an stets als gleichbedeutend mit *consecrari* genommen und so interpretirt unter Bezugnahme auf C. 7 qu. 1 c. 16 und C. 12 qu. 2 c. 37 *(Benedictio sacerdotis)*. Die S. Lipsiensis sagt wiederum: *Iniciatur i. e. cum consecratur per verba praesentis temporis*.

satio impuberum einen ähnlichen Standpunkt ein, wie Johann Faventin. Er erörtert einerseits dieselben den obgenannten zwei Richtungen entsprechenden Controversen, wie dieser und die Summa Coloniensis, und bestätigt in seinen Ausführungen betreff der einen Anschauung, welche dann auch in das Recht der Kirche übergieng, die Beurtheilung, welche ich schon bei Besprechung jener Quellen geltend gemacht habe.

76. Von den einschlägigen Decretalen Alexander III. erwähnt er nur c. 6 Comp. 1. 4, 2 (c. 5 X. 4. 2). Hierin liegt wohl ein neuer Beweis dafür, dass diese Entscheidung jedenfalls eine der ältesten und zuerst bekannt geworden ist, womit sich nun auch der noch auf dem Boden älterer Auffassung stehende und mit den übrigen Decretalen nicht gut zu vereinbarende Inhalt derselben erklärt. Es liesse sich aber auch nicht begreifen, aus welchem Grunde Simon die anderen Entscheidungen übergangen hätte, da er doch bestrebt erscheint, alle bekannten nachgratianischen Decretalen zu berücksichtigen, und gerade die Entscheidungen Alexander III. zur Unterstützung seiner eigenen Ansicht am besten gedient hätten. Dass Simon aber eine selbständige Sammlung, nicht einen blossen Anhang zum Decret benützt zu haben scheint, geht, wie schon Schulte[1]) bemerkt, aus seiner Citirweise hervor. Zum Dictum Gratians ad C. 30 qu. 2 sagt er nämlich: *Quo tempore sponsalia debeant contrahi, in antiquis canonibus non invenitur expressum, sed in decretalibus epistolis explanatur, in quibus dicitur, quod a septennio in antea possunt sponsalia contrahi. Ab eo enim tempore, ut leges asserunt, potest esse puer doli capax et illicita quae fecerit ei imputantur ad poenam. Unde*[2]) *in quadam decretali epis-*

---

[1]) a. a. O. S. 329.
[2]) Schulte, a. a. O. S. 329 hat: *Tamen*. Freisen, a. a. O. S. 327 schliesst daher aus dieser Stelle, dass Simon gegenüber der von ihm später citirten Decretale c. 5 X. 4, 2, welche sagt: *Desponsationes et matrimonia ante septem annos fieri non possunt, praesertim si consensus postea non accedit* hier den Standpunkt des röm. Rechts betonen wollte, welches nicht das Alter, sondern die nothwendige Einsicht des Kindes als massgebend erachte. Nach dieser Lescart will Simon mit dieser Bezugnahme wohl nur den Zeitpunkt des Septennium begründen und entfiele daher der von Freisen behauptete Gegensatz.

tola dicitur, quae ita incipit: Accessit ad praesentiam nostram — quod si praefata puella non esset septennis quando — fuerat desponsata. Simon nimmt hier also den Begriff *Sponsalia* im allgemeinen Sinne, gleichviel ob mit der Desponsatio ein Eheversprechen oder Eheschluss vorliegt. Zu der Frage, ob einer *Desponsatio impuberum* eheschliessende Wirkung zukommen könne, gelangt Simon bei Erörterung des Ausdruckes *Anni discretionis* zu der von Gratian citirten Decretale des Papst Nicolaus I. *Ubi non est.* Er erwähnt, wie Johann Faventin, der zwei Controversen, welche diesen Zeitpunkt bald für das Septennium, bald für die Mündigkeit erklären, und theilt zugleich den Standpunkt mit, welcher in Folge dessen von der einen und anderen Richtung betreff der eherechtlichen Wirkungen der *Desponsatio impuberum* eingehalten wird, bei der der nachträgliche Consens nicht erfolgt: *Discretionis annos VII vel XII accepimus. Quid autem, si tunc consentire noluerint? Non teneretur, nam ut quidam asserunt ante XII. annum, quamvis possint consentire ad sponsalia, non talis tamen consensus matrimonium facit. Tunc enim primo consentire possunt in matrimonium, quando uterque est aptus ad officium carnis ut C. 20 qu. I c. 1.* Der *Consensus sponsalitius* ist hier also vom eheschliessenden Consense getrennt, mit anderen Worten: der Unmündige kann zu den *Sponsalia* consentiren, aber nicht mit eheschliessender, verpflichtender Wirkung. Der ehelichen Consenserklärung ist nur der Mündige fähig. Die citirte Stelle des Decrets spricht ebenso von der *Aetas adulta — (ea) quae solet apta nuptiis deputari ac perfecta.* Dieser Theorie der *Quidam* steht eine andere Anschauung gegenüber: *Alii vero dicunt, quod si consenserunt post septennium vel etiam sponsalia in cunabulis contracta post VII annum rata habuerunt, de cetero id retractare non possunt et quod hic dicitur de illis, dumtaxat intelligunt, qui sponsalia in cunabulis contracta post VII. annum rata non habuerunt, ut in extr. Accessit.* Hier ist somit an der eherechtlichen Verbindlichkeit der *Sponsalia impuberum* ausdrücklich festgehalten, soferne nur ein Consens zu denselben nach dem siebten Lebensjahre vorliegt. Diese Richtung interpretirt also die Decretale Papst Nicolaus I. und die Bezeichnung *Tempus dis-*

cretionis für das Septennium und für *Sponsalia* unter *Infantes* im strengen Sinne. Dies ist aber noch ganz die Auffassung Gratians, der der einfachen Desponsatio auch keine bindende Wirkung im Sinne einer definitiven Eheschliessung beilegt. Es ist daher wohl ausser Zweifel, dass die *Alii* die Vertreter der Consummationstheorie sind, während die *Quidam* zu der den Consens betonenden Richtung gehören. Simon scheint sich dieser Ansicht nicht anschliessen zu wollen. Er erklärt bei C. 31 qu. 3 zu *In eodem fuerunt vitio: Scilicet ipsi filii et in eo casu loquitur, quando adulti filii potestatem nuptiarum concesserunt parentibus. Nam alias si essent infra annos discretionis, non cogerentur sequi voluntatem parentum, sed possent ad alias nuptias convolare ut C. 30 qu. 2 c. Ubi non est.* Hiemit wäre eine unbedingte Verpflichtung des *Impubes* ausgeschlossen. Simon sucht daher, offenbar um der Meinung der *Alii* nicht direct zu widersprechen, eine Verbindung beider Ansichten dadurch herzustellen, dass er die Verpflichtung des *Impubes* auf die Unmündigkeit beschränkt, da man die *Sponsalia* doch nicht für ganz wirkungslos erklären könne.[1] Er sagt nämlich: *Ad quid ergo fiunt vel prosunt sponsalia, quae praecedunt, cum eos non obligent? Ad hoc dicimus quod sponsalia ad hoc eos obligent, ut ante XII. annum in alios non possint sua vota transferre. Quicquid enim ante XII. annum fit, aeque erit inutile ut prius, et inutile et infirmum per aeque infirmum et inutile non irritatur.* Seine Begründung bestätigt, dass ihm die Entscheidungen Alexander III. unbekannt waren. Wenn er auf der einen Seite eine Gebundenheit bis zur Mündigkeit eintreten lässt, und dennoch den vor der Mündigkeit erfolgten Act der Desponsatio als *Inutile et infirmum* bezeichnet, so will er damit nur das Entfallen jeder eherechtlichen Ge-

---

[1] Seine Summa enthält dementsprechend auch nicht die zu den Worten der Decretale *Ubi non est* bisher gebrachte Erklärung der Worte *nihil faciunt*. Simon lässt eben aus den *Sponsalia impuberum* eherechtliche Wirkungen, wenn auch für beschränkte Zeitdauer entstehen, nicht blos die Wirkungen eines reinen Eheversprechens, die auf einer etwaigen Eidesleistung oder Stipulirung einer Conventionalstrafe beruhen. Vgl. S. 81, 92. 106.

bundenheit für den Mündiggewordenen betonen; dass eine noch vor der Mündigkeit eingegangene zweite Desponsatio gelöst werden müsse, ist nicht gesagt, und trotz der präcisen Ausdrucksweise — *non possint sua vota transferre* — wohl auch nicht Simons Ansicht, wie der letzte Satz ergibt.

Aus dieser Beurtheilung der *Desponsatio impuberum* ersehen wir, dass die fast gleichzeitig oder wenig später von Alexander III. zur Geltung gebrachte Anschauung in ihren Grundzügen bereits von einer Richtung der damaligen Canonisten festgehalten wurde. Mit der allgemeinen Eheschliessungslehre derselben hat Alexander III. also auch deren Ansicht in unserer Frage acceptirt.

3. Die Summa des Sicardus Cremonensis.[1]

77. Schulte[2]) nennt diese in der Zeit von 1179—1181 entstandene und grösstentheils auf den Summen von Simon, Johann Faventinus, Rufin und Paucapalea beruhende Quelle wegen ihrer neuartigen, nicht mehr commentirenden Methode, der practischen Behandlungsweise des Stoffes und der vollständigen Benützung der neueren Decretalen, «den ersten Versuch, nach dem Systeme des Decrets ein freies Lehrbuch des canonischen Rechts zu liefern.» Zum Eherechte und insbesondere zu unserer Frage gibt Sicardus eine klare und selbständige Darstellung[3]), doch scheinen auch ihm die Entscheidungen Alexander III. über die *Despons. impuberum* nicht bekannt zu sein, da er gar keine derselben citirt. Characteristisch erscheint es für den Standpunkt dieser Summa zur allgemeinen Eheschliessungslehre, dass sie — in offenbarem Anschlusse an die Summa Coloniensis[4]) — die Unterscheidung in *Desponsatio*

---

[1]) Benützt nach der Copie J. Ficker's aus Cod. Monac 11312, sc. ¹²⁄₁₃ f. 128 sq. Cod. Mon. 8013 saec. XIII. f. 80 sq.

[2]) Beschrieben in Schulte, 1. Beitr. W. S. B. Bd. 63, S. 336. — Rechtsquellen, I. S. 143, 225. Vgl. auch Maassen, Beiträge S. 33 fg.

[3]) Wie sich aus den citirten Stellen ergeben wird, ist Schulte im Irrthum, wenn er (a. a. O. S. 341) behauptet, Sicardus habe das Eherecht fast wörtlich der Summa des Johann Faventin entnommen.

[4]) Sicardus hat diese Summa, wie sich aus verschiedenen Anzeichen ergibt, vielfach benützt. Schulte erwähnt a. a. O. hievon nichts.

legalis und *canonica* festhält und in der von Petrus Lombardus gegebenen Formulirung und Bedeutung practisch anwendet, ohne jedoch die Consequenz der strengen Consenstheorie — die vollständige Unlöslichkeit der *Desp. de praesenti* — zu acceptiren. Er gehört also auch der von Alexander III. scheinbar acceptirten Richtung an und erklärt, die *Desp. de praesenti (D. canonica fit per verba praesentis temporis et hoc facit matrimonium etiam ratum exceptis duobus casibus scil. religionis et impedimenti maleficiorum)* schliesse das *Matrim. ratum*. Doch lässt er in den zwei bekannten Fällen ausnahmsweise eine Lösung zu und hält auch beim *Raptus* an der Unlöslichkeit nicht fest, indem er sagt: *Cedimus tamen propter ecclesiae consuetudinem in partem Gratiani dicentis quod raptor et rapta purgato vitio rapinae communi consensu possunt conjugio convenire, nisi tamen rapta alteri fuerat desponsata. Tunc enim si desponsatio fuerat de praesenti et illa non consensit raptori, cogitur eam recipere, si vero consensit, non cogetur propter ipsius fornicationem. Sed (queritur) si possit aliam ducere, (respondemus) sicut diversae sunt ecclesiarum consuetudines et diversae patrum traditiones, sic diversae sunt magistrorum opiniones.* Die *Desponsatio de praesenti* begründet nach Sicardus das *Imped. ligaminis*[1]) und das erzwingbare Anrecht auf Ehevollziehung: so sagt er zu C. 31 qu. 2: *Non igitur, ut breviter concludam, coniungenda cogatur, et si coacta fuerit, in irritum revocetur. Coniuncta ad desponsationem, cogatur ad carnis commixtionem, nisi transire voluerit ad religionem.* Die Pflicht sich für Ehevollzug oder Klostereintritt zu entscheiden, betont schon Simon. Die Ehe schliesst nach Sicardus der *Consensus conjugalis societatis* (zum Unterschied vom *C. cohabitationis* und *C. carnalis commixtionis*, vgl. S. 86) — *qui debet esse legitimus in personis iure vel ecclesiae opinione, liber in voluntatibus (nam matrimonia libera esse oportet a coactione, temporis adjectione et qualibet conditione), expressus in verbis vel signis.* Den *Consensus paternus* zählt er nur mehr zu den Solemni-

---

[1]) Vgl. diesbezüglich die bei Schulte, a. a. O. S. 344 abgedruckte Stelle aus der Summa Sicardi. Siehe auch Freisen, a. a. O. S. 186 und oben §. 47 ff.

täten.[1]) Die *Desponsatio legalis (de futuro)* ist wie in der S. Coloniensis ein reines Eheversprechen: *Fit per verba futuri temporis unde sic diffinitur: Desponsatio legalis est mentio et repromissio futurarum nuptiarum, promissio scil. unius et repromissio alterius; et hoc non facit matrimonium, ut innuit Augustinus illo capitulo: Duobus. Item quia nondum contrahit, qui promittit, se contracturum, quod etiam ipsius nominis ethimologia demonstrat. nisi forte dixerimus, quod faciat initiatum matrimonium i. e. initium matrimonii.* Die Wirkung dieser Desponsatio ist nur: *Non licet ad alium transire; quod si fecerit, iniungatur poenitentia de fide mentita et tamen cum secundo maneat ad instar rei duobus venditae et posteriori traditae. Et in hac desponsatione verum est, plures casus intervenire, in quibus sponso vivente alius ducit sponsam, in desponsatione de praesenti nullum vel duos tantum secundum quosdam religionem et maleficium.* Es ist ihm also die strenge Consenstheorie bekannt, und scheint er derselben nicht direct gegenüber zu stehen. Die Lösungsgründe der gratianischen Desponsatio werden nunmehr auf die *Sponsalia de futuro* bezogen. Er sagt daher auch zu c. 9 C. 30 qu. 5: *Desponsatio de futuro facit initiatum (scil. matrimonium), non ratum.* Wir sehen, wie die *Sponsalia de futuro* allmählig die eherechtlichen Wirkungen des gratianischen *Matrimonium contractum (initiatum)* zugesprochen erhalten. Das früher eherechtlich wirkungslose Eheversprechen wird nunmehr zur eherechtlichen Institution ausgebildet.

78. Diese Doctrin ist auch bereits von Einfluss auf die Beurtheilung, welche Sicardus der *Desponsatio impuberum* zu Theil werden lässt. Zu dieser Frage muss vor Allem bemerkt werden, dass Sicardus bei Aufzählung der *Impedientia matrimonium* noch die *Aetas* als selbständiges Ehehindernis aufführt. Er bezeichnet daher zu C. 30 qu. 2, zu welcher er eine jener der Summa Coloniensis ähnliche Erörterung gibt, den vor der *Aetas legitima* abgegebenen *Consensus (ad contrahendum matrimonium,* wie aus der Stelle her-

---

[1]) Hierüber sagt er: *Equidem, quamvis pater dissentiat, nihilominus si nubilis fuerat, illibatum permanet matrimonium. Tamen de hac conditione, si pater consenserit, quidam aliter sentiunt.*

vorgeht), als nichtig, indem er bemerkt: *Sequitur de aetate in II. qu. huius causae, de qua quaeritur, utrum sit necessaria ad contrahendum matrimonium. Quod probabitur unico capitulo huius questionis. Dicit enim Nicolaus: Ubi non est consensus utriusque, non est conjugium. Sed consensus ante legitimam aetatem nullus est, quare aetas legitima est necessaria.* Dass das mündige Alter wesentliches Erfordernis sei, sucht er weiters zu beweisen: *Item in matrimonio necessarius est conjungendorum contractus, sed qualiter contrahunt, qui nihil distrahere possunt?* Dieser Ausdruck erinnert an den sonst gebrauchten *Anni discretionis* in c. un. C. 30 qu. 2 *Ubi non est.* Doch stellt er später dieser Bezeichnung die *Legitima aetas* der Mündigkeit unter Anführung der römischrechtlichen Altersgrenze gegenüber. Die Summa fährt daher auch fort: *Item Nicene Synodi primo cap. primae qu. XX. C.: Firma tunc erit professio virginitatis, ex quo adulta iam aetas esse ceperit* und folgert daraus: *Cum ergo contemplativae vitae necessaria sit aetas, multo magis et activae.* Er stellt ferner die *Infantes* (hier wohl gleichbedeutend mit *Impuberes*) in Beziehung auf das Unvermögen zur Einwilligung den *Furiosi* gleich: *Item quia ad paria indicantur furiosi et infantes respectu consensus et furiosi non possunt contrahere sicut habes in XXXII. C. qu. VII* (c. 26), *ergo nec illi.* Dem Einwande, dass nach c. 3 C. 30 qu. 5 und c. 13 C. 32 qu. 2 die Eheschliessung zwar selbständig erfolgen solle, aber doch den Eltern die Wahl des Gatten zu überlassen sei, somit also das Alter des Nupturienten nicht wesentlich zu sein scheine, entgegnet er direct: *Si ergo cura et sollicitudo sponsaliorum et electio viri parentibus deferenda est, sicut iam dicta docuerunt, non videtur interesse de aetate conjungendorum ad matrimonium contrahendum? Respondemus dicentes, aetatem necessariam esse quoad substantiam matrimonii, illa vero, quae in contrarium videntur facere et si qua sunt similia, ad solempnitates nuptiarum referenda sunt.* Man könnte aus obigem Schlusssatze wohl schliessen, dass für die Vornahme der Formalacte allerdings nicht das mündige Alter erforderlich sei. Sicardus will offenbar das Vermögen zur Einwilligung und die Freiheit der Eheschliessung betonen und erklärt hiefür das Alter für wesentlich. Er bezieht sich hier offenbar auf den in c. 13 C. 32 qu. 2 behandelten Fall, von dem er sagt: *E contra in c. 52 qu. 2 cap. Non omnis*[1]) *habetur, quandam, quae petebatur ad nuptias, sic respondisse: Sponsalium meorum pater meus curam subiit, hoc enim non est meum.* Sponsalia ist hier im Sinne der *Desponsatio de praesenti* gebraucht; der Unmündige ist somit zum Eheschluss unfähig, die geschlossene Ehe ist nach Sicardus also nichtig. Für die eheversprechenden Sponsalia gibt er den Zeitpunkt des römischen Rechts an. Er citirt auffallenderweise nicht einmal die von Simon berufene Decretale Alexander III. (c. 5 X. 4, 2): *Accessit* und kennt auch die anderen Entscheidungen dieses Papstes nicht. Die Decretale Papst Nicolaus, welche er oben als Beleg für die Nothwendigkeit des Consenses zur Eheschliessung anführt, benützt er hier nur, um das Erforderniss der Einwilligung nach dem siebten Jahre in der bisher angetroffenen Weise zu begründen: *Queritur, quo tempore aetatis possint sponsalia contrahi. Respondemus: De tempore sponsaliorum, quoniam in canonibus non est determinatum, standum est legibus, quae dicunt, non nisi completo septennio contrahi posse. Parentes ergo eorum post septennium sine consensu eorum contrahere non debent, verum si ante contraxerint, in fine septimi anni eorum consensus requirendus est, sine quo, quicquid factum est, irritatur sicut habes in II. qu. huius c. cap. Ubi etc. Dicitur enim ibi: Qui pueris dant puellas — consentiant.* Sponsalia haben also nur Geltung, wenn der Consens des Desponsirten zu denselben nach dem siebten Jahre erfolgt, sonst hat der Act keine Wirkung. Die ihm nach der Mündigkeit zukommende ergibt sich aus der weiteren Bemerkung: *Sed si consenserint, cum ad legitimam venerint aetatem, quae est XII annorum in feminis, XIV in masculis, resilire non debent, sed si renuntiaverint et ad alia vota convolaverint, quia matrimonium fuit initiatum desponsatione de futuro, agant poenitentiam de fide mentita, ut: Duobus* (c. 51 c. 27 qu. 2 Palea), *nam triennis poenitentia eis iniungetur, sicut habes in ult. cap. XXXI. causae.* Sicardus

---

[1]) c. 13, 14, 15 h. C. waren nach der ersten Gestalt des Decrets zum Dictum Gratiani ad c. 12. h. c. gehörig. Sicardus citirt daher dieses Kapitel.

denkt also hier nur an eine vor mündigem Alter erfolgte *Desponsatio de futuro* (eine *D. de praesenti* ist eben nach seiner oben ausgesprochenen Ansicht nichtig), zu welcher der Consens des Mündigen hinzutritt. Wird dieser verweigert, so ist aus obigem Grunde eine anderweitige Ehe nicht verboten, nur unerlaubt und unter kirchliche Strafe gestellt.

79. Die Frage, welche Wirkung eintritt, wenn ein Theil mündig ist und *De praesenti* consentirt, beantwortet er hier nicht, doch hat er einen solchen Consens in der weiteren Erörterung im Auge, womit er die Frage zu erledigen sucht, ob aus *Sponsalia inter minorem et maiorem* eine Ehe entstehe oder nicht. Er führt nach der bekannten damaligen scholastischen Methode zuerst für ersteres den Beweis, gibt dann die Gegengründe an und entscheidet hienach. Die Summa sagt nämlich: *Praeterea si maior contraxerit cum minore, quid iuris erit? Videtur quod matrimonium sit inter eos, nam maior obligatus est minori aliquo vinculo, non alio quam matrimoniali — quare matrimonium est inter eos.* ' *E contra: Minor non consentit et sine consensu utriusque non est matrimonium, ergo matrimonium non est inter eos. Item Leo papa in II. qu. XXXII. Causae:' Foedera matrimonialia legitima sunt inter ingenuos et coaequales. Ex qua auctoritate colligitur, quod si unus est maior alter minor, inter eos non est matrimonium sicut non inter ingenuum et servilis conditionis personam.* Der *Maior* sei also **ehelich** gebunden, der Consens des *Minor* sei **nichtig**, da aber der Consens beider erforderlich sei, entstehe keine Ehe zwischen Beiden. In diesem Sinne gibt Sicardus auch seine eigene Entscheidung: *Dicimus quod matrimonium non est inter eos, nisi volueris dicere matrimonium sistatum i. e. sine statu. Nam status matrimonialis ad hoc, ut firmus sit, duarum columpnarum fulcimine sustentari vult scil. consensu maris et consensu feminae. Cum ergo altera earum hic desit, firmitudinem status sui non colligit sed ruinam praetendit. Maioris tamen properata festinatio (in hoc) multatur, quia non licet abrenuntiare sponsalibus. Minor vero, cum ad legitimam aetatem sponsalium venerit, poterit renuntiare ad instar liberi ancillam ignoranter ducentis.* Den Ausdruck *sistatum*, welcher auch in Cod. Monac. 4555 sich findet, in den anderen Handschriften (Bambergensis II. 17. ib. 20) als *assistatum* geschrieben ist, möchte ich mit «unverbindlich, wirkungslos» übersetzen, da dies am ehesten der von Sicardus gegebenen Erklärung *Sine statu* und dem Sinne der Stelle entspricht. Er will offenbar darauf hinweisen, dass die Ehe keine eigentliche im kirchlichen Sinne sei, weil die definitive Gebundenheit, das unlösliche Band fehle. Aus dem Bilde, das er bringt, geht hervor, das er die gegenseitige Willenseinigung als das eheschliessende Moment betont. Diese ist aber nicht vorhanden, weil nach seiner Theorie der Unmündige gar nicht consentiren kann. Hiebei bleibt es sich dann ganz gleich, ob man den Mündigen bereits für ehelich gebunden erklären wolle. Sicardus scheint diese Gebundenheit auch nicht mehr als volle und endgültige zu betrachten, denn es ist dem Mündigen nach seinen Worten nur zur Strafe für die frühzeitige Vermählung und auch nur unerlaubt zurückzutreten, während der Unmündige hiezu das Recht hat.

Diese Auffassung lässt ersehen, dass die Theorie sich nicht damit befreunden konnte, in einer derartigen Desponsatio eine giltige, wenn auch beschränkt wirksame Eheschliessung zu erblicken. Sicardus geräth hier in einen Widerspruch, indem er sich scheut, eine giltige Ehe zwischen solchen Personen anzunehmen, dennoch aber im Beginne seiner Erörterung den Mündigen ehelich gebunden sein lässt und daher trotz der Nichtigkeit des Consenses des Minderjährigen darauf hinauskommt, das begründete Verhältnis als eine uneigentliche Ehe, welche nicht die volle Wirksamkeit besitzt, sondern aus einem Grunde noch gelöst werden kann, zu bezeichnen.

Auch hier finden wir wieder im Anschlusse an die Stelle aus Papst Leos Briefen die Analogie mit der Ehe zwischen einer Unfreien und einem Freien. Die volle Wirksamkeit der Ehe tritt erst mit dem nachträglichen, bindenden Consense ein. Der Zeitpunkt, in dem dieser möglich wird, ist hier die Mündigkeit, dort die erlangte Kenntnis über den unfreien Stand der Gattin. Sicardus konnte um so eher beide Fälle mit einander in Verbindung bringen, als er auch bei der Desponsatio impuberum für den unmündigen Theil gar keinen Willen existent werden lässt. Die Unrichtigkeit dieses Standpunktes für den *Error conditionis* liegt auf der Hand. Es liegt ein

Ehelichungswille, aber ein von irrigen Beweggründen geleiteter, daher nicht eherechtlich wirksamer vor, der jedoch ohne weiteren Formalact eheschliessende Kraft erhalten kann. Dasselbe gilt für den *Minor*, dessen Consens die Kirche für nicht genügend erklärt. Die Analogie liegt also darin, dass in beiden Fällen der eine Theil, dessen Consens unwirksam ist, auf Nichtigkeitserklärung der Ehe antragen kann.

Dass nun bezüglich der *Desponsatio impuberum* die Kirche aus dem Principe der Unlöslichkeit christlicher Ehe noch nicht die Consequenz gezogen hatte, dass hier die Lösung einer giltigen Desponsatio, nicht aber die eines von Anbeginn nichtigen Verhältnisses erfolge, wenn der *Minor* nachträglich den Consens verweigert, hängt aber eben damit zusammen, dass nach ihrer Auffassung die Desponsatio noch nicht die wahre eigentliche Ehe begründete, sondern die absolute Unlöslichkeit erst mit der Copula vorlag. Dagegen suchte bereits die Schule die Trennung der *Desponsatio impuberum* (und hier kam hauptsächlich nur der zuletzt besprochene Fall einer Verbindung eines *Minor* und *Maior* in Betracht) aus dem Grunde der Nichtigkeit der erfolgten Eheschliessung zu erklären, wobei man lange nicht darüber hinauskam, den Mündigen consequenterweise nicht ehelich gebunden sein zu lassen. Diese Folgerung zog erst

4. Summa Lipsiensis.[1])

80. Auch hier liegt die Absicht zu Grunde, die zuletzt besprochene Rechtsfrage, ob die Desponsatio zwischen einem *Maior* und *Minor* eine Ehe begründe, nach Anführung der einzelnen Schulcontroversen zu consequenter Entscheidung zu bringen. In dieser Quelle finden wir zum ersten Male auch einige der einschlägigen Decretalen Alexander III. citirt, wie auch die ganze Darstellung kund gibt, dass man sich bereits mit der von der Kirche getroffenen Entscheidung beschäftigte.

Ich bringe diese Summa, welche nach Schulte im Jahre 1186 vollendet wurde und von ihm dem Johannes Hispanus zugeschrieben

---

[1]) Benützt nach der Copie J. Ficker's aus Cod. Lips. 986.
[2]) Schulte, Rechtsquellen I. S. 150. 226. W. S. Ber. Bd. 68 S. 37 ff. Rechtshandschriften S. 586. Maassen, Paucapalea S. 14.

wird, in diesem Zusammenhange, obwol die Abfassung der nächstfolgenden Quelle in eine frühere Zeit fallen dürfte. Hiebei leitete mich hauptsächlich die Erwägung, dass diese Quelle sich dem bisher geschilderten Entwicklungsgange enge anschliesst, während die Summa decreti Bambergensis eine selbständige, von römischrechtlicher Auffassung geleitete Darstellung dieser Frage zeigt und mir einen geeigneten Uebergang zu der Doctrin des Huguccio zu bilden schien, dessen Anschauung ich als den Schlusspunkt der Entwicklung dieser controversen Frage bezeichnen möchte.

Der Standtpunkt, welchen diese Bearbeitung des Decrets einmal zur allgemeinen Eheschliessungslehre einnimmt, ist im Wesentlichen der von Johann Faventinus, Simon de Bisiniano und Sicardus festgehaltene. Dabei ist insbesondere in Betracht zu ziehen, dass für das Eherecht hauptsächlich die Summa des Erstgenannten sehr stark benützt erscheint, welche überhaupt zu jener Zeit als die bekannteste Summa decreti gegolten hat. Im Anschlusse an die dort festgehaltene Richtung betrachtet auch diese Summa das *Matrimonium contractum per verba de praesenti* noch als *Initiatum et perfectum consummatum quantum ad sui substantiam, non quantum ad executionem officii*. Die in den Fällen der *Religio* und des *Maleficium* [1]) gestattete ausnahmsweise Lösung entfällt nach Vollzug der Copula: *Si vero consummatum fuerit quantum ad executionem officii, tunc nullo casu possunt separari nisi fornicatio interveniat*. Sind die Nupturienten *Personae legitimae*, so besteht dann das *Matr. ratum: Sola enim personarum idoneitas ratum facit matrimonium*. Diese Bezeichnung bezieht sich daher nur mehr auf die Abwesenheit eines trennenden Ehehindernisses. Dennoch betont diese

---

[1]) Von den Vertretern der strengen Consenstheorie werden auch diese auf die *Desponsatio de futuro* bezogen. Hierüber sagt die S. Lipiensis zu c. 27 C. 27 qu. 2: *Haec capitula debent intelligi secundum quosdam de illis, quae sunt desponsatae per verba de futuro; melius tamen est, ut intelligantur de hiis, quae sunt desponsatae per verba de praesenti, quibus licitum est intrare monasterium sponsis invitis ut diximus et hoc favore religionis*. Andere hingegen hingegen erkennen auch *Raptus* und *Superveniens affinitas* als Lösungsgrund an (so Alexander III. c. 2 X. 4. 13.)

Summa noch die Bedeutung der *Carnis commixtio* als *Immutabile sacramentum* und lässt durch Vollzug derselben auch die *Desponsatio de futuro* zur wahren Ehe werden: *Si vero per verba de futuro contractum fuerit et carnalis copula fuerit subsecuta, firmum erit matrimonium nec aliquo modo debent separari, nisi causa fornicationis.* Die eherechtliche Wirkung dieser Desponsatio ist dieselbe, welche wir in der Summa Coloniensis und bei Johann Faventin schon ausgesprochen fanden; sie begründet kein *Imped. ligaminis,* aber die Lösung derselben ist unerlaubt und mit Kirchenstrafe belegt: *Si autem carnalis commixtio non fuerit secuta, non debent se aliis copulare; si tamen id fecerint et ille cum alia per verba de praesenti contraxerit vel illa alii nupserit, stabit secundum.* Wenn man also auch die *Sponsalia de futuro* als Eheversprechen und damit als einen von den *Sponsalia de praesenti* wesentlich verschiedenen Act auffasste, so versuchte man doch allmählig erstere mit eherechtlichen Wirkungen auszustatten, welche dann aber natürlich keine anderen sein konnten, als jene des gratianischen *Matr. initiatum,* während dieses nun unter bestimmten Voraussetzungen als Eheschluss erklärt wurde. Schon Alexander III. entschied — geleitet von seiner Ansicht über die ehevollendende Kraft der Copula und damit in Widerspruch mit der Theorie seiner Summa — dahin, dass eine consummirte *Desponsatio de futuro* durch eine spätere consummirte Ehe nicht gelöst werden könne. Vgl. hiezu c. 3 X. 4, 5: *Si vero aliquis huiusmodi verbis iuramentum alicui mulieri praestiterit, „ego te in uxorem accipiam, si tantum mihi donaveris", reus periurii non habebitur, si eam nolentem sibi solvere quod sibi dari petiit, non acceperit in uxorem, nisi consensus de praesenti aut carnalis sit inter eos commixtio subsecuta.* Der *Consensus de praesenti* hat somit die gleiche Wirkung wie die *Carnalis copula;* ähnlich sagt Alexander III. in c. 6 (8) Comp. 1. 4, 4: *Si vero consensus talis inter eos non intercesserit sub verbis illis, quae diximus nec carnalis copula etiam assensu de futuro praeeunte, secundo viro, qui eam postea traduxerit atque cognoverit, debet mulier ipsa relinqui et ab impetitione prioris absolvi.*

81. Bereits bei Erörterung der auf unsere Frage bezüglichen

Decretalen habe ich auf diesen Uebergang der *Sponsalia de futuro* in eigentliche Ehe hingewiesen. Die Schule hat sich damit zurecht gefunden, indem sie in dem Vollzuge der Copula einen Beweis des *Consensus de praesenti* erblickte. Hatte Alexander III. hier nur eine weitere Consequenz der Consummationstheorie gezogen, so hat später Innocenz III., mit dem die Doctrin der Schule Eingang in das Recht der Kirche fand, in seiner Entscheidung c. 6 X. 4, 5 sich ausdrücklich durch Anwendung einer Präsumption des *Consensus de praesenti* zu helfen gewusst, welche endlich Gregor IX. in c. 30 X. 4, 1 als eine durch Gegenbeweis nicht widerlegbare *Praesumptio iuris et de iure* erklärte. Damit hatte diese Auffassung der Vollziehbarkeit der *Sponsalia de futuro* auch für die Beurtheilung der *Desponsatio impuberum* eine besondere Bedeutung erhalten. Hierüber wird bei den von Innocenz III. getroffenen Entscheidungen weiters die Rede sein.

Für die vorliegende Decretistenliteratur genügt es zu bemerken, dass auch diese Rechtsfrage wiederholt näher erörtert wird. So bemerkt die Summa Lipsiensis, dass auch bei einem Consense *per verba de futuro* nach Vollzug der Copula ein Rücktritt nicht möglich sei: *Si vero per verba de futuro (contrahatur), nisi impleatur condicio, licito receditur a tali contractu, nisi consensus vel carnalis commixtio intercesserit ante conditionem.* Von der Bedeutung der *Carnalis copula* für die *Desponsatio impuberum* wird in dieser Summa direct nichts bemerkt, obwohl die diesbezügliche Auffassung Alexander III. bekannt gewesen sein dürfte. In deren Sinne aber entscheidet die vorliegende Summa im Anschlusse an c. 3 Comp. 1. 4, 2, dass der Vollzug der Copula das Recht des Widerspruchs in unmündigem Alter ausschliesse: *Item si innubilis alicui sit desponsata et ab eo cognita, non poterit reclamare, etsi ad annos pubertatis veniat ut in extr. Gregorii: Manifestum.* Die Citirung der bezeichneten Decretale Papst Gregor VII. beweist, dass nur hervorgehoben werden sollte, es sei die thatsächliche Pubertät, nicht aber die gesetzliche Zeitgrenze für die Giltigkeit der Sponsalia massgebend, denn Gregor sagt in derselben: *Manifestum est, eum puberem esse, qui gesticulatione sui corporis talis est, ut iam procreare possit, licet ad metas legibus diffi-*

nisi as non pervenerit; vgl. S. 27. Der abgegebene Consens ist also in Wirklichkeit, wenn auch nicht nach dem Gesetze der eines Mündigen. Dass es sich oben um eine Gegenüberstellung der wirklich unmündigen und der thatsächlich, aber nicht nach dem weltlichen Rechte mündigen *Desponsata* handelt, ergibt übrigens auch der Zusammenhang, in dem diese Bemerkung bei C. 31 qu. 3 gebracht wird. Zu dieser Stelle enthält nämlich die Summa fast dieselbe Erörterung wie Johann Faventin. Doch scheint der Verfasser mit der Ansicht des letzteren nicht völlig einverstanden zu sein. Er bemerkt nämlich: *Ecce usque contrahantur* (Dictum Gratians zu c. un. C. 31 qu. 3): *Post nuptias celebratas non possunt sponsalia frangi. At si puella innubilis contractis sponsalibus post ad annos nubiles veniens -eclamaverit, frangetur quicquid actum est?* Unter *Nuptiae* versteht er offenbar das Beilager, und erscheinen hier also consummirte Sponsalia den bloss contrahirten gegenübergestellt. Dies stimmt auch damit, dass oben der Copula die Kraft zugesprochen wird, jede Lösungsmöglichkeit der Sponsalia auszuschliessen. Das Widerspruchsrecht aber direct als Lösungsgrund anzuerkennen, scheut sich der Verfasser offenbar, denn er beantwortet die gestellte Frage gar nicht, während Johann Faventin an der entsprechenden Stelle seiner Summa, die dem Verfasser der S. Lipsiensis zweifellos vorlag, das Verhältnis bei einem *Inexorabiliter dissentire* aufgehoben werden lässt.[1]) Doch könnte jener Satz auch in nicht fragendem Sinne genommen werden,[2]) obwohl seine Fassung dagegen zu sprechen scheint. Dann wäre der Gegensatz in das Gegenüberstellen von *Nuptias celebrare* und *Puella innubilis*, also in den Unterschied von thatsächlicher Mündigkeit und Unmündigkeit zu legen, und würde somit der Widerspruch der minderjährig Desponsirten als Lösungsgrund ausdrücklich erklärt sein.

82. Diesen Unterschied macht die Summa Lipsiensis, ähnlich wie Johann Faventin, auch betreff der Folgen dieses Widerspruches für den Vater, der die Sponsalien beschworen hatte. Dieser macht

---

[1]) Vgl. S. 93.
[2]) Die mir vorliegende Copie hat ein Fragezeichen am Ende des Satzes.

sich nur dann des *Perinrium* schuldig, wenn das Mädchen mündig war, sonst nicht: *Debet queri, si pater iuraverit, se alicui nupturum filiam suam, ignorante ea, et post id facere non possit, an de periurio possit argui? Et quidem si nubilis erat filia, argui potest. Scire enim debuit, quod eius erat expetendus consensus. Si innubilis, secus, quia credidit et certum habuit, quod eius adquiesceret consilio.* Dass die Stelle hier nur *Sponsalia de futuro* im Auge hat, steht wohl ausser Zweifel. Diese Sponsalienunterscheidung wird jedoch von den Decretisten nur dann hauptsächlich zur Anwendung gebracht, wenn es sich darum handelt, zwischen Unlöslichkeit und Löslichkeit des Verhältnisses zu unterscheiden bezw. die letztere zu erklären.

Der Ausdruck *Sponsalia* wird auch in unserer Frage bald in der Bedeutung des römischrechtlichen Begriffes, bald im Sinne des *Matrimonium contrahere* des canonischen Eherechtes genommen. Dies ist besonders der Fall bei der Erörterung, welche die Summa Lipsiensis zu C. 30 qu. 2 des Decrets gibt. Hier heisst es: *Matrimonium contrahitur inter puberes. Attenditur autem pubertas in masculis in XIV. anno, in feminis in XII. anno. Sponsalia autem contrahuntur a septennio in antea. Tunc enim incipiunt esse doli capaces. Ante septimum annum nihil agitur, ut in extr. Accessit.* Da später der Ausdruck *Sponsalia contrahere* auch in ersterem Sinne des *Matr. contrahere* genommen ist, will an dieser Stelle augenscheinlich mit jener Unterscheidung zum Ausdruck gebracht werden, dass nur die von Mündigen contrahirten Sponsalien nach kirchenrechtlicher Auffassung eheschliessend wirken. Der Consens des Unmündigen hat nicht die Wirkung des *Matr. contrahere*, wenn auch aus demselben *Sponsalia* entstehen. Im Anschlusse an Johann Faventin gibt diese Summa weiters dieselbe Interpretation des *Nihil facere (agere)* in c. un. C. 30 qu. 2 und die zwei verschiedenen Auslegungen des *Tempus discretionis* wieder; die Doctrin hatte sich in dieser Frage also noch immer nicht zurecht gefunden. Die Ursache dieser Unklarheit lag eben darin, dass mit dem Ausdrucke *Sponsalia* sowohl die nach dem *Septennium* gestattete eheversprechende Verlobung, bei welcher aber nicht der eigentliche *Consensus nuptialis* geäussert wurde, als auch die eheschliessende Erklärung des ehelichen Consenses in der canonisch-rechtlichen Bedeutung bezeichnet wurde und man nicht auseinander zu halten verstand, dass die kirchliche *Desponsatio de praesenti* ein von ersterer ganz verschiedener Act war, demselben gar nicht entsprach, vielmehr überhaupt im weltlichen Rechte (dem römischen, aber nicht dem deutschen) nicht gegeben war oder wenigstens nicht besonders hervorgehoben wurde. Die Trennung zwischen ehelicher Consenserklärung und *Nuptiae* (Ehevollziehung) ist deutschrechtliche Auffassung. Nach römischem Rechte fielen diese beiden zusammen, als Consenserklärung kamen nur die *Sponsalia* in Betracht. Da das erstere Moment nicht beachtet wurde, suchte die Doctrin dem letzteren Rechtsacte nach bestimmten äusseren Anzeichen bald eheversprechende, bald eheschliessende Wirkung zuzusprechen. Weil für letztere Wirkung aber die Mündigkeit wesentliche Voraussetzung war, musste man dazu kommen, denselben Rechtsact des *Sponsalia contrahere* bloss als Eheversprechen wirken zu lassen, wenn er vor der Pubertät erfolgte, ihn aber als Eheschliessung zu erklären, wenn er unter Mündigen in der vorgeschriebenen Form der *Verba de praesenti* erfolgte. Die äussere Form des Actes war die gleiche, man suchte daher nach den Worten zu unterscheiden, in denen die Willenserklärung zum Ausdrucke kam.

83. Nur so lässt es sich erklären, dass auch in der S. Lipsiensis die von Unmündigen geschlossenen *Sponsalia* nach erreichter Mündigkeit wie ein Eheversprechen gelöst werden können, während, wenn bei Vornahme desselben gleichbezeichneten Actes ein Theil mündig war, die Frage sofort gestellt wird, ob in einem solchen Falle eine Ehe vorliege. Hierüber sagt die Summe: *Queri solet, si ante pubertatem aliqui sponsalia contraherunt, si adveniente pubertate possunt ab invicem recedere? Dicunt quidam, non possunt sine peccato, non tamen debent prohiberi. Item nota, quod si pubes cum impubere contraherit, adveniente pubertate impubes poterit resilire, pubes nequaquam ut in extr. De illis. Item queri solet, an matrimonium inter istos? Quod non videtur, quia non est ibi sociale vinculum, quod est matrimonium ut infra XXXII. qu. 7 c. 27. Item, si esset matrimoni-*

um, uterque obligaretur alii, quod hic non contingit, quia tantum pubes obligatur; qui enim erat impubes eo tempore, quo sponsalia contraherunt, poterit resilire, cum erit pubes. Item ex quo non est matrimonium, quo iure obligatur alter alteri? Der Verfasser der S. Lipsiensis entscheidet somit, dass keine Ehe entstehe. Er citirt hiefür die Decretale Alexander III. c. 7 X. 4, 2. (Die gleich beginnende Decretale c. 9 ib. kann nicht gemeint sein, da dort von einem Rücktrittsrechte nicht die Rede ist.) Da der minderjährig Desponsirte nach dieser Entscheidung zurücktreten könne, fehle auf einer Seite die eheliche Gebundenheit und damit das *Vinculum sociale*. Die berufene Stelle des Decrets spricht davon, dass die Ehe durch die *Sterilitas uxoris* nicht gelöst werden könne: *Tantum valet illud sociale vinculum conjugum, ut, cum causa procreandi colligetur, nec ipsa causa procreandi solvatur.* Weil eben ein Rücktritt gestattet sei, fehle die Unlöslichkeit des Verhältnisses und damit die wahre Ehe.

Die Summa frägt daher folgerichtig, worauf dann die Gebundenheit des Mündigen beruhe. Denn diese kommt hier gegenüber der auf die Minderjährigkeit beschränkten Verpflichtung des Unmündigen in Betracht. Hiezu führt nun die Summa zwei verschiedene Ansichten der Schule an: *Dicunt quidam, quod matrimonium est ex altera parte tantum, puberis scilicet. Alii dicunt quod in pendenti est, an matrimonium sit an non, nec dicunt matrimonium esse vel non esse. Melius est, dicatur alterum alteri obligari non vinculo matrimonii, sed iuris auctoritate i. e. decretalis Alexandri III.* Die Schule wusste also mit der Entscheidung Alexander III. nicht viel anzufangen. Die eine Theorie folgert aus derselben, dass der Mündige ehelich gebunden sei, für ihn also die Ehe geschlossen sei. Diesen Begriff einer einseitig wirksamen Ehe, eines sog. *Matrimonium claudicans*, wie wir sie später bezeichnet finden werden, hat schon die S. Coloniensis[1]) festgehalten, indem sie sagt: *Coniugium pro parte deficit, pro parte perseverat* und *Amplius etiam si conjugium hoc pro parte puellae infirmum esset, pro viri tamen parte forte et obligatorium*

---

[1]) Vgl. S. 100.

est. Eine solche Ehe wird dort zu den sogenannten *Conjugia imparia* gezählt. Man hat somit nicht unterschieden, dass Alexander III. nur eine e h e r e c h t l i c h e Gebundenheit, nicht aber eine e h e l i c h e Gebundenheit constatiren wollte; letzteres hätte er nicht thun können, da die Desponsatio nach ihm überhaupt noch nicht die wahre unauflösliche Ehe schloss und in einem solchen Falle umsoweniger, als auf einer Seite jene endgültige Verpflichtung, welche für den Mündigen eine andere Ehe ausschloss, gar nicht begründet wurde. Der Grund obiger Auffassung lag aber darin, dass jene Richtung durch Abgabe des erforderlichen Consenses die Ehe entstehen liess, daher den Mündigen als ehelich gebunden erklären musste; dass aber darin ein Widerspruch lag, wenn sie die Lösung nachträglich zuliess, scheint ihr nicht zum Bewusstsein gekommen zu sein. Consequenter entscheidet die a n d e r e von der S. Lipsiensis mitgetheilte Richtung, welche die Geltung des erfolgten Actes als Eheschliessung, oder besser gesagt die Entstehung der Ehe aus demselben, für durch die zu erwartende Entscheidung des Minderjährigen a u f s c h i e b e n d b e d i n g t ansah. Es war somit im Beginne noch keine Ehe vorhanden. Die bereits gegebene bindende Consenserklärung des Mündigen und die erfolgende Bestätigung des minderjährig Desponsirten schliessen dann die Ehe, denn zu dieser ist W i l l e n s e i n i g u n g erforderlich. Es ist also ungenau, wenn der Verfasser der Summa Lipsiensis sagt: *Nec dicunt matrimonium esse vel non esse.* Das begründete Verhältnis geht entweder in Ehe über oder nicht. Vor dieser Entscheidung kann daher auch nicht von einer ehelichen Gebundenheit die Rede sein. Somit steht auch der Verfasser auf keinem anderen Standpunkte, wenn er sagt: *Melius est, ut dicatur alterum alteri obligari n o n v i n c u l o m a t r i m o n i i, sed iuris auctoritate i. e. decretalis Alexandri III.*

84. Wenn man daher annahm, dass keine Ehe, also auch keine eheliche Gebundenheit vorliege, der Mündige jedoch nach jenen Decretalen doch nicht zurücktreten konnte, so war es vom Standpunkte der Schule nur eine logische Folgerung, diese Gebundenheit auf die *Constitutio ecclesiae* allein zurückzuführen. Denn da diese dem ehelichen Consense des Unmündigen nicht ehewirkende Kraft beilegte, bei einem Eheschliessungsacte zwischen einem *Maior* und

Minor also nicht die erforderliche Willenseinigung vorlag, welche sie als endgültig eheschliessend anerkannte, so konnte sie ebenso gut bestimmen, dass eine anderweitige Ehe des Mündigen vor der nachträglichen Consenserklärung des minderjährig Desponsirten nichtig, als wie dass sie erlaubt sei. Alexander III. hat daher auch erklärt, dass ein *Diverterc* oder *Dissentire* nicht mehr erfolgen könne. Darauf führt auch die zweite bezeichnete Richtung die Gebundenheit des Mündigen zurück, indem sie entscheidet, dass eine **nach Erlassung dieser Vorschrift** eingegangene andere Ehe des Mündigen getrennt werden solle. Dieser Ansicht schliesst sich auch der Verfasser der Summa Lipsiensis an. Hienach würde die Trennung nicht *Ex impedimento ligationis*, sondern **infolge speciellen Verbots der Kirche** erfolgen, welches Ehehindernis *(Interdictum ecclesiae, prohibitio ecclesiae specialis)* sich erst in dieser Zeit entwickelt hat. Die Summa sagt: *Item quid si pubes contraxerit cum alia, debetne separari a secunda et reddi priori? Dicunt quidam, quod si contraxerit ante prohibitionem ecclesiae cum secunda, non debet separari. Si vero post, debet separari et non inconvenienter dici potest.* Die andere Richtung, welche auf Seite des Mündigen Ehe annahm, liess eine zweite Ehe überhaupt nicht zu: *Alii dicunt, quod debet separari, quia matrimonium fuit cum prima, licet minus quam deberet esse, quia tantum ex una parte.* Dies erinnert zugleich an die Ausdrucksweise des Johann Faventin, der auch ein *Conjugium non plene legitimum* annimmt.

Hieraus können wir zur Genüge erkennen, welche Beurtheilung die Entscheidungen Alexander III. über die *Desponsatio impuberum* von Seite der Kanonisten erfahren haben. Dass die Ansicht der Schule mit der Auffassung der Kirche sich nicht zurechtfinden konnte, hatte aber darin seinen Grund, dass die Doctrin durch die energische Betonung der Consenstheorie von selbst in Widerspruch mit dem Decretalenrechte kommen musste, das auch in dieser Frage noch immer an der älteren Auffassung der Kirche festhielt. Wie die nächsten Quellen zeigen werden, hat aber die Schule durch ihre Theorie sehr bald Anlass zu einer neuen, wesentlich verschiedenen Auffassung und Entscheidung dieser Rechtsfragen gegeben, die endlich auch zu einer Bestätigung ihrer eigenen Ansicht durch das Recht der Kirche geführt hat.

5. Die Summa Bambergensis.[1]

85. Diese Quelle ist in der Zeit von 1179—1187 von einem uns unbekannten Verfasser gearbeitet worden und beruht hauptsächlich noch auf Rufin und Johann Faventin. Sie geht daher in der Erörterung zu C. 27 noch auf die gratianische Unterscheidung ein, ohne der anderen Distinction in *Desponsatio de praesenti* und *de futuro*, wenigstens soviel aus dem mir vorliegenden Texte hervorgeht, nähere Erwähnung zu thun. Es heisst hier nur: *Distinguunt autem desponsationem a desponsatione, unde Augustinus: Duobus.* Der Verfasser scheint vielmehr der strengeren Consenstheorie anzugehören, welcher er in folgenden Worten erwähnt: *Qui vero sponsi et sponsae matrimonium asserunt, non admittunt illam distinctionem iniciati, consummati et rati; consummatum dico non carnali commixtione sed sacramenti ratione. Figurat enim non tantum Christi et animae, sed etiam Christi et ecclesiae sacramentum et ex quo matrimonium est indissolubile.* Vielfach erscheint auch das römische Recht herangezogen und speciell in unserer Frage nähert sich die gegebene Darstellung mehr der römischrechtlichen Auffassung. An diese erinnert die Bemerkung zu C. 31 qu. 3: *Si puella nubilis sit et non contradicat patri vel etiam taceat, recedere non potest a sponsione patris, quia consensit. Si contradixit sponsioni patris, non astringitur. Si vero innubilis fuerit et animi iudicium nondum habuit, stare debet placito patris, si tamen non sit turpis persona sponsi. Si iudicium habuerit, patri videtur consentire, nisi reclamaverit, honestius tamen adquiescet. Hoc ita si sciente filia aga(n)tur. Si pater*

---

[1] Benützt nach der Copie J. Ficker's aus Cod. Bamberg P. 1. 11. fol. 75—95. Vgl. hiezu: Schulte, Rechtsquellen I. S. 225. 2. Beitrag, W. S. Ber. Bd. 64 S. 134, 3. Beitrag, W. S. B. Bd. 65. S. 63 Die Summa ist nicht zu verwechseln mit der von Schulte S. Bambergensis genannten (1210/11 entstandenen) anonymen Summe des Cod. Bamberg. P. II. 15 (3. Beitrag Bd. 65 S. 59.) Rechtsquellen I. S. 226. Bezüglich des Verhältnisses zur S. Lipsiensis, siehe S. 173.

nubilem iuramento promittat, ea postea nolente excusatur, quia subintelligatur, si consentiat e. de sponsal. et ff. D. [Dig. 23. 1 c. 12] *pro supra dictis c. Si quis.* Diese Unterscheidung in *Animi iudicium habere* und *nondum habere* der *Innubilis* bezieht sich auf das *Septennium (Doli capaces).* Diese Mischung römisch- und canonischrechtlicher Ideen zeigt deutlich den Standpunkt der Summa. Dies gilt auch betreff der Sponsalien Unmündiger überhaupt, wo wir die Bezeichnung *Sponsalia contrahere* nur im Sinne eines Versprechens künftiger Eheschliessung angewendet finden. Dementsprechend können *Sponsalia ab inicio* erfolgen; sind sie vor dem siebten Jahre geschlossen, so erhalten sie nur Wirksamkeit, wenn sie *Post septennium* bestätigt werden. Ebenso bedürfen die nachher geschlossenen Sponsalien des Consenses des Unmündigen. Liegt dieser einmal vor, so soll in mündigem Alter die versprochene Ehe vollzogen werden: *Si nomine infantium contrahantur sponsalia a parentibus, ab inicio nil agitur. Cum tamen ad annos discretionis perventum fuerit i. e. cum septennium expleverint, qua quidem aetate sensum habent et intellectum, licet semiplenum, tunc quidem sua ratihabitione poterunt confirmare, quod a parentibus actum est. Alioquin libere poterunt dissentire et alii vota sua transferre. Si autem eo tempore, quo contrahuntur sponsalia, liberi maiores sunt septennio, tunc omnino requirendus est consensus, sine quo nihil agi potest. In utroque autem casu, sive ab initio consenserint, sive postmodum ratum habuerint, necesse habent implere promissi matrimonii contractum, cum ad adultam pervenerint aetatem et cogendi sunt ab ecclesia stare paternae desponsationi, quam primo consensu confirmaverunt.* Die *Anni discretionis* sind also hier das *Septennium*. *Sponsalia* sind aber auch nachher wirkungslos, wenn der Consens des Kindes nicht eingeholt wird. Nach der erst citirten Stelle gilt, wie im römischen Rechte, das Schweigen des Kindes für Zustimmung. Unter den *Sponsalia* ist nur der *Contractus promissi matrimonii* verstanden, was eben gleichbedeutend ist mit dem römischen Sponsalienbegriffe: *Mentio et repromissio futurarum nuptiarum.* Die Bezeichnung *Sponsalia de futuro* findet sich nicht in der Summa;

das Eheversprechen, von dem in der Stelle die Rede ist, begründet jedoch die gleiche Verbindlichkeit, wie erstere. Ein Rücktritt bezw. die Eingehung einer anderen Ehe ist unerlaubt und steht unter Kirchenstrafe. Die zweite Ehe wird jedoch nur getrennt, wenn demselben eine *Causa cognita* erfolgte *Specialis ecclesiae prohibitio* entgegensteht. Diesbezüglich sagt die Summa: *Non tamen adeo (scil. cogendi sunt), ut, si inexorabiliter dissenserint et alio vota sua transtulerint, contractum cum aliis solvatur matrimonium, sed tunc eis trium annorum iniungetur poenitentia et constabit matrimonium, nisi forte illud post specialem ecclesiae prohibitionem, quae causa cognita intervenire solet, fuerit contractum.* Es frägt sich, was unter dieser *Prohibitio* zu verstehen ist. Ich glaube diesen Ausdruck auf die oben besprochene Ansicht der S. Lipsiensis beziehen zu sollen, wonach damit die Bestimmungen Alexander III. über die *Desp. impuberum* gemeint sind. Während diese dort nur bezüglich der Gebundenheit des Mündigen gegenüber dem *Minor* berufen sind, handelt es sich hier offenbar um das *Judicium ecclesiae*, welches im einzelnen Falle nach c. 7 X. 4, 2 über die Lösbarkeit des Verhältnisses zu entscheiden hat. Wird die Trennung durch dasselbe nicht zugelassen, so ist die zweite Verbindung nichtig. Diese Summa hat also die Bestimmungen Alexander III. dahin aufgefasst, dass die Geltendmachung des Einspruchsrechtes von Seite des minderjährig Desponsirten nicht *Ipso iure* die Lösung der giltig erfolgten Desponsatio zur Folge hat, sondern dass die Trennung nur *Judicio ecclesiae* und *Causa cognita* geschehen kann. Dies entspricht aber auch ganz der sonstigen Tendenz Alexander III., die Lösung der Desponsatio der Willkür der Contrahenten zu entziehen und dieselbe, soweit sie überhaupt noch zugelassen war, an den Ausspruch der Kirche zu knüpfen. Alexander III. hat in seinen Bestimmungen über das Widerspruchsrecht des minderjährig Desponsirten einen Fall geschaffen, in dem das bischöfliche *Judicium ecclesiae* unter bestimmten Voraussetzungen die Lösung der contrahirten Ehe gestatten durfte. Dies war somit die practische Anwendung der neuen Beurtheilung der *Desponsatio impuberum*.

86. Ob nun die Summa Bambergensis in der citirten Stelle an den Fall einer Desponsatio zwischen einem *Minor* und *Maior* gedacht hat, lässt sich nicht entnehmen, da nur davon gesprochen wird, dass beide Theile unmündig sind. Den ersteren Fall bespricht die Summa erst später. Es wird hiebei auch die Ansicht festgehalten, dass nur auf einer Seite eine Gebundenheit entstehe. Jedoch lässt sich schwer herausfinden, worin diese bestehe. Die Stelle lautet: *Item notandum, quod, si adultus consenserit in infantem, ab altera tantum parte constat obligatio. Obligatur enim adultus infanti nec cum sibi obligat, potuit enim infans libere postea non consentire. Consentiens autem id efficiet, ut prorsus teneatur maior matrimonium implere. Nam minoris adhibito consensu peracta sunt sponsalia. Sicut dicitur, quod si ancilla sciens nupserit libero ignoranti eius conditionem, obligatur viro, quem non sibi obligat. Potest enim vir quandocumque comperta eius conditione eam relinquere et alii adhaerere. Qui si nota servitute nihilominus in eam consenserit, non poterit illa (ille?) dissentire.* Es scheint ein Widerspruch darin zu liegen, wenn es vorhin hiess, dass der zustimmende Unmündige nach erreichter Mündigkeit sein Versprechen erfüllen soll und dazu von der Kirche zu zwingen sei *(Cogendi sunt ab ecclesia)*, während hier gesagt ist, dass der Unmündige nicht verpflichtet wird, sondern es ihm freisteht, den Consens zu verweigern. Der Unterschied ergibt sich aber wohl daraus, dass im ersten Falle von einer *Sponsio paterna* die Rede ist und daher eine grössere Wirkung angenommen wird.[1])

Der Consens des Unmündigen wird also als nicht verpflichtend betrachtet. Wird er nachgeholt, so erhalten dadurch die Sponsalia ihre volle Wirksamkeit und der Mündige ist verpflichtet die Ehe zu vollziehen. Wir haben hier somit, wie nach römischem Rechte

---

[1]) Hiezu erscheint erwähnenswert, dass betreff der Wirkung der *Parentum auctoritas* in dieser Summa bemerkt wird: *In adultis monasterio offerendis aut tradendis nihil potest parentum auctoritas* etc. *Alii dicunt ut Rufinus, quod in tota minori aetate nihil refert nolens an volens constituatur, dummodo non inveniatur manifeste contradicens et coactus. Alii dicunt ut Gaudulfus, tota pupillari aetate nihil agi, sive volens sive nolens a parentibus oblatus fuerit.* Die jetzt aufkommende Betonung des Rechtes freier Selbstbestimmung war also der älteren Zeit ganz fremd.

nur ein Versprechen der Eheschliessung, dem aber bereits eherechtliche Wirkungen zugesprochen sind, während in dem *Matrimonium implere — contractum promissi matrimonii implere* eigentliche Eheschliessung und Ehevollziehung zusammengefasst sind. Wurde somit mit den Sponsalia bald der römischrechtliche Begriff eines Eheversprechens, bald der kirchenrechtliche Begriff des eigentlichen Ehecontracts verbunden, so ergab sich damit von selbst jener Unterschied, welchen die einen Quellen mit *Desponsatio legalis* und *Despons. canonica*, die anderen im Anschlusse an die Formulirung des Petrus Lombardus mit *Sponsalia de futuro* und *Spons. de praesenti*, dritte einfach mit *Sponsalia contrahere* und *Matrimonium contrahere* bezeichnen. Diese Unterscheidungen, welche alle auf eine Idee hinausgehen, dürfen nicht als eine müssige Erfindung scholastischer Doctrin betrachtet werden, weder für das Rechtsgebiet der italischen, noch für das der fränkischen Kirche, sondern sie waren von Anfang an darin begründet, dass die Auffassung der Kirche über die Momente der Eheschliessung in einen directen Gegensatz zu jener des römischen Rechtes trat. Dies musste aber umso eher zur Geltung kommen, sobald die Kirche an die Desponsatio immer weitergehendere Wirkungen, namentlich das *Imped. ligaminis* knüpfte, die Schule aber die Lehre zu vertheidigen begann, dass mit der bloss contrahirtem Ehe schon das *Matr. ratum* vorliege. Entsprach auf fränkischem Rechtsgebiete die **deutschrechtliche Verlobung** dem **canonischrechtlichen** Begriffe der contrahirten Ehe, so konnte sich auch dort die Sponsalienunterscheidung nur auf den Gegensatz zwischen der für beide gleichen Auffassung und jener des römischen Rechtes gründen. Dies musste aber besonders von Einfluss sein für die Beurtheilung der Sponsalia Unmündiger, welche das römische Recht schon *A septennio* gestattete, da auch der Unfähige des aus einem Eheversprechen entstehenden persönlichen Verhältnisses fähig ist. Sobald man der Desponsatio aber eheschliessende Bedeutung beilegte, musste dem Heirathsunfähigen die Fähigkeit zu diesem Acte abgesprochen werden. Diese Consequenz haben jedoch die Kirche und die canonischrechtliche Doctrin erst allmählig gezogen. Die Uneinigkeit in der Eheschliessungslehre, die Widersprüche zwischen Gesetzgebung,

Doctrin und Praxis der Kirche und den Bestimmungen des weltlichen Rechts haben auch in dieser Frage lange eine folgerichtige Entscheidung verhindert. Dies ergibt auch noch die ausführliche Darstellung über dieses Thema, welche die folgende Quelle bietet.

6. Die Summa des Huguccio.[1]

87. Diese umfangreiche und erschöpfende Darstellung des im Decrete enthaltenen Rechtsstoffes gibt zugleich auch eine gründliche Bearbeitung der nachgratianischen Decretalen und eine ebenso energische wie eingehende Kritik sowohl der Entscheidungen der Päpste als inbesondere der verschiedenen einschlägigen Controversen der bisher erörterten Literatur. Die Vollendung derselben fällt nach Schulte in das Jahr 1187.[2] Da die Ausarbeitung eines so colossalen Werkes längere Zeit in Anspruch genommen haben dürfte, können wir insbesondere eine genaue Berücksichtigung der zuletzt besprochenen Summen annehmen. Dass aber hauptsächlich die Summa des Johann Faventin benützt erscheint, ergibt sich sowohl aus der directen Aufnahme von Stellen aus derselben und der Citirung dieses Decretisten, wie aus der allgemeinen Verbreitung der genannten Summa Decreti.

In Huguccio hat die bisher erörterte und nunmehr zur herrschenden Richtung gewordene Eheschliessungslehre der Schule, welche die contrahirte Ehe als *Matrimonium ratum* erklärte, ihren energischsten Vertreter gefunden, der sogar den einen der bisher ausnahmsweise zugelassenen Lösungsgründe, die Trennung wegen *Maleficium*, nicht mehr acceptirte, sich aber doch nicht entschliessen konnte, in letzter Consequenz aus der behaupteten Unauflöslichkeit der *Desponsatio de praesenti* auch die Lösung der bloss contrahirten Ehe durch Ordensprofess fallen zu lassen. Mit dem Widerspruche, in dem diese Auffassung zu dem Rechte der Kirche stand, wusste sich Huguccio oft in der rücksichtslosesten Weise zurecht zu finden. Fast durchaus wendet er zur Erklärung einer von der Kirche ge-

---

[1] Benützt nach der Copie J. Ficker's aus Cod. Monac. 10247 Cod. Bamberg. P. II. 28.

[2] Vgl. Schulte, Rechtsquellen I. S. 156 ff. 226 ff.

statteten Trennung der nicht consummirten Ehe die Unterscheidung in *Sponsalia de praesenti* und *de futuro* an oder behauptet, dass die betreffende Ehe nichtig gewesen sei. In dem mit *Desponsatio* bezeichneten Formalacte kann nach ihm entweder eine Eheschliessung oder ein blosses Eheversprechen begründet sein. Das erstere ist der Fall bei der *Desp. de praesenti: Si ergo inter aliquos interveniat desponsatio de praesenti, ibi statim est matrimonium inter eos perfectum et integrum nec potest solvi nisi morte vel transitu ad religionem; et tales dicuntur sponsi de praesenti, sed improprie, sicut et talis desponsatio improprie dicitur desponsatio, nam talis desponsatio magis proprie dicitur conjugium et tales sponsi magis proprie conjuges* (zu C. 27 qu. 2). *Et nota, quod desponsatio de praesenti vocatur ab Augustino fides consensus. Fides consensus est, cum quis consentit in aliquam maritali affectu et converso et invicem sibi obligantur ad fidem castitatis et mutuae servitutis servandam et hoc est desponsatio de praesenti* (zu c. 31 ib.). Dieselbe Bedeutung hat nach ihm die *Subarratio*, bei welcher der *Consensus de praesenti* vermutet wird: *Quod fit per immissionem annuli vel per dationem aliarum arrarum vel aliorum insignium; quae subarratio quandoque fit interveniente consensu quandoque non interveniente; sed sive consensus interveniat sive non, sufficit, si constet de subarratione; non dico quod sit ibi matrimonium sine consensu, sed praesumitur quod consensus intervenerit et matrimonium, nisi probetur in contrarium. Nihil enim interest, an facto an dicto sive re aut verbo quis declaret voluntatem suam ar. di. XLIII c. 1. et di. XLVI c. 1. et ff. de legibus et sequ. de quibus (?)* (zu c. 15 ib.) Eine ähnliche Vermutung des *Consensus de praesenti* tritt bei Vollzug der Copula auf vorhergehende *Sponsalia de futuro* ein. Dies ist unter bestimmten Voraussetzungen auch bei den Unmündigen der Fall. Der Grund ist: *Quia matrimonium est vel praesumitur esse inter eos et illa praesumitur esse viripotens; nam in quibusdam malitia supplet aetatem et ante adultam aetatem ad tale officium reperiuntur idonei ut in extr. Manifestum* (= c. 3. Comp. 1. 4, 2). Aus diesem Grunde hat aber die *Subarrhatio* eines Unmündigen nicht diese Praesumption zu Folge. Huguccio sagt daher zu c. 4 C. 30 qu. 5: *Aut apto tempore: nuptiis, si sponsalia sunt contracta post septennium, sed ante praedicta tempora et tunc nuptiae sive matrimonium debent differri usque ad tempus legitimum. Sed nonne loquitur de subarrata per annulum? Sed hoc non nocet, quia de facto quandoque fit, scilicet quod datur annulus impuberi desponsatae, non quia ibi adhuc sit matrimonium, sed in adulta semper praesumitur matrimonium, nisi aliquod appareat in contrarium arg. h. c. Femina* (= c. 7 C. 30 qu. 5.) *et c. 27 qu. 2. Si quis desponsaverit* (= c. 15.)

Diese *Desponsatio de praesenti* begründet also die wahre Ehe und ist nur ausnahmsweise durch Ordensprofess löslich. Zu dieser sonderbaren Logik gibt Huguccio bei c. 26 C. 27 qu. 2 folgende Erklärung: *Ego autem dico, quod in hoc casu licite sponsus invita sponsa et e converso potest intrare monasterium sicut tenet Romana ecclesia, sic statuit Alexander in extra: Ex publico sicut ... et solvitur conjugium propter maius bonum quod hic supervenit.* Es war dies das einzige Zugeständnis an die Auffassung der Kirche, welches er, da kirchliche Praxis und die neuesten Entscheidungen der Decretalen entgegenstanden, nicht abzulehnen wagte. Andere haben dies gethan und die entsprechenden Entscheidungen nur auf die *Sponsalia de futuro* bezogen. Dieser strengsten Consenstheorie gehören Gandulfus und Cardinalis an, deren Huguccio in obiger Stelle mit den Worten erwähnt: *Quidam tamen ut Gandulfus et Cardinalis negant hoc de sponso vel de sponsa de praesenti, scilicet quod alter altero invito possit intrare monasterium et intelligunt duo sequentia capitula de sponsa et similiter intelligunt hoc exemplum (?) de sponsa de futuro* etc.

88. Der Formalact der Desponsatio kann aber auch nur ein blosses Eheversprechen begründen. Hierüber erklärt Huguccio: *Si vero desponsatio de futuro interveniat inter aliquos, non ab hoc est inter eos conjugium et isti proprie dicuntur sponsi i. e. promissi et hoc proprie dicitur desponsatio sive sponsalia, quae sunt mentio et repromissio futurarum nuptiarum ut ff. de sponsalibus l. i.* (zu C. 27 qu. 2). Er versteht daher unter

Sponsalia eigentlich den Act des römischen Rechts oder die *Desponsatio* in der römischrechtlichen Bedeutung. In diesem Sinne sagt er auch zu c. 4 C. 30 qu. 5: *Hoc est diffinitio sponsalium, unde patet, quod sponsalia dicuntur de futuro, ut promitto tibi quod accipiam te in uxorem, sed improprie de praesenti, quia tunc non est promissio futurarum nuptiarum, sed tunc ipsae nuptiae contrahuntur.* Bezüglich der *Desp. de futuro*, in welcher nur die *Fides pactionis* begründet wird (zu c. 51 C. 27 qu. 2 heisst es: *Fides pactionis dicitur, cum quis promittit et paciscitur cum aliqua, quod cum ea contraheret matrimonium et hoc est desponsatio de futuro)*, zeigt sich jedoch schon das Bestreben, diese zu einer eherechtlichen Institution zu erheben und mit besonderen Wirkungen zu verbinden. Durch Hinzutreten der Copula werden nämlich die *Sponsalia de futuro* zur Ehe, weil in diesem Acte der *Consensus de praesenti* vermutet wird. So sagt Huguccio zu c. 5 C. 27 qu. 2: *Sed nonne saepe consensus maritalis in ipsa commixtione intervenit inter aliquos, qui primo non consenserant in conjugium? Utique in ipso coitu maritali affectu possunt consentire, sed nec tunc matrimonium facit coitus sed consensus interveniens* etc. Aehnlich zu c. 5 C. 29 qu. 2: *In ipso coitu potuit intervenire maritalis affectus et statim fiunt conjuges nec possunt postea separari sicut fit in sponsis de futuro, inter quos, si interveniat carnalis commixtio, statim praesumitur esse matrimonium nec possunt postea separari ut in extr. De illis.* Das Gleiche hebt er zu C. 31 qu. 3 hervor. Die Theorie wusste also die Bestimmungen Alexander III., der hier nur consequent mit zu seiner Anschauung entschieden hatte, sich in ihrem Sinne zurecht legen, ohne sich um die Inconsequenz ihrer Auffassung zu kümmern.

Eine solche war es aber, wenn die Doctrin auf der einen Seite dem *Consensus de praesenti* eheschliessende Kraft beilegte und die Bedeutung der *Copula carnalis* als wesentliche Bedingung des *Matrimonium ratum* negirte, anderseits aber dennoch das auf einem blossen Eheversprechen, den *Sponsalia de futuro*, beruhende persönliche Verhältnis durch Vollzug der Copula, welche ebensogut *Fornicatio* sein konnte, in *Matr. ratum* übergehen liess. Die

Schule wurde zu dieser Auffassung nicht nur durch den klaren Wortlaut der Decretalen, welche dem *Consensus de praesenti* und der Copula die gleiche Wirkung zusprachen, nämlich jene endgültigen Eheschlusses, indem ersterer das *Impedimentum ligaminis*, letztere aber das *Matr. ratum* begründete, sondern auch dadurch gedrängt, dass sie selbst den *Sponsalia de futuro* jene eherechtlichen Folgen zuzuschreiben begann, welche die Consummationstheorie mit dem *Matrimonium contractum* verbunden hatte. In Huguccio finden wir dieses Bestreben deutlich zum Ausdruck gebracht und erklärt sich dasselbe daraus, dass man alle Canones und Decretalen, in welchen die Lösung eines Desponsationsverhältnisses zugelassen war, auf *Sponsalia de futuro* bezog und diesem folgerichtig besondere eherechtliche Wirkungen zusprechen musste, welche ein einfaches Eheversprechen früher nicht besessen hatte. Trotzdem betrachtete man durchaus die *Sponsalia de futuro* nicht als Eheschliessung, sondern als Versprechen des Ehevertrages,[1]) dessen Erfüllung, der Eheschliessungsact selbst, für bis zu einer gewissen Grenze erzwingbar erklärt wurde. Dieser Auffassung entsprach es, dass man die *Sponsalia de futuri*, wenn keine Copula hinzugetreten war, durch *Sponsalia de praesenti* aufgelöst werden liess, sie jedoch gegenüber einer späteren *Desponsatio de futuro* aufrecht erhielt. Die *Sponsalia de futuro* begründeten kein *Imped. ligaminis*, weil sie nur eine *Promissio futuri*, aber keine Eheschliessung enthielten. So sagt Huguccio zu c. 45 und 50 C. 27 qu. 2: *Si vero est sponsa de futuro et a secundo desponsetur de praesenti, agat poenitentiam de fide mentita et remaneat cum secundo, quia cum illo est matrimonium et non cum primo ut infra c. Duobus. Item si est sponsa de futuro nec amplius processum est scil. ad*

---

[1]) Huguccio zeigt dies wiederholt. So bei C. 27 qu. 2: *Item nota, quod desponsatio quandoque dicitur conjugium vel ipse actus contrahendi conjugium sive per verba sive per signa, quandoque repromissio futurarum nuptiarum quandoque ipsa subarratio* etc. *Secundum hoc tripliciter intelligitur: iste desponsat eam i. e. matrimonialiter copulavit eam sibi vel desponsat i. e. per promissionem de futuro matrimonio contrahendo ligat eam sibi vel desponsat i. e. subarrat.*

consensum de praesenti vel ad carnalem commixtionem et postea sit a secundo desponsata de futuro, distinguo: Si a secundo amplius non est processum, reddetur primo, quia in paribus causis, qui prior est tempore, potior est iure nec infirmum vinculum per aeque infirmum potuit frangi. Si vero a secundo amplius est processum scil. ad consensum de praesenti vel ad carnalem commixtionem, remanebit cum secundo, quia cum primo non est matrimonium sed cum secundo. Nam in ipso coitu, qui fit cum sponsa de futuro, praesumitur consensus de praesenti intervenire in extra: De illis, Significasti *et in hoc casu loquitur Lucius, cum dixit, quod debet remanere cum secundo. Aliud ei praescribitur ab Alexandro et Urbano et Gregorio et Siricio.* Die *Desponsatio de futuro* begründet also nur ein *Infirmum vinculum* in eherechtlicher Beziehung. Zu der Unerlaubtheit der Lösung desselben tritt jedoch bald die kirchliche Erzwingbarkeit der Eheschliessung. Diesbezüglich erklärt schon Huguccio zu C. 31 qu. 2: *Quod autem: Hic intitulatur secunda quaestio scilicet an aliqua sit cogenda alicui nubere i. e. copulari in matrimonium. Et praecise dicendum quod non, nisi forte fecerit sibi praeiudicium per sponsalia de futuro. Si enim ea sponte contraxerit, admonenda est postea et aliquantulum cogenda, ut consentiat in matrimonium. Nec fit ei iniuria nec enim ecclesia, quae eam ad hoc cogit, iniuriatur ei; non enim facit iniurium, qui iure suo utitur, nec est iniusta talis coactio, cum praecesserit promissio. Item si sponte consenserit in matrimonium, cogenda est postea in carnalem commixtionem* etc. (folgt eine Analogie mit der Verpflichtung des ordinirten Bischofs zur *Administratio*), *sed ad hoc cogenda est non simpliciter, sed sub disiunctione et ad tempus, scilicet ut in duos menses vel intret monasterium vel subiciat se marito ut in extr.* Ex publico.

Bei der Erörterung des bei *Sponsalia de futuro* zulässigen Zwanges berührt nun Huguccio eine Controverse über die Wirksamkeit der *Sponsalia impuberum*, welche er nur als *Sponsalia de futuro* behandelt. Die Verbindlichkeit letzterer ist nach ihm unter kirchliche Strafe gestellt. Er bemerkt hierüber allgemein zu c. 33

C. 27 qu. 2: *Raptor — recipere noluerit: de facto, sed si est sponsa de futuro, ex quo non consensit, nonne sponsus debet cogi, ut eam recipiat? Argumentum hic et in sequenti capitulo: quod non. Lucius etiam tertius in illa decretali Requisivit, dicit, q u o d n u l - l u s est c o g e n d u s d u c e r e s p o n s a m d e f u t u r o , et reddit causam, quia libera debent esse matrimonia; numquid ergo generaliter ita est verum, quod nullus debeat cogi ducere sponsam de futuro? D i c o q u o d c o g i d e b e t p e r c o m m o n i t i o n e m , p e r c o m m i - n a t i o n e m e t f o r t e p e r e x c o m m u n i c a t i o n e m , ar. C. XII qu. 2 Quicunque sunt* (= c. 4) *et infra c. Duobus* (= c. 31 C. 27 qu. 2) *et in extr. De illis, Cum sit Romana; si tamen perstiterit perseveranter in voluntate sua, absolvendus est, quia invitae nuptiae etc. ut C. XXXI. qu. 2.* (Dictum Gratians zu c. 1 ib.) Dieser Zwang bezieht sich also nach diesen Bemerkungen nicht auf die Consummirung, sondern auf die eigentliche Eheschliessung, welche in den *Sponsalia de futuro* nur versprochen wird. Die Ehe ist in denselben nicht als gegenwärtige, sondern als zukünftige gewollt.

Wenn daher Huguccio als Beispiele einer *Desponsatio de futuro* Fälle einer bedingten Consenserklärung anführt, so war dies nur eine Consequenz aus dem Satze, dass nur der in der Richtung auf gegenwärtige Ehe abgegebene Consens die Ehe als wahre, d. h. unauflösliche Ehe schliesse. Er gibt in diesem Sinne als Beispiele zu C. 27 qu. 2: *Illa vero est de futuro, quae fit per verba futuri temporis ut promitto tibi, quod ego accipiam te in uxorem vel in maritum post quadragesimam vel post sive usque ad annum v e l c u m v e n e r i s a d p u b e r t a t e m vel si imperator intraverit Italiam, si placuerit patri tuo vel meo, si tantum dederit mihi pater tuus et huiusmodi.* Eheschliessung ist hienach nur jener Act, welcher sämmtliche gegenseitigen ehelichen Rechte als gegenwärtige begründet und als sofort wirksame ins Dasein ruft. Ist deren Eintritt erst für einen späteren Zeitpunkt beabsichtigt oder an eine Bedingung geknüpft, so ist die Ehe noch nicht geschlossen, sondern lediglich versprochen, wenn man diese zeitliche oder sachliche Einschränkung der Willenserklärung ins Auge fasst und für wirksam erklärt. Da aber stets an der Unauflöslichkeit der christlichen Ehe festgehalten wurde, konnte wiederum nur jener Rechtsact als Eheschliessung im eigentlichen Sinne angesehen werden, der das eheliche Band als definitiv bindendes und durch keine Willkür der Contrahenten lösbares knüpft. Dies ist aber kein wesentliches Moment des Begriffes Eheschliessung überhaupt, sondern nur eine Consequenz jenes Dogmas der Kirche. Während diese nun die Unauflöslichkeit der Ehe an deren Consummirung knüpfte, hatte nach der Doctrin der Schule schon der Ehevertrag *(Desponsatio)* diese endgültige Wirkung. Die letztere Auffassung trat somit einerseits in Gegensatz zu jener der Kirche, nach welcher die *Desponsatio de praesenti* zwar das mit irritirender Wirkung verbundene Rechtsgeschäft der Eheschliessung, aber nur ein Theilact des ganzen eigentlichen eheschliessenden Vorganges und daher nicht Eheschliessung in dem Sinne war, dass damit sofort die wahre Ehe vorlag. Das *Matrimonium ratum* entstand erst mit dem Erfolgen der Copula, die *Desp. de praesenti* war noch immer trotz ihrer irritirenden Wirkung nur ein Theilstadium der Eheschliessung. Daher wurde sie auch als unter bestimmten Voraussetzungen löslich, also nicht als wahre Ehe begründend angesehen. Der Unterschied in *Sponsalia de praesenti* und *de futuro*, den die Kirche acceptirte, hatte für das Recht derselben nicht die von Petrus Lombardus und der Schule gegebene Bedeutung eines Unterschiedes in eigentliche Eheschliessung und Eheversprechen, sondern er bezog sich nur auf die Anerkennung oder Nichannahme der irritirenden Wirkung des Formalacts der Desponsatio.[1] Andererseits war mit dieser

---

[1] Dass man die Unterscheidung des P. Lombardus nicht durchwegs annahm, sondern eben nur nach der Wirkung der Desponsatio zu unterscheiden suchte, um sich einerseits mit der römischrechtlichen Bedeutung der Sponsalia zurecht zu finden, andererseits für Löslichkeit und Unlöslichkeit der Desponsatio ein entscheidendes Moment zu haben, ergibt auch die von Huguccio mitgetheilte Ansicht des Cardinalis u. a. (Schulte, Rechtsquellen I. 145) zu C. 27 qu. 2: *Quidam alii ut Cardinalis utuntur aliis verbis sub eodem sensu. Quem enim vel quam vocamus sponsum vel sponsam de futuro, ipsi vocant sponsum vel sponsam simplicem et quem vel quam dicimus sponsum vel sponsam de praesenti, ipsi dicunt sponsum vel sponsam non simplicem. Simplex sponsus vel sponsa dicitur ad differentiam conjugis, quia in simplicitate sponsionis remanens non transivit ad effectum maritalem i.e. qui vel quae est tantum spon-*

Doctrin ein Zusammenhang mit der römischrechtlichen Eheschliessungslehre geschaffen, in dem der Begriff der *Spons. de futuro* jenem der römischrechtlichen *Sponsalia* völlig entsprach, während der Gegensatz beider Anschauungen dadurch gegeben war, dass das römische Recht die Ehe unmittelbar durch die Ausführung des in den *Sponsalia* erklärten ehe versprechenden Consenses entstehen liess (indem das Sponsalienverhältnis durch *Traductio* in Ehe übergieng), ohne eine ausdrückliche eheliche Consenserklärung zu fordern, wie sie die spätere canonischrechtliche Jurisprudenz besonders betonte. Doch war auch hier eine diesbezügliche Annäherung an die römischrechtliche Anschauung eingeleitet, indem man die *Sponsalia de futuro* durch Vollzug der *Copula carnalis* in Ehe übergehen liess, welchen Satz man später als unwiderlegbare Präsumption anerkannte.

89. Ich habe diese Darstellung der Eheschliessungslehre Huguccio's, welche zu jener Zeit in der Schule die massgebendste wurde, aus dem Grunde ausführlicher gegeben, weil dieselbe mit Huguccio's hervorragendem Schüler Papst Innocenz III. Eingang in das Recht der Kirche gefunden hat und heute noch trotz ihrer theilweisen Inconsequenz herrschende Lehre derselben geblieben ist. Aber auch um die Beurtheilung, welche Huguccio der *Desponsatio impuberum* zu Theil werden lässt, näher analysiren zu können, erschien es mir nöthig, auf die denselben hiebei leitenden allgemeinen Gesichtspunkte ausführlicher einzugehen.

Huguccio hat dieses Kapitel mit der ganzen seine Summa auszeichnenden Selbständigkeit, Gründlichkeit und Vollständigkeit be-

s u s *vel sponsa et non est coniux. Non simplex dicitur quae non in sponsione sola remansit sed ad futurum maritum transivit, sed non adhuc ad commixtionem carnalem, qui vel quae non est tantum sponsus vel sponsa sed etiam coniunx et talis coniunx dicitur ad differentiam illius coniugis, qui vel quae cognita est corpore, quam distinctionem de sponsa simplici et non simplici videtur Gratianus innuere infra c. 29. Ecce* (Dict. Gr. zu c. 29 C. 27 qu. 2), *sed postea videtur reprobari infra c. 42 Priusquam*. Aehnlich S. Lipsiensis zu C. 33: *Quoniam quae in domum traducta est, licet nondum cognita coniunx, solet appellari* etc. Auch Johann Faventin nimmt zu c. 6 C. 27 qu. 2 Veranlassung, zwischen der *Sponsa traducta* und *non traducta* zu unterscheiden: *Quia secundum leges ex sola ductione uxor facta videtur.*

handelt. Im allgemeinen begegnen wir auch hier denselben Rechtsfragen, welche die bisher erörterte Literatur bei Commentirung der C. 30 qu. 2 und C. 31 qu. 3 des Decrets zu beantworten suchte. Der Frage jedoch, welches Verhältnis vorliege, wenn zwischen Unmündigen eine wirkliche Eheschliessung formell erfolge, sind die Decretisten bisher aus dem Wege gegangen. Es handelte sich stets nur um die Lösbarkeit der geschlossenen *Sponsalia impuberum*, ohne dass hiebei ein Unterschied in *Sponsalia de praesenti* und eigentliche *Sponsalia (de futuro)* gemacht worden wäre.

Die bisherige Beurtheilung der *Sponsalia impuberum* lässt sich darin zusammenfassen, dass die Schule bei Mangel der Pubertät oder vor der *Aetas legitima* nur ein durch Dissens in mündigem Alter lösliches persönliches Verhältnis zu Stande kommen liess. Die *Sponsalia* hatten also in unmündigem Alter nicht endgültig eheschliessende Wirkung, es wurde vielmehr stets der Unterschied zwischen *Sponsalia contrahere* und *Matrimonium contrahere* festgehalten, welcher sich aber nur auf eine verschiedene Beurtheilung der Wirkung der Desponsatio überhaupt bezog, ohne dass die Unterscheidung in *Sponsalia de praesenti* und *de futuro* — Eheschliessung und Eheversprechen — hiemit in Verbindung gebracht worden wäre. Ein und derselbe Formalact, die *Desponsatio,* welche vom siebten Jahre und bei nachheriger Genehmigung schon früher giltig geschlossen werden konnte, hatte vor der *Aetas legitima* Bedeutung und Wirkung der *Sponsalia*, nach derselben geschlossen jene des *Matrimonium contrahere,* wenn eine Eheschliessung beabsichtigt war. Dass dies auch unter Unmündigen der Fall sein konnte, wurde nur in Betracht gezogen, wenn ein Contrahent mündig war. Hiezu erschien stets die Frage erörtert, ob dann eine Ehe vorliege. Für den andern Fall der Minderjährigkeit beider Theile beschränkte man sich auf den Satz: *Matrimonium non nisi inter puberes contrahi (celebrari) posse*. Bald wird die *Impubertas (Aetas)* als selbständiges trennendes Ehehinderis (Paucapalea, Roland, Stefan, Sicardus) betrachtet, bald wird allgemein die Frage aufgeworfen, ob dieselbe wesentliches Erfordernis der Ehe sei, und dies bejaht, ohne bei Aufzählung der Ehehindernisse der *Aetas* Erwähnung zu thun. Die Vertreter letzterer Ansicht bringen die *Aetas* in Verbindung mit der *Impossibilitas coeundi*, indem sie die *Idoneitas ad officium carnis* neben dem Vermögen zur Einwilligung fordern. Die *Desponsatio impuberum* in der Bedeutung eines unter Unmündigen erfolgten Eheschliessungsactes wird keiner Beurtheilung unterzogen.

90. Erst Huguccio ist an diese Frage herangetreten und hat unter Anwendung der Distinction des Petrus Lombardus, welche er überall consequent durchführt, die *Desponsatio impuberum* der *Desponsatio de futuro* gleich gestellt und die Nichtigkeit einer *Desponsatio de praesenti* unter *Impuberes* ausgesprochen. War bisher der Unterschied zwischen *Sponsalia impuberum* und *Desponsatio* Heirathsfähiger nur in der eherechtlichen Wirkung erkennbar gewesen, so sucht sich Huguccio auch dann mit seiner Ansicht zurechtzufinden, wenn die *Desponsatio impuberum* der Form nach eine *Desponsatio de praesenti* war. Die *Impubertas* ist nach ihm Nichtigkeitsgrund. Consequent sollte also auch, wenn ein Theil mündig war, ein Nichts vorliegen. Huguccio zieht diese Consequenz nur bei Unmündigkeit beider, nicht aber bei Mündigkeit eines Contrahenten, sondern hält in diesem Falle eine derartige Verbindung als *Sponsalia de futuro* aufrecht, welche sodann durch Copula unter einer gewissen Voraussetzung in präsumirte Ehe übergehen. Er kennt kein *Matrimonium claudicans*, keine einseitige eheliche Gebundenheit des Mündigen, sondern gründet dessen Verpflichtung auf die erfolgte Desponsatio, welche wegen des Mangels des wirksamen Consenses auf einer Seite auch für diesen Contrahenten nur eine *Desponsatio de futuro* bewirke. Er geht hiebei offenbar von der Ansicht aus, dass eine Desponsatio unter Unmündigen nur für den Zeitpunkt der Mündigkeit die Eheschliessung beabsichtige und daher eigentlich nur *de futuro* erfolge. Dies erhellt auch daraus, dass Huguccio als Beispiel einer *Desponsatio, quae fit per verba futuri temporis* anführt: *Promitto tibi, quod ego accipiam te in uxorem vel maritum, — cum veneris ad pubertatem.*

Diese neuartige Beurtheilung der *Desponsatio impuberum* ergibt sich aus nachstehenden Erörterungen der Summa des Huguccio. Derselbe kommt zuerst auf die Bedeutung des *Septennium* und der *Aetas legitima* zu sprechen, mit welchen Zeitterminen die

Vermutung der für die *Sponsalia* erforderlichen *Doli capacitas* und der für das *Matrimonium contrahere* nöthigen *Idoneitas ad officium carnis* verknüpft sei. Hierüber sagt er zu C. 30 qu. 2: *Sponsalia. Hic intitulatur secunda questio, scilicet utrum sponsalia contrahantur inter infantes. Ad hoc breviter dico, quod si nomen infantis proprie tenetur, non contrahuntur nec contrahi possunt. Infantes enim dicuntur a principio suae nativitatis usque ad septennium, scilicet qui discernere et (vel) consentire non possunt et ideo sponsalia contrahere non valent, quia sine consensu non contrahuntur ut ff. de sponsalibus: In sponsalibus. Notandum, quod in sponsalibus contrahendis unum solum exigitur scilicet consensus utriusque; ex quo enim possunt consentire et discernere, possunt et sponsalia contrahere et non ante. Et si ante contracta fuerint, non valent. Sed quia frequentius a septimo anno homo solet esse capax doli, consentire et intelligere, unde Augustinus (in illa glossa). septennis aetatis pueri et mentiri et verum dicere et confiteri et negare iam possunt, ideo septennium est terminus praefixus ad sponsalia contrahenda, scilicet ut ab eo tempore contracta valeant et non ante, ut in extr. Litteras, accessit ad presentiam et ff. de sponsalibus: In sponsalibus contrahendis. Et tamen et ante possunt contrahi, si ante sunt capaces doli et quandoque nec tunc possunt contrahi, si illi nec tunc sunt capaces doli. Sed tamen septennium est tempus praefixum ad ea, quia ex tunc solet homo esse capax doli et non ante. Si erge ante septennium contrahuntur, nullius momenti reputantur, nisi probetur, scilicet quod ante erant capaces doli et poterant consentire.* Huguccio vertritt somit in dieser an die S. Coloniensis erinnernden Erörterung die dem römischen Rechte eigene Ansicht, dass nicht das Alter, sondern das Vermögen zur Einwilligung für die Sponsalienfähigkeit entscheidend sei. Auch die mit diesem gesetzlichen Zeitpunkte aufgestellte Vermutung kann durch Gegenbeweis in positiver und negativer Richtung zerstört werden. Dasselbe sagt er bezüglich der Ehefähigkeit in noch deutlicheren Worten: *In matrimonio vero contrahendo duo exiguntur, scilicet ut possint consentire et possint commisceri* etc. —

ille ergo consensus, qui fit ante adultam aetatem, non facit matrimonium, licet faciat sponsalia. Tunc enim primo possunt consentire in matrimonium, quando uterque incipit esse aptus ad officium carnis,[1] *quod fit in anno XIV. quoad masculos, in XII. quoad feminas etc. — et tamen potest esse, quod nec tunc est aptus et potest esse, quod etiam ante est aptus. In quibusdam enim malitia supplet aetatem et ad tale officium ante tale tempus repperiuntur idonei ut in extr. Gregorii: Manifestum. Sed de communi consuetudine est, ut tunc sunt idonei et non ante. Si ergo aliqui ante contrahunt, praesumitur non esse matrimonium, nisi aliquid constet, quod ante erant idonei, puta ante commixti sunt sponte.* Es entscheidet somit nur die thatsächliche Pubertät. Vor der Altersgrenze spricht die gesetzliche Vermutung gegen dieselbe und da die Pubertät wesentliche Bedingung für die eheschliessende Kraft des Consenses ist, auch gegen das Vorhandensein der Ehe zwischen Unmündigen, welche eine solche formell eingegangen haben. Wird der Gegenbeweis thatsächlicher körperlicher Reife erbracht, so entfällt die an das bestimmte Alter geknüpfte Vermutung und das Verhältnis wird als Ehe betrachtet. Huguccio hat hier somit ganz die Anschauung der Decretalen. Der Unmündige kann nach ihm aber nur zu Sponsalien, nicht *In matrimonium* consentiren, mit anderen Worten, sein Consens kann nur die Wirkung einer Verlobung (Eheversprechen), nicht die einer endgültigen Eheschliessung haben. Damit tritt Huguccio in Widerspruch mit dem Rechte der Kirche, welche die *Desponsatio impuberum* als Eheschliessung, wenn auch als bedingt wirksame betrachtet, allerdings aber bei Nichteintritt der Voraussetzung für deren endgültige Wirkung die Verbindung wie eine *Promissio de futuro* löst, während er, wie wir sehen werden, in der *Desponsatio impuberum* von Anfang an nur eine Verlobung im Sinne der *Sponsalio de futuro* sieht.

91. Zu Sponsalien bedarf es des Consenses allein, aber dieses unter allen Umständen. Ohne denselben haben sie weder

---

[1]) Vgl. Simon de Bisiniano S. 163.

Geltung, noch Verbindlichkeit. Sind daher *Sponsalia* vor dem siebten Lebensjahre durch die Eltern geschlossen, so gelten sie erst nach Bestätigung von Seite des Kindes. So sagt Huguccio zu C. 30 qu. 2: *Ubi* etc. [*Tam de conjugio, quam de sponsalibus potest intellegi.*] [1] *Nota quod, si de sponsalibus filiorum ante septennium parentes conveniunt, nil valent ut hic dicitur et in extra: Litteras, Accessit, nisi filii firment illa sponsalia proprio consensu post VII. (annum) ut hic dicitur.* Erfolgt diese Bestätigung nicht, so entfällt jeder Zwang für das Kind, eine Verbindlichkeit kann nur für die Eltern entstehen: *Sed ecce filii nolunt consentire in septennio vel postea, non coguntur nec cogi debent. Parentes, qui fidem dederunt et iuramentum et forte poenam interposuerunt, tenentur observare et adimplere promissum, quantum in ipsis est ut in lege dicitur ff. de nuptiis — et ff. de verborum obligatione Titia:* Huguccio hat also hier nur ein **beschworenes Eheversprechen** im Auge. Die Eltern haben die Pflicht die nicht zustimmenden Kinder zu ermahnen und zu überreden: *Si vero filii non consenserint, ex quo prout debent, admonentur et persuadentur a parentibus.* Hatten die Eltern die Sponsalia unter **Eid** geschlossen, so konnte nur ein Wortbruch in Frage kommen. Doch lässt Huguccio wie die anderen Decretisten gegen diesen die Vermutung gelten, dass nur unter der selbstverständlichen Bedingung nachträglicher Zustimmung des Kindes eidlich versprochen wurde. Auch eine **Conventionalstrafe** gilt nicht, vgl. hiezu c. 29 X. 4, 1. Huguccio sagt hiebei in echt scholastischer Manier: *Non est, quod debeat imputari parentibus et ita nec de periurio nec poena interposita tenentur. Intelliguntur enim sub conditione iurasse et poenam promisisse, scilicet si filii in aetate legitima consentiunt et si hac intentione iuraverunt, non peccaverunt. Si vero hanc intentionem in iurando non habuerunt, quia firma spe credebant, quod filii non debebant eis resistere, temere iuraverunt, quia de alieno facto sine eorum consensu ita simpliciter promiserunt, tum quia non possunt nec est in eis quod impleatur, tum quia interpretatione iuris fingantur, sub praemissa conditione iurasse,*

---

[1] In der Bamberger Handschrift P. II. 28. vgl. auch oben S. 33. 81.

tum quia quantum ad eos pro impleto habetur, ex quo per eos non stat, quin adimpleatur. Diese gänzliche Unverbindlichkeit tritt ein, wenn kein ausdrücklicher Consens vorliegt; es gilt dies für den Mündigen ebenso wie für Unmündigen. Die Pflicht zuzustimmen ist nur eine moralische. So heisst es zu C. 31 qu. 3: *Quod autem: Si vero sponsalia sint contracta a parentibus sine consensu filiorum sive filiis contradicentibus sive non sive ante septennium sive postea sive in adulta aetate sive ante, nisi filii postea consentiant, nec valent nec tenent ut XXX. qu. II.: Ubi, nec coguntur stare illis sponsalibus et sine peccato possunt discedere. Honestum quidem esset, ut sponsioni paternae starent, sed non compelluntur. In illa tamen palea Ormisdae papae scilicet Tua sanctitas dicitur, quod si pater filio nondum adulto aliquam desponsaverit, debet filius veniens ad adultam aetatem omnino observare, quod pater spopondit, sed vel loquitur de consilio et honestate vel omnino derogatum est ei.* Betreff der mit Consens der Kinder erfolgten *Sponsio paterna* scheint Huguccio an dieser Stelle jedoch einen Unterschied zwischen *Sponsalia de praesenti* und *de futuro* zu machen. Er beginnt nämlich zu C. 31 qu. 3: *Hic intitulatur III. quaestio, scilicet utrum filii post sponsionem parentum possint cum aliis contrahere; et quidem si sponsalia sint contracta a parentibus consensu filiorum interveniente vel subsequente sive in adulta aetate sive ante, dummodo post septennium, valent et tenent nec licet filius discedere ab eis, ut XXVII. qu. II.: Desponsatum. Si tamen sint de futuro sponsalia, licet non debeant cum aliis contrahere, si tamen cum aliis contraxerint de praesenti, valebit et tenebit matrimonium cum aliis, nisi aliud impediat, quod bene invenies determinatum supra XXVII. qu. II. §: Sed concedatur* (= Dictum Gratians zu c. 45 ib. § 3). Hiemit wäre also bei Mitwirkung der Eltern auch eine *Desponsatio de praesenti* unter Unmündigen *post septennium* für möglich gehalten, wenn nicht das erste *Si* für *Cum* zu lesen ist. Huguccio meint dann offenbar die *Sponsalia contracta in adulta aetate,* denn der Unmündige kann nach ihm keine *Sponsalia de praesenti* schliessen.

92. Er sagt dies bei Erörterung der Frage, ob ein **einseitiger Rücktritt vor** der Mündigkeit dem **minderjährigen** Contrahenten gestattet sei: *Item ecce impuberes contrahunt sponsalia post septennium, possunt ambo vel alter divertere ad alia vota et contrahere sponsalia cum alio vel aliis ante adultam aetatem? Dico quod non, et si ante diverterint ad alia sponsalia, non valent nec tenent, quia secunda sponsalia ita sunt infirma sicut et prima, quia de futuro, cum de praesenti non possint contrahi ante pubertatem. Sed infirmum per aeque infirmum non poterit mutari vel irritari et in pari causa, qui prior est tempore, potior est iure, et ideo prima sponsalia valent, nisi fortiora superveniant scilicet de praesenti.* Huguccio lässt somit keinen Rücktritt vor Eintritt der Mündigkeit zu, da er die *Sponsalia impuberum* als *Sponsalia de futuro* erklärt, und daher die für diese bei einem Doppelverlöbnis gegebene Entscheidung anwendet.

Sponsalia impub. begründen somit eine endgültige Verpflichtung bis zur Pubertät und können vorher auch nicht *mutuo consensu* gelöst werden. Huguccio verneint diese letztere Möglichkeit gegenüber einer anderen Auffassung mit einer neuartigen und interessanten Begründung. Er sagt: *Sed ecce ante illud tempus volunt se absolvere mutuo (communi) consensu numquid possunt? Dicunt quidam quod sic et sine peccato, etiam si iuraverint. Nam sic est in aliis contractibus, quicunque consensu contrahuntur, ut supra diximus XVII qu. 2 § 1. Sed credo, quod similitudo aliorum contractuum multos iam decepit in matrimonio et credo quod, quamvis, qui contraxerunt, velint, dissentire et matrimonium irritare non possunt. Aliud ergo est in contractu matrimonii et aliud in aliis contractibus. Sed dici potest, quod contractus sponsalium non est contractus matrimonii. Verum est, sed est previus ad matrimonium et praeparatorius matrimoniali et ideo, quoad talem solutionem eodem iure censetur cum illo, sicut preparatoria baptismi censentur eodem modo cum baptismo quoad generandam spiritualem proximitatem.* Huguccio trennt also ausdrücklich *Sponsalia* von *Matrimonium* und wehrt sich gegen eine zu starke Betonung des Vertragscharacters der Eheschliessung durch privatrechtliche Analogien. Er hebt sichtlich mehr die moralische Seite derselben hervor und lässt daher auch hier eine Lösung nicht zu, weil Kirchenstrafe daraufgesetzt ist: *Item invenio quod si ambo dissentiunt et aliis se copulant, gravis poena eis imponitur ut XXXI qu. ult. c. ult. et ideo tutius dicitur quod non possint se absolvere; tenentur ergo impuberes ligati spousalibus, ut ante adultam aetatem non possint discedere.* Zu der citirten Decretstelle (c. un. C. 31 qu. 3) wendet er sich ferner gegen die obigen *Quidam*, welche auch zwischen einfachem und beschworenen Eheversprechen unterscheiden wollen, und sagt, dass man auch ersteres einhalten müsse. *Sententia i. e. poena servetur circa parentes, ego dico servetur etiam circa filios scil. ut triennium a communione abstineant; ubi ergo sunt, qui dicunt, quod illi, qui contrahunt spousalia de futuro et postea velint se absolvere, possunt sine peccato discedere? Ipsi tamen dicunt ad hoc, quod isti iuraverant, sed nonne simplicem fidem vel promissionem debet quis observare, ut iuramentum. Utique ar. XXII qu. 1 c. habemus (c. 12) et qu. 5. Iuramenti (c. 12). Item qualiter potius possunt se absolvere a simplici promissione quam a iuramento, cum a iuramento mihi facto a te possim te absolvere* etc.

93. Es handelt sich daher immer nur um *Sponsalia de futuro* und um eine mehr moralische als eherechtliche Gebundenheit. Dies ergibt sich auch für die Frage des Rücktritts bei erreichter Mündigkeit; die durch die *Desponsatio impuberum* begründete Verpflichtung ist dieselbe, wie jene, welche Huguccio aus *Sponsalia de futuro* entstehen lässt. Der kirchliche Zwang, den er gestattet, bezieht sich bei beiden nur auf die Vornahme der Eheschliessung durch Abgabe des ehelichen Consenses, die noch nicht erfolgt ist. Nach Huguccio liegt bei Unmündigkeit der Contrahenten nur ein Eheversprechen vor, welcher formelle Act auch vorausgegangen sein mag. Eine anderweitige Verbindung ist nur Sünde, sie wird aber nicht gelöst: *Sed ecce veniunt ad adultam aetatem, volunt dicedere vel alter vult discedere, potest? Potest quidem, sed non sine mortali peccato. Contrahet ergo cum alia et tenebit matrimonium sed agat poenitentiam de* *fide mentita ut XXVII qu. 2 Duobus. Sed ex quo peccat mortaliter, si dissentit, non est compellendus, ut non dissentiat, sed consentiat cum altero in matrimonium?* Hiezu führt Huguccio zwei Ansichten an. Nach dem Rechte der Decretalen trete gar kein Zwang ein, nach der Meinung einiger Canonisten jedoch vollständiger Zwang zur ehelichen Consenserklärung: *Lucius tertius dicit, quod non, quia libera debent esse matrimonia, ut in extra Requisivit* (c. 17 X. 4. 1). *Permittitur ergo eis discedere sicut illis, quos parentes in monasteriis posuerunt ut XX qu. 1 Illud* (= c. 10 ib. Palea). *Alii dicunt quod ex toto cogendi sunt, ne dissentiant. Ab initio debent esse libera matrimonia nec aliqui sunt primo cogendi, sed cogi debent, ex quo sibi fecerunt praeiudicium per sponsalia.* Letztere Ansicht ist entweder eine Annäherung an die Ansicht der Kirche, welche in der *Desponsatio impuberum* eine beschränkt wirksame Eheschliessung erblickt, oder, was mir das Richtigere erscheint, eine besonders starke Betonung der *Sponsalia de futuro*, welche immer mehr die eherechtlichen Wirkungen des *Matrimonium contractum* der Consummationstheorie gewinnen.

Huguccio's Auffassung über die *Despons. impuberum* entspricht, wie schon bemerkt, seiner Beurtheilung der *Desponsatio de futuro*. Er schliesst daher: *Ego autem, ut dixi supra XXVII qu. 2 Raptor* (c. 33).[1]) *Credo quod debeant compelli et cogi non ex toto, sed per admonitionem, per increpationem, per comminationem praesertim divini iudicii ar. in extr. De illis qui* = c. 7 X. 4, 2), *cum sit Romana* (= c. 5 (7) Comp. 1. 4. 4) *et forte per aliquam excommunicationem, quia peccant mortaliter. Si tamen persistunt in eadem voluntate, absolvendi sunt.* Auch bei Mitwirkung der Eltern ist ein *Inexorabiliter dissentire* der *Filii* zu berücksichtigen, selbst wenn vorher der Consens abgegeben worden wäre. Der Mangel des *Consensus paternus* hat nach Huguccio keine irritirende Wirkung, auch nicht in unmündigem Alter, während Andere dies in letzterem Falle annehmen. So bemerkt er zum Dictum Gratians bei C. 31 qu. 3: *Consensu eorum scil. parentum.*

---

[1]) Vgl. S. 193.

Nam si absque consensu parentum filii sponsalia contraxerint, possunt parentes illa irritare usque ad pubertatem, ut dicunt. Quod tamen ego non credo, sed ita dico in desponsatione vel matrimonio carnali sicut et in spirituali dixi XX qu. 2. Sed queritur, utrum filii teneantur exigere in sponsalibus consensum parentum et quidem honestum est, ut exigant et hoc persuadetur et consulitur eis ab Ambrosio, non solum minoribus, sed etiam maioribus, ut paternum consensum exquirant et electionem mariti parentibus deferant ut XXXII qu. 2 § Cum ergo (= Dictum Gratians 7 Pars c. 12 ib.). *sed non est neccessarium ar. XXVII qu. 2 § Sufficiat* (c. 2). *Unde quamvis sint infra adultam aetatem et contraxerint sponsalia sine consensu parentum, non tamen credo quod parentes possunt ea revocare, dummodo sint contracta post septennium scil. post tempus discretionis.*

94. Hatte Huguccio bisher stets die *Desponsatio impuberum* als *Sponsalia de futuro* erklärt und behandelt, so bleibt er bei dieser Ansicht auch bei Beurtheilung formeller *Sponsalia de praesenti* unter *Impuberes*. Es komme, meint er, nicht auf den gewöhnlichen Gebrauch der Worte an, sondern auf die Absicht der Contrahenten: *Item queret aliquis, an in desponsatione de futuro sit statuta certa forma verborum. Dico quod non, sed sicut consueta verba fiunt in desponsatione de praesenti: recipio te in meum vel meam, sic in desponsatione de futuro sunt consueta: promitto quod accipiam te in meum vel meam. Sed ecce impuberes non possunt contrahere matrimonium, dicunt tamen vicissem: accipio te in meum vel meam, quid agunt? Respondens dico, quod, si volunt contrahere matrimonium, nihil agunt. Matrimonium non contrahunt quia non possunt, sponsalia non contrahunt. quia nolunt. Si vero intendunt contrahere sponsalia, sed per errorem proferunt verba etiam praesentis temporis, cum deberent proferre verba futuri temporis, dico, quod aliquod agunt, quia sponsalia contrahunt. Nihil enim interest, quibus verbis exprimatur consensus sponsalium vel matrimonii, dummodo de consensu* *constet.* Erfolge also unter Unmündigen eine formelle Eheschliessung, so entstehe gar nichts, weil Eheschliessung unter Unmündigen unmöglich, Verlobung aber nicht gewollt sei. Sei aber nur irrthümlich die **eheschliessende Form** gebraucht worden, so entstünden *Sponsalia,* weil die Absicht, nicht die Form entscheide. Huguccio weiss sich also zu helfen. Nach der **Willensrichtung**, die zum Ausdruck kommt, behandelt er denselben Formalact bald als Verlobung bald als Eheschliessung. Nicht nur die **Wirkung**, sondern auch die **Form** desselben muss dieser eigenthümlichen Beurtheilung weichen. Huguccio geht offenbar von der Ansicht aus, dass eine formelle Eheschliessung unter Unmündigen natur- und zweckgemäss nur als **Versprechen der wirklichen Ehe** gedacht und beabsichtigt sein könne, daher auch nur diese Wirkung erhalten könne, da die eigentliche Willensrichtung, nicht die irrthümlich gebrauchte Form entscheide. Die herrschende Sitte, welche die Entscheidungen der Decretalen hervorrief, war ihm also entweder aus dem practischen Leben nicht bekannt, oder vielmehr, er wollte sie nicht berücksichtigen, um nicht mit seiner Anschauung über Eheschliessung in Widerspruch zu treten oder der Praxis der Kirche ein Zugeständnis machen zu müssen. Darin, dass es nur auf die Richtung der ehelichen Willenserklärung, nicht auf die gebrauchten Worte ankomme, welche bei der Unterscheidung zwischen *Sponsalia de praesenti* und *de futuro* so sehr betont wurde, hatte er ganz Recht. Denn das Erforderniss des *Consensus per verba de praesenti expressus* war nur eine Folge des im Rechte der Kirche, wie in der Theorie gleicherweise zum Ausdruck kommenden Strebens, die Ehe, sei es nun als *Matrimonium contractum* oder schon als *Matr. ratum,* nur mit jenem Acte und jener Willenserklärung für endgültig geschlossen anzusehen, welche nach Absicht der Contrahenten die ehelichen Rechte und Pflichten, also die Ehe als Rechtsverhältnis sofort ins Dasein rufen soll.

95. Huguccio geht jedoch noch weiter und erklärt, dass auch bei Unmündigkeit **nur eines** Contrahenten für **beide** bloss die Wirkungen einer *Desponsatio de futuro* eintreten. Wie sich aus seiner Begründung zu ergeben scheint, leitet ihn hiebei die Erwägung, dass in Folge der für den **minderjährig** Desponsirten bestehenden Lösungsmöglichkeit kein *Vinculum matrimoniale*, auch nicht für den m ü n d i g e n Theil, entstehen könne, obwohl auf Seite desselben alle Erfordernisse eines solchen gegeben sind. Da er nun die Trennung einer giltigen *Desponsatio de praesenti* nicht zulässt, weil diese das *Matr. ratum* nach seiner Ansicht begründet, folgert er, dass ein solcher Eheschliessungsact auch für den *Maior* nur eine *Desponsatio de futuro* begründe, wie dies für den unmündigen Theil ohnehin von ihm angenommen wird. Während er auf diese Weise die vom Decretalenrechte gestattete einseitige Lösung mit seiner Eheschliessungslehre in Einklang bringt, kommt er insoferne mit demselben in Widerspruch, als er nun folgerichtig den Mündigen nur *Desponsatione de futuro*, also nicht endgültig gebunden erklären muss, und daher die von der Kirche erklärte definitive Verpflichtung des letzteren nur als moralische, nicht eheliche bezeichnen kann. Somit bewirkt nach seiner Auffassung die *Desponsatio de praesenti* des Mündigen wegen der Unfähigkeit des anderen Contrahenten nur jenes Verhältnis, dessen dieser letztere fähig ist. Sprach oben Huguccio für *Sponsalia de praesenti* Unmündiger die Ansicht aus, dass dieselben nur, wenn die Worte i r r t h ü m l i c h *de praesenti* erfolgt sind und eigentlich *Sponsalia de futuro* g e w o l l t waren, auch als solche aufrecht zu erhalten seien, so nimmt er hier bei Mündigkeit eines Contrahenten für den minderjährig Desponsirten auch ohne obige Voraussetzung die Wirkung einer *Desponsatio de futuro* an, während er doch consequent für den Unmündigen ausser dem Falle dieses Irrthums in der Form gar keine Wirkung, und wenn nur Sponsalienschluss, nicht Eheschliessung beabsichtigt war, für beide Theile *eo ipso* nur die Wirkungen einer *Desponsatio de futuro* hätte annehmen sollen.

Huguccio wollte offenbar nicht in directem Gegensatze zum Decretalenrechte auf Seite des Unmündigen Nichtigkeit annehmen, andererseits für den mündigen Theil nicht die Lösung einer giltigen *Desponsatio de praesenti* zulassen, denn diese hatte eben nach ihm das *Matr. ratum* zur Folge.

Dass letzteres Moment der Hauptgrund war, warum Huguccio gegen ein *Matr. claudicans* ankämpft, ergibt sich aus der Citirung folgender Decretsstelle. Huguccio sagt nämlich: *Item p u b e s con-*

traxit cum impubere, impubes venit ad pubertatem, potest alter vel uterque recedere? In hac quaestione quidam somniant dicentes, quod inter tales matrimonium claudicat, sicut inter ancillam et liberum, qui eam ignoranter accepit et dicunt, quod matrimonium tenet ex parte puberis et non ex parte impuberis et quod pubes est obligatus impuberi vinculo matrimoniali et non e converso et impubes potest discedere et non pubes. Idem videtur dicere Alexander in extr. De illis qui (= c. 7 X. 4, 2). *Sed quam ridiculose hoc dicatur et qualiter improbetur, invenies supra XXVIII qu. 2 Si infidelis* (c. 2). Er wendet sich also direct in der ihm eigenen schroffen Weise gegen die Annahme eines *Matr. claudicans*. Die citirte Decretsstelle (c. 2 ib. Ambrosius c. 7, 1 Corinth.) benützte Gratian, um die Unauflöslichkeit der christlichen Ehe zu betonen: *Volentem enim cohabitare licet quidem dimittere, sed non ea vivente aliam superducere, discedentem vero sequi non oportet et ea vivente aliam ducere licet. Verum hoc non nisi de his intelligendum est, qui in infidelitate copulati sunt. Ceterum si ad fidem uterque conversus est vel si uterque fidelis matrimonio iunctus est et procedente tempore alter eorum a fide discesserit et odio fidei conjugem dereliquerit, derelictus discedentem non comitabitur, non tamen illa vivente alteram ducere poterit, quia ratum conjugium fuerat inter eos, quod nullo modo solvi potest.* Huguccio wendet also an: Wenn der Unmündige zurücktreten könne und ihm eine andere Ehe erlaubt sei, so liege kein *Matrimonium ratum*, also überhaupt kein *Vinculum matrimonii* vor. Dann müsse man aber auch dem Mündigen den Rücktritt gestatten. Die Verbindung der Unauflöslichkeit mit der *Desponsatio de praesenti* führt ihn also dazu, auch für den Mündigen nur ein *Vinculum desponsationis* und keine eheliche Gebundenheit anzunehmen.

Ueber die entgegenstehenden Decretalen Alexander III. weiss Huguccio sich in der ihm eigenthümlichen Weise hinwegzusetzen, indem er die darin vertretene Ansicht als Privatmeinung dieses Papstes erklärt. So war es leicht, mit dem widersprechenden Rechte der Kirche sich abzufinden. Er sagt: *Dico ergo, quod uterque est obligatus alteri vinculo desponsationis, sed neuter alteri vinculo matrimonii et quod neuter debet discedere sed uterque potest discedere, sed cum peccato et plus in discessione peccat pubes quam impubes et plus est cogendus pubes, ne resiliat, quam impubes et ideo forte Alexander dixit, quod minor potest discedere et maior non potest i. e. non debet, quia facilius minori hoc conceditur, quam maiori et minus peccat minor quam maior vel ibi Alexander locutus est non ut papa, sed ut magister referens suam opinionem.*

96. Auch der Mündige ist also nur gebunden, als hätte er eine *Desponsatio de futuro* abgeschlossen, weil die Ehe noch nicht perfect geworden ist, daher auch keine endgültige Gebundenheit vorliegen kann. Noch eingehender begründet dies Huguccio zu C. 29 qu. 2 *Si femina* (= c. 5 ib.), indem er die Analogie zwischen der Ehe zwischen einem Freien und einer Unfreien und jener zwischen einem Mündigen und einer Unmündigen — *Error conditionis* und *Aetas* — darstellt. Er sagt hier: *Sed ecce iste ignoranter contraxit cum ancilla. Postea detecta est eius servitus, iste tamen non vult illam dimittere, sed consentit in eam. Illa reclamat et vult discedere, quero an possit discedere vel debeat cogi esse cum illo? Et dicunt quidam, quod in hoc casu matrimonium claudicat, sicut cum maior contrahit cum minori, tenet enim ex una parte et non ex alia. Potest ergo iste discedere, si vult, sed illa non potest, quamvis velit, quia, quantum in se fuit, omnino se illi obligavit. Sed dico et distinguo. Si iste consentit comperta servitute illa sciente et non contradicente, statim est matrimonium et non possunt divertere. Aliter uterque potest ab altero discedere, quia non fuit matrimonium inter eos. Consensus enim istius in illam nullus fuit quoad matrimonium, quia erroneus ratione conditionis. Sed nec consensus illius in istum aliquis fuit quoad matrimonium, quod perfici non potest sine duobus consensibus legitimis. Item iste non fuit vir eius, ergo nec illa uxor istius, ergo nullus tenetur alteri ratione matrimonii vel desponsationis. Ergo quoad hoc licite potest uterque ab altero discedere. Idem dico de maiore et minore, qui in se consenserunt. Sicut enim minor potest dis-*

cedere, sic et maior et hoc quoad vinculum matrimonii, quod nullum est inter eos; sed potest esse, quod ratione fidei promissae maior tenetur minori et ancilla libero et secundum hoc uterque debet ammoneri, ut consentiat in matrimonium, sed si ex toto recusat, cogi non debet. Huguccio betrachtet also den *Consensus matrimonialis* des *Impubes* als ungenügend, um die Ehe endgültig zu schliessen. Derselbe könne nur *Sponsalia* begründen, daher könne auch nur die diesen zukommende Gebundenheit hier eintreten. Diese besteht aber nur in der moralischen Verpflichtung die Ehe giltig zu schliessen. Die Erfüllung derselben ist nur möglich, wie im einen Falle, wenn der Freie Kenntnis vom unfreien Stande seiner Gattin erhält, so im anderen, wenn der minderjährig Desponsirte mündig wird. Nach diesem Zeitpunkt wird durch Vollzug der Copula die Ehe giltig begründet, weil der frühere Mangel des *Consensus legitimus* auf einer Seite dadurch entfällt. Da jedoch in der Zwischenzeit auf Seite des Freien und Mündigen der giltige Consens widerrufen werden kann, weil eine endgültige Verpflichtung durch denselben nicht entstand, so unterscheidet Huguccio: *Vult ab ea discedere. Quero utrum possit et dico quod potest, si eam non cognovit, ex quo certus fuit de eius conditione — sed si postquam cognoverit eius conditionem, eam cognoverit, in ipso coitu potuit intervenire maritalis affectus et statim fiunt conjuges nec possunt postea separari, sicut fit in sponsis de futuro, inter quos, si interveniat carnalis commixtio, statim praesumitur esse matrimonium nec possunt postea separari ut in extr. De illis. Quod autem dixi, quod statim fiunt conjuges, si iste illam cognoscit, ex quo scit illam esse liberam, non generaliter est verum, sed distinguo circa illam: si illa in primo contractu credidit contrahere cum illo et credidit sibi licere sic contrahere nec postea mutavit voluntatem, verum est, quod fiunt conjuges ex praesenti consensu viri et ex praesenti vel praeterito consensu feminae, qui adhuc fingitur durare. Si vero ancilla postea mutavit voluntatem vel in primo contractu noluit contrahere cum eo, quia bene sciebat, sic non posse esse matrimonium inter eos, sed sic volebat fornicari cum illo, quam-*

vis ille ex certa scientia post libertatem cognitam eam cognoverit, non tamen est ibi matrimonium, nisi novus maritalis consensus interveniat ex parte feminae, sed si nihil aliud appareat ex parte feminae, semper praesumitur contra feminam pro matrimonio, si discedere vult. Lässt sich also entnehmen, dass auf Seite des Verpflichteten ein Dissens eingetreten sei oder der zuerst erfolgte Consens nicht giltig war, so entsteht auch durch Copula keine Ehe, wenn dieser Theil nicht auch aufs neue giltig consentirt. Doch spricht die Vermutung gegen diesen Dissens.

Hiemit haben wir zugleich die Aehnlichkeit mit der Ansicht Huguccios über die *Desponsatio impuberum*. Für den mündigen Theil gilt der einmal abgegebene Consens, wenn kein Dissens erfolgt, doch ist hiebei vorausgesetzt, dass der Mündige zuerst eine Ehe schliessen wollte, aber nicht wusste, dass wegen der Unmündigkeit des anderen Theiles keine Ehe entstehe. Im letzteren Falle habe, meint Huguccio, der Consens eben nur Absicht und Wirkung einer Verlobung. Bei späterem Vollzug der Copula wird für den minderjährigen Desponsirten der *Consensus de praesenti* und damit die Ehe vermutet, da dadurch zugleich die thatsächliche Ehefähigkeit constatirt erscheint. Hierüber sagt Huguccio noch zu c. 31 qu. 3: *Item solet hic queri, licet talis questio hic locum non habeat* (es ist früher nur von der Wirkung der *Sponsio paterna* die Rede): *ecce aliqua ante pubertatem desponsatur ab aliquo, postea similiter ante pubertatem cognoscitur a sponso, postea in XII. anno vult separari ab eo, poterit non obstante matrimonio? Alexander dicit, quod non poterit, quia, ex quo post desponsationem de futuro quis cognoscit sponsam suam, in ipso coitu praesumitur intervenire consensus de praesenti et ita praesumiter intervenire matrimonium, unde postea separari non possunt ut in extra De illis.* Hier haben wir den deutlichsten Beweis, dass Huguccio jede *Desponsatio impuberum* als *Desp. de futuro* behandelt, selbst wenn Eheschliessung formell erfolgt und beabsichtigt war (c. 9. X. 4, 2 sagt *desponsantur, traduntur et conjunguntur*).

97. Huguccio geht also von der Ansicht aus, dass auch bei Mündigkeit eines Theiles infolge des Mangels der nöthigen Altersreife des anderen Contrahenten der Eheschliessungsact nicht als sofort wirksam, sondern als erst nach erreichter Mündigkeit endgültig verpflichtend beabsichtigt sei, daher die eheliche Consenserklärung des Mündigen wie jene des minderjährig Desponsirten nicht in der Richtung auf die Gegenwart, sondern für die z u k ü n f t i g e Mündigkeit erfolge und infolge dessen nicht eheschliessende Kraft habe, sondern nur ein E h e v e r s p r e c h e n begründe. Dass bei einem solchen Eheschliessungsacte nur die t h a t s ä c h l i c h e Ehe, nicht aber ein neuer r e c h t l i c h e r Eheschliessungsact versprochen sei, konnte Huguccio nicht beachten, da er die *Desponsatio de praesenti* als sofort wirksame Eheschliessung und nicht als V e r s p r e c h e n d e r E h e, sondern als u n m i t t e l b a r e B e g r ü n d u n g d e r E h e betrachtete, die *Desp. de futuro* aber von ihm als ein V e r s p r e c h e n d e s r e c h t l i c h e n E h e s c h l i e s s u n g s a c t e s, d. h. der Abgabe der bindenden ehelichen Consenserklärung, nicht aber als ein V e r s p r e c h e n d e r t h a t s ä c h l i c h e n E h e aufgefasst wurde. Da jedoch auch die *Sponsalia de futuro* trotz dieser eingeschränkten Bedeutung durch thatsächliche Lebensvereinigung, nämlich durch Copula in wahre Ehe übergiengen, konnte Huguccio auch die i n e h e s c h l i e s s e n d e r F o r m erfolgte *Desp. impuberum* als *Desp. de futuro* erklären, ohne in seiner Theorie mit der Auffassung der Kirche und den Forderungen des practischen Lebens in Widerspruch zu treten. Wie sehr Huguccio hiebei zu betonen sucht, dass nur der *Consensus de praesenti,* der auch durch die Copula sich äussern könne, und dieser wieder nur bei sicherem Vorhandensein wirklicher Ehereife die Ehe schliesse, und wie sehr er, indem er hervorhebt, dass hier nur eine Vermutung Platz greife, sich scheute, diese eherechtliche Wirkung der Copula als ein Zugeständnis an die Consummationstheorie der Kirche acceptiren, zeigt seine hiebei aufgestellte recht sonderbare Unterscheidung, welche er über den Vollzug der Copula macht: *Credo tamen esse distinguendum: si effecti sunt una caro, non possunt post divertere, quia matrimonium est vel presumitur esse inter eos et illa praesumitur esse viripotens, nam in quibusdam malitia supplet aetatem et ante adultam aetatem ad tale officium repperiuntur idonei ut in extr. Manifestum. Si vero non sunt effecti una caro, non fit ei praeiudicium ob hoc, quin possit ab eo discedere sicut et si cognita non fuisset.* Dazu folgt die Erklärung: *Metus enim et voluntas saepe faciunt, ut mulier in commixtione carnali semen non emittat et tunc non efficitur una caro cum masculo ar. XXXII. qu. V.: Re vera, ad Deum, non potest, magis* (c. 3, 7, 8, 9 ib.). *Sed dubium est, utrum sint effecti una caro vel non et vix potest probari, dico quod tunc semper presumatur pro matrimonio et quod sint effecti una caro.* Er sieht also das unpractische und unjuristische seiner sophistischen Unterscheidung ein.

Dieser neuartige Standpunkt Hugguccio's lässt sich also dahin characterisiren, dass er formell geschlossene *Sponsalia de praesenti,* wenn beide Theile unmündig waren, nur dann als *Sponsalia de futuro* aufrecht erhält, wenn sie als solche beabsichtigt waren. War aber ein Contrahent schon mündig, so erklärt er die Verbindung unter allen Umständen als *Desponsatio de futuro* und beschränkt auch die Verpflichtung des Mündigen auf den derselben entsprechenden Umfang. Gegenüber der Praxis und dem Rechte der Kirche half er sich mit einer Präsumption, die aus den *Sponsalia de futuro* bei Vollzug der Copula Ehe entstehen liess. Man sieht zugleich, wie die Unterscheidung in *Sponsalia de praesenti* und *de futuro,* welche anfänglich nur auf dem Unterschiede zwischen römischrechtlichem und canonischrechtlichem Sponsalienbegriffe beruhte, durch ihre Anwendung in der Eheschliessungslehre der Schule allmählig in der Wirkung und dem Inhalte nach dem Unterschiede in *Matr. contractum* und *Matr. ratum* gleichkam. Die eherechtlichen Wirkungen des ersteren wurden dem früher nicht beachteten Eheversprechen, den nunmehrigen *Sponsalia de futuro* zugesprochen, ohne dass damit Begriff und Willensrichtung des ersteren verloren giengen. Nur die Form wurde eine andere, indem nun auch bei Erfolgen des Formalacts der *Desponsatio* nur ein Eheversprechen vorliegen konnte. Vor Innocenz III. kennt das Recht der Kirche im allgemeinen diese Auffassung noch nicht.

F. Das Eherecht des Bernard von Pavia.[1]

98. Bischof Bernard, ein Schüler Huguccio's, des Johannes Hispanus und wahrscheinlich auch des Glossators Gandulfus, ist der Verfasser der *Compilatio prima* und der älteste der Decretalisten. Von seinen Arbeiten, die sämmtliche noch vor die Regierungszeit Innocenz III. fallen, kommt für uns die Summa de matrimonio, die Summa decretalium und seine Casus decretalium in Betracht. In der Summa de matrimonio, der ältesten dieser Schriften (nach Schulte um 1177 entstanden), stützt sich Bernard im wesentlichen auf die Eheschliessungslehre des Huguccio. Doch weicht er in mehrfacher Beziehung von derselben ab. So lässt er die Lösung der Desponsatio durch Klostereintritt nicht mehr *sine sponsi licentia* zu,[2] während Huguccio diesen Consens nicht verlangt[3]. Ferner bezeichnet er als *Consuetudo Ecclesiae Romanae* gegenüber der *Diversa quorundam sententia et ecclesiarum consuetudo diversa*, dass die *Sponsa de praesenti* auch bei Consummirung der zweiten Ehe *ad priorem* zurückkehren müsse,[4] während Huguccio diesbezüglich sagt: *Sed tunc tempore (scil. Gratiani) haec pessima consuetudo erat in his partibus et in multis aliis locis et ideo forte sic sententiavit, sed nunc per Dei gratiam et auctoritatem Alexandri et Urbani tertii haec pessima consuetudo abolita est per ultra montes et fere per totam Italiam, sed adhuc inquinat Bononiam, Imolam, Mutinam, Regium et Parmam ut audio, papa etiam Lucius fuit in hac opinione pessima et pro hac dedit sententiam reddens talem rationem, ne a pluribus cognosceretur, in illa decretali: Quaesitum* (= Coll. Lipsiensis tit. 59 c. 14).[5] Hieraus ergibt sich, dass Bernards Summa de matrimonio vor der Summa des Huguccio geschrieben wurde, so dass sich nur auf die Lehrthätigkeit des letzteren bezieht, wenn Bernard sagt: *Et videtur tam doctori meo Hugoni quam mihi.*[6]

---

[1] A. Th. Laspeyres, Bernardi Papiensis Faventini episcopi summa decretalium, Ratisbonae 1860. Kunstmann, Eherecht des Bernhard v. Pavia. Archiv f. kath. K. R. (von Moy) Bd. 6 S. 1 ff. und S. 223 ff. Schulte, Rechtsquellen I. S. 79, 175, 228, 280.

[2] Laspeyres, ed p. 299. [3] Vgl. S. 180. [4] Laspeyres ed. p. 299.
[5] Vgl. Schulte a. a. O. S. 178 Anm. 15. Maassen, Paucapalea, S. 22 Anm. 24.
[6] Laspeyres ed. p. 301.

Bernard erklärt die *Impubertas* als trennendes Ehehindernis und setzt dieselbe in Verbindung mit der *Impotentia* und dem *Furor: Impossibilitas coeundi vel conveniendi alia est animi tantum, alia corporis tantum, alia utriusque; animi tantum ut in furiosis, corporis ut in frigidis et maleficiis impeditis, utriusque ut in pueris et puellis. — Impossibilitas coeundi animo et corpore tam impedit contrahendum quam dirimit contractum.*[1]) Es kommt daher vor der Mündigkeit keine Ehe zu Stande, da vor der *Aetas legitima* die Contrahenten nicht *Personae legitimae* sind: *Et enim cum oporteat, in matrimonio personas esse legitimas (ad contrahendum) personae vero non sunt legitimae, (si) non sint legitimae aetatis — aetas vero legitima est, quae solet apta nuptiis deputari videl. in muliere XII annorum et puero XIV — constat quod non est matrimonium, ubi haec aetas utrimque non intervenerit. Haec aetas autem in canonibus expressa non est, sed in legibus, colligitur tamen hoc idem ex duobus cap. C. 22 qu. Puella (c. 2) et questio 1. Firma* etc. Von *Matrimonium contrahere* unterscheidet er genau die *Sponsalia* als *Desponsatio de futuro* im Sinne des römischrechtlichen Eheversprechens und bezieht auf diese die Zeitbestimmung des *Septennium: Sponsalia vero post septimum annum contrahi possunt ut XXX qu. 2 Ubi* (c. un.); *tempus enim discretionis post septimum annum incipit.* Er lässt jedoch aus diesen *Sponsalia* keine eherechtliche Wirkung entstehen, wie später Huguccio, sondern erklärt sie als unverbindlich, indem er sagt: *Sed huiusmodi sponsalia neutrum eorum obligant, quoniam ex quo venerint ad annos legitimos possint contradicere et ideo non valebit, quod factum fuerat.* Er erwähnt somit nur des Widerspruchsrechtes, ohne auf eine nähere Darstellung der einzelnen Rechtswirkungen einzugehen. Die Distinction des P. Lombardus, welche ihm offenbar noch neu ist, fasst er entsprechend dem Gesagten noch ganz im Sinne des Unterschiedes zwischen dem römischrechtlichen und canonischrechtlichen Sponsalienbegriffe und sagt daher: *Huiusmodi autem*

---

[1]) Laspeyres ed. p. 301 ff.

sponsalia sunt desponsatio de futuro et non de praesenti. Unde sic describuntur: sponsalia sive desponsatio est futurarum nuptiarum promissio, ut XXX qu. 5 Nostrates. Nuptias appellant matrimonialem coitum. Diese Desponsatio ist also ein **Versprechen** der thatsächlichen Ehe, nicht des Eheschliessungsactes. Dagegen sagt er in der Einleitung zur **eheschliessenden** Bedeutung des *Consensus de praesenti: Talis consensus facit matrimonium et dicitur hoc* [1]) *desponsatio; annuli enim impositio subarrhatio dicitur et fit ad indicium desponsationis iam factae.* Bernhard weiss somit die neue Unterscheidung noch nicht sicher in die Eheschliessungslehre einzufügen.

Indem nun Bernhard in unserer Frage zu dem Schlusse kommt: *Ecce diximus, oportere utrumque esse legitimae aetatis,* knüpft er daran die Erörterung der *Desponsatio impuberum* bei **Mündigkeit eines Contrahenten.** Er bietet hier nichts Neues, sondern sagt nur mit der schon aus Johann Faventin und den späteren Decretisten bekannten Begründung, dass auch in einem solchen Falle kein *Matr. legitimum* vorliege. Doch sei der Mündige endgültig gebunden, wenn der minderjährig Desponsirte nicht zurücktrete: *Si vero unus fuerit legitimae, alter vero citra legitimam aetatem et contraxerit, non erit matrimonium legitimum, quia non inter coaequales ut XXXII qu. 2 Non omnis. Verum tamen non licebit adulto recedere a puella, sed puellae licet recedere, cum ad legitimam aetatem venerit exemplo illius, quae cum esset ancilla, nupsit libero nescienti ut C. 29. Si quis ingenuus. Ipsa enim ab eo recedere non potest, ille vero potest ut in praeallegato capitulo et exemplo pupilli, qui alium sibi obligat, se vero nulli confirmat, hoc idem capitulo Augustini C. 27 qu. 2 Duobus modis*[2]). Bernhard lässt auch zwischen dem *Liber nesciens* und der *Ancilla* keine Ehe entstehen: *Conditio vero ser-*

---

[1]) Kunstmann's Abdruck a. a. O. S. 223 hat: *Et non.* Ich halte in Folge des Nachsatzes obigen Text für richtiger — wie sich derselbe auch aus der Summa decretalium IV. 1. (Laspeyres, ed. p. 131) ergibt: *Et hoc dicitur desponsatio de praesenti.*

[2]) Nach Kunstmann's Abdruck a. a. O. S. 247; bei Laspeyres fehlen die zwei citirten Stellen und schliesst der Satz mit: *Se vero non alii.*

vilis. si circa ipsam (personam) erretur, non solum contrahendum impedit, sed etiam contractum dirimit; ideo autem diximus «si circa ipsam erretur» quia, si sciens, aliquam esse ancillam, ei nupsero, matrimonium tenet ut C. 29 qu. 2. Si quis liber (c. 2) si foemina (c. 5). Si vero nesciens, esse ancillam, eam accepero, datur mihi de consilio, ut eam redimam, si possum, non de recepto. Quod si non possum, vel (possum et) noluero eam redimere, possum ab ea separari ut c. 29 qu. 2. Si quis ingenuus (c. 4). Hoc verum est, si postquam conditionem eius deprehendi, in eam non consensi. Nam si postea consensi, subsequens consensus inter me et eam matrimonium facit. Vor diesem *Consensus subsequens* besteht keine Ehe, sondern nur eine eheähnliche Verbindung. hierüber bemerkt Bernhard in Titel V *de errore personae: Quaeritur autem, in quo sensu dicatur error personae vel aliquid aliud impedimentum dirimere matrimonium contractum, cum ibi non sit matrimonium? Ad quod dicimus, matrimonium ibi appellari de facto et non de jure, scilicet conjunctionem quandam inter virum et mulierem in forma conjugii.* Dass Bernard die *Desponsatio impuberum* in gleicher Weise behandelt wie die *Desp. de futuro*, insoferne er aus beiden die *Quasi affinitas* nicht entstehen lässt, daher noch gar keine eherechtliche Wirkung derselben annimmt, ergibt sich endlich daraus, dass er zu c. 1 Comp. 1. 4. 2 (= c. 18. c. 27 qu. 2 Palea) bemerkt: *Videtur tamen contrarium Benedictus Pp. scribere Gradensi patriarchae dicens: Lex divinae constitutionis etc. sed illud de sponsa de futuro vel de impubere intelligitur.*[1]) Diese Wirkung des ehemaligen *Matr. contractum* der Consummationstheorie spricht er den *Sponsalia de futuro* noch nicht zu. Es erklärt sich dies hauptsächlich daraus, dass diese Entwicklung erst durch Huguccio's energisches Betonen der *Sponsalia de futuro* eingeleitet wurde, die Summa de Matrimonio des Bernard aber, wie oben bemerkt, vor Huguccio's Summe fällt. Hiefür ist umgekehrt obiger Standpunkt Bernards ein neues Beweismoment.

99. Ausführlicher geht seine Summa decretalium (zwischen

---

[1]) Laspeyres ed. p. 303.

1192 und 1198) auf die Frage der *Desponsatio impuberum* ein. Bernard weicht in derselben wesentlich von der in der Summa de matrimonio dargestellten Eheschliessungslehre ab. Die Desponsatio ist nach ihm noch löslich durch *Superveniens religio, s. affinitas, s. impossibilitas coeundi*. das *Matr. ratum* ist an zwei Voraussetzungen gebunden: Consummation und *Personarum legitimitas*. Es ist hiebei gleichgültig, ob die vorausgehende *Desponsatio de praesenti* oder *de futuro* ist. denn: *Illud in summa notandum, quod si quis iuraverit mulieri, se eam accepturum et postea eam cognoverit, ratum est matrimonium inter eos ut infra cod. De illis* (= c. 3 X. 4, 5 und c. 4 X. 4, 1). *Nec illam vulgatam distinctionem credo silentio transeundam scil. quod matrimonium dicitur initiatum, consummatum et ratum. Initiatur in desponsatione, consummatur in carnis commixtione, ratum efficitur in personarum legitimitate vel separandi impossibilitate; ut ecce: desponsasti aliquam, matrimonium est initiatum, dormisti cum ea, matrimonium est consummatum et, si nullum est inter vos matrimonii impedimentum, est etiam ratum; aliaquin non est ratum, quod separari potest.*[1]) Die *Desponsatio de praesenti* hat sonach kein *Matr. ratum* zur Folge. Dennoch schliesst die *Pactio conjugalis conjugii praesentis* die Ehe, wie die Summe in L. IV. tit. 2 sagt [2]). In Tit IV *de sponsa duorum* geht Bernhard sogar noch auf Gratians Distinction zurück, sagt jedoch entsprechend der neueren Theorie: *Sequens matrimonium consummatum non praeiudicat initiato ut C. 28 qu. 2. De conjugali* (c. 50) *et infra cod. in omnibus capitulo*. Nach ihm unterscheidet sich die *Desponsatio de praesenti* von jener *de futuro* durch die Begründung des *Imped. ligaminis*. Beide sind jedoch eine *Promissio futurarum nuptiarum. dicta (scil. sponsalia) a spondendo i. e. a promittendo.* Nur Form und Wirkung unterscheidet sie: *Fit autem huiusmodi promissio quatuor modis, alias nuda promissione, alias datis arrhis sponsalitiis post promissionem, alias interveniente annuli subarrhatione, alias interveniente iura-*

---

[1]) Laspeyres, cd. p. 137 § 21 ff.   [2]) ib. p. 140. § 3.

mento. *Nuda promissione seu sponsione ut: Accipio vel volo te in meam et ego te in meum et hoc dicitur desponsatio de praesenti vel sic: Accipiam te in meam, accipiam te in meum et hoc dicitur desponsatio de futuro; de his habes infra de sponsa duorum c. 1* (= c. 4 X. 4, 4) *et c. 3. De arrhis sponsalitiis habes Cod. eod. Arrhis (l. 5); de annuli subarrhatione, quae vulgariter desponsatio dicitur, sed proprie subarrhatio nuncupatur, invenies C. 27 qu. 2 Si quis desponsaverit uxorem* etc.[1]) Bernhard weiss also die neue Unterscheidung noch nicht sicher auszulegen, da er hier im Anschlusse an die Auffassung der Kirche mit der *Desponsatio de praesenti* noch nicht die wahre Ehe vorliegen lässt, wie er es in der erstbesprochenen Summula that.

Diese Inconsequenz kommt auch in unserer Frage zu vollem Ausdrucke. Er behandelt auch hier die *Impubertas* als trennendes Ehehindernis und setzt sie in Verbindung mit *Impotentia* und *Furor: Item impossibilitas coeundi alia corporum, alia animorum, alia utriusque; corporum, ut in frigidis et maleficiatis; animorum, ut in furiosis et mente captis, qui, licet possint corpore coire, animo tamen dicuntur impotentes, quia non intelligunt quid agunt et ideo matrimonium contrahere non possunt ut C. 32 qu. 7. Neque* (= c. 26); *utrinque ut in parvulis, de quibus habes C. 30 qu. Ubi* (c. un.). Ist hier zwar neben der thatsächlichen körperlichen Reife auch die geistige Fähigkeit zum *Maritalis affectus*, das intellectuelle Verständnis jenes Rechtsactes betont, so ist es doch mehr das Unvermögen zum Zwecke der Ehe, welches Bernard als Grund der ehehindernden Wirkung bezeichnet. Dies ergibt sich aus seinen Worten: *Cum enim matrimonium aut causa suscipiendi prolis aut causa incontinentiae fiat, impossibilitas vero coeundi utramque removet causam, restat, ut ubi haec intervenerit, matrimonium excludatur.*[3]) — *Impossibilitas coeundi solet hic appellari quidam defectus, quo impeditur coitus naturalis* etc. Er unterscheidet hiebei *Impotentia* und *Impubertas* auch nach ihrem Zusammenhange mit dem Wesen der Ehefähigkeit im Allgemeinen:

---

[1]) Laspeyres, ed p. 131.   [2]) ib. p. 176.   [3]) ib. p. 175.

Impossibilitas coeundi alia naturalis ut in pueris, alia accidentalis ut in frigidis et maleficiatis, de quibus infra suo titulo dicemus.[1] Erstere ist allgemein, letztere ein Ausnahmsfall.

100. Die Summe spricht über die Verbindung Unmündiger in einem Titel II: *De desponsatione impuberum,* welche selbständige und besondere Behandlung hier und in Bernards Compilatio prima zum ersten Male zur Geltung kommt und fortan von der canonistischen Jurisprudenz ebenso wie in den Decretalensammlungen seit Gregor IX. angewendet wird. Bernhard betrachtet eine derartige Desponsatio als eine besondere Art des hierunter verstandenen ehelichen Rechtsactes, und zwar hievon sowohl nach Form und Willensrichtung, wie in Wirkung unterschieden. Er beginnt nämlich: *Audisti de desponsatione in genere, nunc in specie audiatis et primo de desponsatione impuberum.* In den folgenden Titeln ist dann von clandestiner, bedingter Desponsatio und *De sponsa duorum,* also zweifacher Desponsatio die Rede, welche eheliche Rechtsacte er folgendermassen an einander reiht: *Diximus de desponsatione impuberum; nunc de desponsatione puberum subiciamus (tit. III). — Tractavimus de clandestina desponsatione et manifesta,* ubi (sed quoniam, andere Leseart) *saepe contingit, quod una mulier duobus desponsatur uni clam et alteri manifeste. Nunc ergo tractemus, quid iuris sit, ubi aliqua manifeste a duobus desponsatur sive de sponsa duorum etc.* (tit. IV.) —*Diximus de desponsatione, quae fit pure. Nunc dicamus de illa, quae fit sub conditione etc.* (tit. V.) *Diximus de matrimonio contrahendo. Sed quia sunt quidam, qui matrimonium contrahere non possunt ut sacerdotes etc. de his subiciamus* etc. (tit. IV). Es handelt sich also um die Wirkung derartiger unregelmässiger *Desponsationes* gegenüber der unter gewöhnlichen Umständen erfolgenden Eheschliessung, daher stellt Bernhard auch die Frage: *Diximus in superiori titulo, qua aetate inter puberes desponsatio contrahi possit; videamus ergo, qui dicantur impuberes, quae desponsatio inter eos contrahatur, quis effectus.* Hier ergibt sich nun ein neuer durch die Unter-

---

[1] ib. p. 135.

scheidung des Petrus Lombardus und die entgegengesetzte Auffung des römischen Rechtes hervorgerufener Widerspruch in Bernards Darstellung, indem er bald sichtlich von dem Einflusse letzterer geleitet, zwischen *Aetas contrahendi sponsalia* und *Aetas apta nuptiis*, dann *desponsare* und *ducere, traductio, nuptias contrahere* unterscheidet, bald innerhalb des Begriffes *Desponsatio* oder *Pactio conjugalis* selbst den Unterschied in *P. c. conjugii praesentis* und *conjugii futuri* macht. Wie wenig sich Bernard seiner Inconsequenz bewusst ist, erhellt daraus, dass er C. 30 qu. 2 c. un. in obiger Stelle bei Erörterung der *Impossibilitas coeundi* (Tit. XVI) von *Matrimonium contrahere*, welches unter *Parvuli* nicht möglich sei, sprechen lässt, in Titel I jedoch für die Giltigkeit der *post septennium* contrahirten Sponsalia, welcher Zeitpunkt unter dem *Tempus discretionis* der Decretale Nicolaus I. verstanden werden müsse, als Beleg anführt: *Possunt scil. sponsalia autem contrahi post septennium ut C. 30 qu. 2. Ubi (c. un.); tempus enim discretionis est post septennium tam in foemina quam in viro ut infra de desponsatione impub. Litteras* (c. 4 X. 4, 2) *et Dig. de sponsal. In sponsalibus contrahendis* (l. 14). *Haec est aetas contrahendi sponsalia; ceterum aetas apta nuptiis est in puella XII, in puero XIV. annorum, quod colligitur ex C. 20 qu. 1. Firma* (c. 1) *et qu. 2 Puella* (c. 1) *et infra de despons. impub. Si puella* (c. 11 Comp. 1 4. 2). Bei Erklärung des *Tempus feriarum* bemerkt er, und darauf ist wohl auch seine ganze Unterscheidung zu stützen: *Nam aliquo tempore desponsatio permittitur, quo traductio prohibetur ut Dig. de ritu nupt. Si quis officium in aliqua (l. 38, 23, 2); nam et minorem XII annis desponsare poteris ut C. 30 qu. 2. Ubi (c. un.) et Dig. de sponsal. In spons. contr.; verum talem ducere non debes, cum sola aetas adulta nuptiis apta deputetur ut C. 20 qu. 1 Firma* (c. 1). Dies ist eben nur richtig vom Standpunkte des **römischen Rechtes**, das unter *desponsare* nur ein **Versprechen der Ehe** versteht, dessen Ausführung die Ehe schliesst, während ein **rechtlicher** Eheschliessungsact im Sinne der Abgabe einer ehelichen Consenserklärung mit der Willensrichtung auf die Gegenwart, auf **sofortiges Entstehen der Ehe** diesem Rechte nicht bekannt ist, auch aus dem Satze *Consensus facit nuptias* nicht geschlossen werden darf. Nicht die Abgabe des Consenses, sondern erst die Ausführung desselben lässt die Ehe entstehen, erstere begründet nur ein eheähnliches persönliches Verhältnis. Das canonische Recht verbindet vor Innocenz III. mit der *Desponsatio de praesenti* auch nicht die wahre Ehe, sondern nur die irritirende Wirkung des eingegangenen Verhältnisses. Die Doctrin lässt jedoch mit der Abgabe des *Consensus de praesenti* bei der Desponsatio die Ehe entstehen, während derselbe Act bei der Erklärung eines blossen *Consensus de futuro* nur ein Versprechen der Eheschliessung durch spätere Abgabe des erstgenannten *Consensus* begründet. Erstere ist somit ein Ehevertrag mit eheschliessender Wirkung. Dieser Unterschied in der Wirkung wird hervorgerufen durch die in den *Mutua verba vel certa signa (certi nutus)* zum Ausdruck gebrachte Willensrichtung des erklärten Consenses. Lässt sich dieser Unterschied nicht constatiren, so wird der Ehevertrag als Eheschliessung aufgefasst. So sagt Bernhard in der S. de matrimonio (Lasp. p. 298): *Porro si verba defuerint, non debet cum alia matr. contrahere; sed si contraxerit, non se parabitur.* Mit der anderweitigen Ehe entfällt die Vermutung der eheschliessenden Absicht des betreffenden Ehevertrages.

Da Bernard nun mit der Auffassung der Kirche und damaligen Doctrin die Zeitbestimmung des römischen Rechts, das *Septennium* für die Giltigkeit der Desponsatio anwendet, so musste er, da nur Mündige *Matrimonium contrahere* können, die *Desponsatio de praesenti* aber das *Matrimonio contrahere* ist, von selbst dazu kommen, die *Desponsatio impuberum* als *Desp. de futuro* zu erklären, wenn auch formell eine Eheschliessung vorlag. Wie somit Bernard irrthümlich das römischrechtliche *Ducere* und die *Desponsatio de praesenti* des canonischen Rechts als Eheschliessungsact gleichstellt, während letztere jedoch, weil noch löslich, keine wahre Ehe begründet, so kommt er durch allgemeine Anwendung der römischrechtlichen Sponsaliendefinition auch dazu, die *Desponsatio de praesenti* als *Promissio* wenn auch als *Pactio conjugalis praesentis conjugii* zu erklären und als Versprechen der Ehe *(Promissio nuptiarum futurarum)* hinzustellen, obwol die Worte: *Accipio te in meam* gar kein Versprechen enthalten. Verlobung d. h. Eheversprechen mit eheschliessender Wirkung ist aber ein Widerspruch in sich selbst. In der Summa de matrimonio hatte Bernhard noch richtig die Definition der Desponsatio als Versprechen der Ehe (des *Maritalis coitus*) auf die *Desponsatio de futuro* allein bezogen.[1])

101. Auf Grundlage dieser verwirrten Auffassung der gallicanischen Unterscheidung behandelt Bernhard die *Despons. impuberum*. Er sagt: *Impuberes autem desponsare*[2]) *possunt post septennium ut diximus; sed magis et usitatius desponsatione de futuro quam de praesenti, licet soleant aliquando eatenus procedere, ut subarratio, quae fit per annulum, intercedat.* Hienach gilt die *Subarratio* als Form der *Desp. de praesenti* und lässt diese vermuten, wenn die *Verba praesentis temporis* fehlen. Bernhard kennt also auch die Sitte damaliger Zeit, unmündige Kinder in Form und Absicht bindender Eheschliessung zu vermählen. Er will jedoch sagen, es sei mehr der Brauch, in solchem Alter die Ehe bloss zu versprechen. Er fährt dann fort: *Effectus autem huiusmodi desponsationis est, ut expectari debeant, donec puberes efficiantur, ut infra eod. De illis.* A nobis (c. 7, 8 X. 4, 2). *Si puella* (c. 11. Comp. 1. 4. 2) *nisi forte infra septennium fuerit desponsata ut infra codem. Accessit* (c. 5 X. 4, 2). Diese Desponsatio begründet also nur Wartepflicht bis zur Mündigkeit. Bezüglich einer nach dieser eingegangenen zweiten Desponsatio gilt also, was er in Tit. IV. *de sponsa duorum* sagt: *Si vero ambae (desponsationes sunt) de futuro, honestius videtur, ut prior promissio teneatur ar. Dig. qui potior. in pign. Si prior § ult. et supra de iure patron. c. ult.* (= c. 24. X. 3, 38).[3]) Diese Gebundenheit ist keine eheliche, weil keine Ehe vorliegt. Auch der mündige Theil ist nicht ehelich vepflichtet, wenn ihm auch nicht erlaubt ist, zurückzutreten. Zur Frage nämlich, ob hier eine Ehe vorliege, sagt Bernhard weiter: *Si vero desponsationis tempore alter pubes erat et alter impubes, non licet puberi resilire, sed impuberi, cum factus fuerit pubes, licebit dissentire et*

---

[1]) Vgl. S. 216.

[2]) Nach dem richtigeren Wortlaute aller Codices. Laspeyres hat *desponsari* a. a. O. p. 139 Anm. 15.

[3]) Laspeyres p. 145.

divortium postulare ut infra eod. De illis (c. 7. X. 4, 2. *Non autem puto inter ipsos esse vinculum conjugale, quod ex una sola parte constare non potest; non enim potest esse, ut iste sit maritus et illa non sit uxor vel e contra, cum ista praecipue invicem sunt relativa; nimirum ea, quae pariter utrimque consensum requirunt, aut utrimque tenent aut nullo modo ut in compromisso ut Dig. de receptis: Non distinguemus § si servus* (L. 32. § 8). *In plerisque tamen contractibus, si maior contraxerit cum minore, maior obligatur et non minor, nisi id faciat auctore tutore vel curatore ut in Justit. de inutil. stipulat. § Pupillus* (§ 9).[1]
Bernard begründet also ähnlich wie sein Lehrer Huguccio, verfällt jedoch gerade in die von diesem gerügte civilrechtliche Behandlung des Ehevertrags. Die Verpflichtung des Mündigen lässt er auf dem abgegebenen eherechtlichen Versprechen beruhen: *Cur igitur maior tenetur exspectare impuberis aetatem in matrimonio? Non itaque propter vinculum conjugale, sed propter promissionem; ceterum si contempta promissione aliam acciperet adultam, erit puniendus, quia nimis festinavit, non tamen eatenus, ut propter hoc a secunda debeat separari ar. infra de sponsa duorum* (c. 1 X. 4, 4). Die Eingehung einer anderen Ehe soll also nur als Versprechensbruch bestraft werden, der Mündige ist somit nur moralisch verpflichtet, die Mündigkeit des anderen Contrahenten abzuwarten. Hiemit kommt Bernhard auf Urban III. Entscheidung zu sprechen: *Amplius invenis, quod si adulta non vult expectare, donec ille qualis (inaequalis?) sponsus ad puberem crescat aetatem, poterit alium accipere auctoritate Urbani Papae ut infra eod c. ult* (c. 11 X. 4, 2). *Quod ergo de expectanda alterius aetate dicitur, videtur potius honestatis quam necessitatis.* Bernhard wendet sich in dieser Stelle offenbar gegen die Vertheidiger des *Matrimonium claudicans* und gegen diese ist wohl auch die folgende Replik gerichtet, dass auch bei einer förmlichen *Pactio conjugalis* zwischen einem mündigen und einem unmündigen Contrahenten kein *Vinculum conjugale* vorliegen könne, da auch erstere nur als *Pactio conjugalis conjugii futuri* aufzufassen

---

[1] ib. p. 139.

sei: *Sed opponitur ei, quod diximus, non esse inter eos vinculum conjugale; est enim inter tales pactio conjugalis ut infra eodem Si puella* (c. 11 Comp. 1. 4, 2), *pactio vero conjugalis matrimonium sive conjugium facit ut C. XXVII. qu. 2. Cum initiatur* (c. 35). *Ad quod dicimus, quod dupplex est pactio conjugalis alia conjugii praesentis, alia futuri; quae est conjugii praesentis, facit conjugium, quae vero futuri nequaquam ut infra: de sponsa duorum c. 1.* (c. 1, X. 4, 4); *quod enim ibi fides dicitur, hic pactio conjugalis appellatur*. Diese Gegner dachten also logisch: wo man von *Pactio conjugalis* spreche, müsse man doch auch Entstehung der Ehe annehmen. Dass nach der Auffassung Alexander III., dem die citirte Decretale angehört, nicht die *Pactio nuptialis* das eigentliche *Matr. ratum* begründe, sondern erst die Copula, obwol schon nach ersterer von einem *Matrimonium iuratum* und *contractum* gesprochen wird, wollten und konnten diese Canonisten nicht berücksichtigen, da nach ihrer Theorie das *Matr. contractum* schon *ratum* war.

Aus demselben Grunde interpretirte Bernard auch jene Entscheidungen dieses Papstes, welche bei Vollzug der Copula auch vor der *Aetas legitima*, also bei früher eintretender thatsächlicher Pubertät Unlöslichkeit des Verhältnisses aussprechen, dahin, dass der *Proximus pubertati* dem *Pubes* gleichgehalten werde,[1] soweit der Eheschluss als solcher in Betracht komme, ohne hiebei auf die Bedeutung der Copula näher einzugehen: *Illud in summa notandum, quod proximus pubertati ad contrahendum matrimonium quasi pubes habetur ut infra eod. Continebatur* (= c. 6. X. 4, 2), *Si puella* (c. 11 Comp. 1. 4, 2) *Attestationes* (= c. 10 X. 4, 2); *proximum autem pubertati puto sic accipiendum ut tantum VI. mensibus aut minus distet a pubertate, scil. circa finem quartidecimi anni ut infra eod. Attestationes et Dig. de excus. tut. Non tantum* (l. 12).[2] Entsprechend dieser Auffassung hält Bernard auch das Alter allein, nicht die thatsächliche körperliche Reife als massgebend für die Annahme der Ehefähigkeit: *Puberes a pubescendo*

---

[1] Er lässt dies also allgemein, nicht nur für das Mädchen gelten.
[2] Ganz ähnlich zu c. 10 X. 4, 2: *Quod intelligo, si medietas ultimi anni iam esset transacta*. Vgl. S. 157 zu c. 6 X. 4, 2 und S. 199.

i. e. a pilescendo dicuntur, eo quod tunc temporis prima lanugo vel pilositas nascatur in pudendis, quod prius adspectu corporis cognoscebatur, nunc autem annorum numero computatur in puella scil. duodennii, in puero quatuordennii ut infra eod. Puberes (c. 3 X. 4, 2) *et ar. C. XX. qu. 2 Si in qualibet* (c. 1), *est ergo impubes qui infra pubertatem subsistit.* Die sonst für die gegentheilige Auffassung der Kirche berufene Decretale Gregor VII. c. 3 Comp. 1. 4, 2. *Manifestum* [1]) und Isidor Etym. XI. 2 (= c. 3 X. 4, 2) übergeht er somit. Vgl. zu dem Gesagten die Bemerkungen der Glosse, oben S. 28.

102. Die von Laspeyres herausgegebenen Casus decretalium Bernards geben zu Lib. IV. tit. 2 *De desponsatione impuberum* [2]) im Wesentlichen dieselbe Anschauung wieder, welche in der Summa decretalium festgehalten ist. Doch bieten dieselben auch manche bemerkenswerte Bestätigung zu meinen bei Erörterung des Decretalenrechtes gebrachten Ausführungen. So sucht er die sonst schwer einzufügende Decretale des Papstes Hormisda (c. 1 X. 4, 2), welche die anderen Canonisten als derogirt bezeichnen, mit Huguccio dahin auszulegen, dass er die Pflicht des *Nondum adultus* den Ehevertrag, den der Vater für ihn schloss, zu bestätigen, *Non debito necessitatis sed debito honestatis* geltend auffasst.[3]) Mit der oben erwähnten Decretale Gregor VII. (c. 3 Comp. 1. 4, 2) findet er sich durch eine Unterscheidung zurecht, welche nicht sicher schliessen lässt, ob er damit den Gegenbeweis gegen die gesetzliche Altersgrenze zulässt oder die *Aetas* auf die gleichzeitig geforderte geistige Reife beziehen will: *Notandum quod pubes dicitur quis duobus modis, scil. aetate et usu vel effectu; aetate ut puer quatuordennis et puella duodennis ut ar. C. XX. qu. 1. Firma* (c. 1) *et qu. 2. si qualibet* (c. 1) *Puella* (c. 2); *usu vel effectu, qui iam coire potest, ut hic.* Diese Bemerkung beruft er auch zur Stelle aus Isidors Etymologiae (= c. 3 X. 4, 2). Entsprechend der in seiner Summa gegebenen Darstellung interpretirt er weiters zu c. 4 Comp. 1. 4, 2 (= c. 2 X. 4, 2) die Worte: *Ad aetatem legibus vel canonibus destinatam* entweder als bezugnehmend auf *Sponsalia* und

---

[1]) S. 27 oben. [2]) Laspeyres ed. p. 341. [3]) ib. p. 342 ff.

fasst dann diesen Zeitpunkt als *Septennium* oder bezieht sie auf *Traductio* und lässt die Stelle dann von der Mündigkeit sprechen. Im letzteren Falle nimmt also auch Bernard einen Gegensatz zu dem dazugehörigen Anfange dieser Decretale Nicolaus in C. 30 qu. 2 c. un. an, welche er mit Gratian auf *Sponsalia ante septennium* bezieht: *Ad act. leg. vel. can. dest. scil. septennii ar. C. XXX. qu. 2: Ubi et Dig. de spons. in sponsalibus* (l. 14) *vel potest intellegi hoc de traductione et sic intelligitur de aetate adulta ar. C. XX. qu. 1. Firma et qu. 2: Si in qualibet.*

Zu c. 4 X. 4, 2 gibt Bernard eine interessante Bemerkung betreff des aus einer giltigen *Desponsatio impuberum* entstehenden *Impedimentum publicae honestatis*. Schon zu c. 1 Comp. 1. 4, 2 (= c. 18 C. 27 qu. 2) hatte Bernard bemerkt, dass dieses Ehehindernis nur aus einer *Desponsatio de praesenti* entstehe. Dass diese Decretale des Papstes Benedictus die Ehe mit der *Soror sponsae* nicht verbiete, sei demnach darauf zurückzuführen, weil dort von einem *Simplicibus verbis desponsare*, also von keinem eigentlichen *Desponsare*, sondern von einem *Despondere, promittere* und einer *nuda parentis promissio*, wie bei der *Desponsatio de futuro* die Rede sei. Er sagt nämlich: *Videtur contr. infra eod. Litteras* (c. 4 X. 4, 2) *sed hic fuit desponsatio de futuro, ibi de praesenti vel ista non erat desponsata, sed tantum a patre promissa, illa erat desponsata. unde hic subditur, „decreverat desponsare"; ibi igitur impediebat causa publicae honestatis, hic non ar. supra tit. prox. c. 1. Notandum etiam circa hoc capitulum, quod aliud est despondere, aliud desponsare. Despondere est promittere, desponsare sibi conjugio copulare, despondet (pater) filiam ut hic, desponsat sponsus sponsam ut infra eod. Litteras, unde ista desponsa erat, non desponsata.* Es ist also entweder der Unterschied in *D. de praesenti* und *de futuro* gleichbedeutend mit dem in *Promittere* und *Conjugio copulare*, oder die *D. de futuro* ist ein *Conjugio copulare (desponsare)* mit der Bedeutung einer *Nuda promissio* (wie in L. IV tit. 1 seiner Summa decret.) oder dieses *Desponsare* ist gar kein *Desponsare* im eigentlichen Sinne des Wortes, sondern nur ein Versprechen, aber nicht die eheliche Consenserklärung. Die eigentliche Bedeutung dieses Unterschiedes — Sponsalia im römischrechtlichen Sinne und canonischrechtliche Auffassung der Desponsatio, welche Begriffe sich formell und materiell nicht decken — hat auch Bernard nicht erfasst. Er geräth hiedurch in einen directen Widerspruch, indem er das *Imp. publicae honestatis* nur aus der *Desponsatio de praesenti* entstehen lässt, die *Affinitas* nur aus der *Copula*, ferners die *Desponsatio impuberum* durchaus als *D. de futuro* auffasst und daher zu c. 48 C. 27 qu. 2 bemerkt: *Sed illud de sponsa de futuro vel de impubere dicitur*,[1]) dennoch aber in c. 4 X. 4, 2 dieses Impediment aus der Desponsatio einer Siebenjährigen, wenn auch nur bis zum ersten Verwandtschaftsgrade, entstehen lässt. Dort heisst es nämlich: *Contraria, quae supra sunt assignata, ibi sint soluta; sed hic non distinguitur, utrum puella sit proxima pubertati sicut infra eod. Continebatur* (= c. 6 X. 4, 2) *si puella* (c. 11 Comp. I. 4, 1) *quia ex quo septennis erat, sponsus eius non poterat aliquo casu contrahere cum eius matre vel sorore, ceterum posset cum ulterioribus, sed si esset proxima pubertati, cum nulla eius consanguinea contrahere posset ut ar. C. XXVII. qu. 2 Si quis uxorem* (c. 14) *Si quis desponsaverit* (c. 15) *ergo in (nondum) septenni nullus gradus, in septenni primus gradus, in proxima pubertati etiam gradus reliqui prohibentur*[2]); vgl. S. 152. Während er hier also aus einer *Desp. impuberum* eine beschränkte *Quasi affinitas* entstehen lässt, sagt er in seiner Summa ausdrücklich: *Causa publicae honestatis et impedit contrahendum et dirimit contractum, solet autem circa duos casus versari. Nam ecce si quis aliquam desponsaverit de praesenti et mortuus est ea non cognita, nullus de eius consanguinitate ipsam poterit accipere uxorem, similiter si sponsa praemortua fuerit, sponsus non poterit aliquam accipere de ipsius consanguinitate ut C. XXVII. qu. 2 si quis despon.* (c. 15) *et infra eodem c. 1.* (= c. 4 X. 4, 1).[3]) Entweder entsteht also die *Publica honestas* auch aus *Sponsalia de futuro* oder die *D. impuberum* hat auch diese Wirkung der *D. de praesenti*, ist also keine *D. de futuro;*

---

[1]) Laspeyres ed. p. 303; vgl. S. 217. [2]) ib. p. 343. [3]) ib. p. 136.

beides widerspricht den Behauptungen Bernards. Er scheute sich offenbar gegenüber dem klaren Wortlaute der Decretalen, welche die *Desponsatio impuberum,* die *Verba de praesenti* vorausgesetzt, auch als *D. de praesenti* betrachten und daher daraus das *Imp. publ. honestatis* entstehen lassen, diese Bestimmungen zu negiren, ebenso aber die erstere Folgerung zu ziehen und die *D. impuberum* als *D. de praesenti* zu erklären, was der Consenstheorie, nicht aber der Auffassung der Kirche widersprochen hätte. Die spätere Zeit war consequenter und hat die *Publica honestas* auch aus *Sponsalia de futuro* entstehen lassen. Dasselbe gilt von Bernards Casus zu c. 5 X. 4. 2,[1]) wo er noch bemerkt, dass hier von diesem Impediment *Ex dispensatione ecclesiae — pro bono pacis* abgesehen werde, das mündige Alter jedoch nicht abgewartet zu werden brauchte, weil die *Desponsatio ante septennium* erfolgte und wegen Mangels des nachträglichen Consenses nicht giltig war: *Ergo non erat expectanda pubes aetas ad dispensum; ar. infra eod. c. ult.* (c. 11 X. 4, 2) *ar. contr. infra eod. A nobis* (c. 10 Comp. 1. 4, 2) *Si puella* (c. 11 ib.) *sed ista ante septennium fuerat desponsata; hanc solutionem posuimus in huius tit. summa.*[2]) Dass aber in c. 6 X. 4, 2 das *Imped. publicae honestatis* auf die beiderseitigen *Consanguinei* ausgedehnt wird, erklärt er dadurch, dass die *Proxima pubertati quasi pubes habetur,* also nach seiner Ansicht keine *D. impuberum,* sondern eine *D. de praesenti puberum* vorliege.

Betreff des Rücktrittsrechtes bei der *Desponsatio impuberum* macht er zu c. 27 X. 4, 2 mehrere Unterschiede und bemerkt unter anderem, es könne hier von einem *Vinculum conjugale* keine Rede sein, weil die erforderliche und wirksame eheliche Willenseinigung vor der Mündigkeit nicht zu Stande komme: *Qui per desponsationem conjunguntur, tempore desponsationis aut ambo sunt puberes aut unus pubes alter impubes. Si ambo puberes, neuter poterit resilire ratione aetatis; si ambo impuberes, expectare debent pubertatem, nisi forte unus eorum perveniat ad pubertatem, quo casu statim poterit resilire, ut hic, dummodo carnalis copula non intervenerit ut infra c. prox.* Derselbe Act bindet also Mündige endgültig, Unmündige nur moralisch bis zur Puber-

---
[1]) ib. p. 343 ff. [2]) ib. p. 139. vgl. S. 147.

tät: *Si vero tempore contractus unus erat pubes, alter impubes, pubes poterit resilire, sed hoc erit in potestate impuberis, cum venerit ad pubertatem; sed hic distinguitur, quo tempore pubes divortium petat. Nam si antequam impubes perveniat ad aetatem, prius monendus est, ut desistat et expectet, alioquin audietur ut infra eod. c. ult.* Die scheinbar inconsequente Entscheidung Urban III. in c. 10 X. 4, 2 hat somit zur Bestätigung der Ansicht der Schule, dass der mündige Contrahent nicht endgültig gebunden sei, viel beigetragen, da diese nicht beachtete,[1]) dass es sich dort um eine *Nolens et invita desponsata* handelt und die Desponsatio auch nach Urban III. noch keine eigentliche Ehe begründete, daher die *Dispensatio ecclesiae* immer erfolgen konnte. Nur der Willkür der Contrahenten war das Verhältnis entzogen. Der Mündige, der, wenn er mit einem Mündigen contrahirt, vollständig gebunden ist, kann nach Bernard hier zurücktreten, wenn der andere Theil unmündig ist. Nur wenn der letztere consentirt, ist ihm der Rücktritt absolut versagt: *Si vero ille, qui erat pubes (quia) tempore contractus, petat divortium tempore, quo ille qui erat impubes, (et) factus est pubes* (Laspeyres hat *impubes*) *et consentit matrimonio, tunc repellendus est argumento istius cap.; licet non putem inter eos esse copulam conjugalem ut in summa huius tit. plenius invenitur.*[2]) *Cum enim nunquam eodem tempore talis inter eos consensus fuerit, qui sufficeret ad contrahendum matrimonium, restat, ut non fuerit inter eos vinculum conjugale, quia non in illo tempore conjugaliter consenserunt, nullo tempore matrimonium contraxerunt; nam ante nubiles annos conjugalem assensum non habent, ut infra c. prot.* (= c. 8 X. 4, 2). Bernard nimmt also consequent zu seiner schon in der

---

[1]) Bernard nimmt in seinem Casus hierauf Rücksicht, sagt aber: *Nota quod hic discedere volenti datur licentia discedendi non expectata legitima aetate; contradicitur supra eod. De illis* (c. 7 X. 4, 2) *A nobis* (c. 8 ib.) *sed forte hic fuit coacta, ibi volens, vel quod supra dicitur „tenetur expectare", intelligas de debito honestatis non necessitatis.*

[2]) Vgl. S. 252.

Summa gezeigten Auffassung, dass bei einer *Desp. impuberum* auch der etwa mündige Contrahent nicht *conjugaliter* sondern nur *de futuro* consentire, selbst bei nachträglichem Consense des Unmündigen noch nicht eigentlichen Eheschluss an, wenn der Mündige dann zurücktreten will. Es ist dies derselbe Gedanke, den Huguccio im Auge hat, wenn er verlangt, dass der *Consensus* der *Ancilla* fortdaure, bezw. kein Dissens auf dieser Seite erfolgt sei, wenn der *liber* später consentirt vgl. S. 210. Eheschluss ist die Einigung zweier giltiger ehelicher Consenserklärungen, es muss also auch der mündige Contrahent neu consentiren oder wenigstens in der Zwischenzeit nicht dissentiren; wenn auch die Verweigerung des Consenses ihm nicht gestattet ist, so liegt Eheschliessung doch erst vor, wenn auch auf dieser Seite ein giltiger Consens erklärt wurde.

Dem entsprechend sollte man meinen, dass Bernard den *Consensus de futuro* nicht als *Consensus conjugalis* ansehe. Er vermeidet diese Consequenz aber ebenso sehr, wie er in der Summa die *Desponsatio de futuro* als *Pactio coniugalis* erklärt; er kennt vielmehr einen Begriff eines *Consensus conjugalis* in weiterem Sinne, den er nach Richtung auf gegenwärtige und zukünftige Ehe eintheilt. Jeder Consens vor der Mündigkeit ist nur *de futuro*, soferne er überhaupt giltig, also *post septennium*, abgegeben ist. Er sagt daher, wie in der S. Decretalium auch bei c. 8 X. 4, 2 zu den Worten: *Conjugalem consensum non habent: Opponitur, in ipsa desponsatione, quae praecessit, inter eos fuit consensus conjugalis ar. C. 30 qu. 2 Ubi (c. un.) quid est ergo, quod hic dicitur? Resp. duobus modis dicitur consensus conjugalis sicut et pactio conjugalis, alia praesentis conjugii ut hic, alia futuri ut ibi.* Erfolgt jedoch die Copula, so geht letzterer Consens in den eheschliessenden über oder erhält eheschliessende Wirkung: *nam ibi coitus supplet aetatem et suppletur in sillaba (?) quod in temporibus deest; nam et malitia supplet aetatem ut infra eod. De illis* (c. 9 X. 4, 2) *et Cod. si minor se maior dix.* (*l.* 4, 2, 42). Er bezieht daher C. 30 qu. 2 c. un. auf die *Desponsatio ante septennium*, indem er, um das *nihil agere* der ersteren Decretale mit dem *non possunt a pactione nuptiali recedere* in Einklang zu bringen zu c. 11 Comp. 1. 4, 1 sagt: *Signatur con-*

trarium supra C. 30 qu. 2 Ubi; sed quod ibi dicitur «in cunabulis «intelligendum est» ante septennium» ut ar. supra eod. litteras (c. 4 X. 4, 2).

Bernard zeigt somit zu unserer Frage die ganze heillose Verwirung, in welche die Doctrin durch die nicht consequent durchgeführte Aufnahme der Distinction und Lehre des Petrus Lombardus, durch die Auffassung des *Matrimonium contractum* als *Matr. ratum* und durch den dadurch hervorgerufenen Gegensatz zum Rechte der Kirche gerieth. Nur durch rücksichtslose Interpretation des letzteren oder durch offenbare Inconsequenz mit der eigenen Lehre konnte und suchte auch die Schule über diese Situation hinweg zu kommen, da bei dem Principe, dass die christliche Ehe absolut unlöslich sei, ein Mittelweg zwischen reiner Consenstheorie und der Consummationstheorie nicht möglich war.

G. Die Decretalen Innocenz III. und seiner Nachfolger.

103. Innocenz III. hat in seinen Entscheidungen die Eheschliessungslehre der Schule nach der strengeren, aber noch nicht ganz consequenten Auffassung seines Lehrers Huguccio auch für das Recht der Kirche zur Geltung gebracht. Dieser Richtung entsprechend lässt auch er das mit *Consensus de praesenti* contrahirte Verhältnis durch *Transitus ad religionem* gelöst werden, obwol er dasselbe als *Matrimonium ratum* erklärt. Er wagte somit nicht in letzter Consequenz aus der Consenstheorie diesen von seinen Vorgängern mit grösster Bestimmtheit festgehaltenen Lösungsgrund einer giltigen *Desponsatio de praesenti* fallen zu lassen, obwol er ausdrücklich erklärt, nur zur Vermeidung eines Widerspruches mit den Entscheidungen der früheren Decretalen denselben einstweilen zuzulassen. So sagt er in c. 14 X. 3, 32: *Nos autem inquisitione tuae taliter respondemus, quod etsi possit non inconsulte videri, quod, ex quo matrimonium inter legitimas personas per verba de praesenti contrahitur, illis viventibus in nullo casu possit dissolvi ut vivente reliquo alter ad secunda vota transmigret, etiamsi unus fidelium, inter quos est ratum conjugium, fieret haereticus etc. nos tamen nolentes a praedecessorum nostrorum vestigiis in hoc articulo subito de-*

clinare, qui respondere consulti, antequam matrimonium sit per carnalem copulam consummatum, licere conjugum reliquo etiam inconsulto ad religionem transire, ita quod reliquus ex tunc legitime poterit alteri copulari hoc ipsum tibi consulimus observandum in articulo praenotato etc. Doch zeigen auch andere Entscheidungen dieses Papstes, dass er die Betonung der *Copula carnalis* im Sinne der bisherigen Auffassung der Kirche nicht vollständig aufgab. So heisst es in c. 20 ib.: *Cuius uxor eras per consensum de praesenti et carnis copulam subsecutam* etc.[1]) Beide Momente betont er auch in c. 5 X. 1, 21, wo er wegen nicht erfolgter Copula einen, der eine früher Desponsirte zur Ehe nimmt, als nicht *Bigamus* erklärt. Er sagt hier: *Licet autem is, qui relictam ab alio duxit in conjugem, sive incognita manserit, videatur duxisse viduam in uxorem, utpote cuius vir erat mortuus, quando duxit eandem, sicut et ille bigamus esse videtur, qui cum duabus legitime contraxerit uxoribus, sive neutram sive alteram tantum cognoverit, quia vir exstitit duarum uxorum: nos tamen fraternitati tuae ita duximus respondendum, quod cum duo sint in conjugio videlicet consensus animorum et commixtio corporum — unde is, qui mulierem alio viro ductam, sed minime cognitam duxit uxorem, quia nec illa nec ipse carnem suam divisit in plures, propter hoc impediri non debet, quin possit ad sacerdotium promoveri.* Trotz der an jener Stelle noch weiters hervorgehobenen, insbesondere der sacramentalen Bedeutung der Copula betont Innocenz III. wiederholt, dass nur der *Consensus de praesenti* zum Eheschluss nöthig sei und mit demselben das *Legitimum matrimonium* vorliege. C. 5 X. 4, 4 sagt ausdrücklich: *In matrimoniis de cetero contrahendis illud te volumus observare, ut postquam inter legitimas personas consensus legitimus intervenerit de praesenti qui sufficit in talibus iuxta canonicas sanctiones et si solus defuerit, cetera etiam cum ipso coitu celebrata frustrantur, si personae iunctae legitime cum aliis postea de facto contrahant, quod prius de iure factum fuerat,*

---

[1]) Aehnlich in c. 6 X. 4, 5, 5 wo es sich um bedingte Abgabe des *Consensus de praesenti* und nachfolgende Copula handelt.

non poterit irritari. Aehnliches erklärt Innocenz III. auch in c. 26 X. 4. 1.[1])

104. Noch deutlicher ist diese Anschauung in c. 14 X. 4, 2 ausgesprochen, wo er zugleich die Frage des *Desponsatio impuberum* entscheidet. Die Decretale beginnt: *Tuae nobis exhibitae literae continebant, quod quidem vir nobilis filiam suam, circiter XII. annos habentem, cuidam viro nobili desponsavit, qui subarrhavit eandem consensu mutuo accedente*. Es war somit, wie sich auch aus der bei Bernard[2]) gegebenen Erklärung ergibt, *Consensus de praesenti* erklärt worden. Da die *Nuptiae* (vielleicht wegen des jugendlichen Alters der Braut) aufgehoben wurden, starb unterdessen deren Vater und sie wurde, wie die Pars decisa erzählt, vom Onkel an einen anderen verheiratet, während ihr erster Bräutigam sich mit ihrer Mutter vermählte. Die letztere Ehe wurde wegen der *Legitima desponsatio* des Mannes mit der Tochter (offenbar also *Ex imped. publ. honestatis*) getrennt. Das Mädchen heiratete nach dem Tode ihres Gatten einen anderen. Auch diese Ehe hatte der Bischof wegen der ersten Desponsatio für ungültig erklärt: *Quod sponso primo vivente alteri non potuit legitime copulari*. Hierüber lautet nun die Entscheidung Papst Innocenz III.: *Quia vero per ea, quae superius sunt expressa, nobis pro certo constare non potuit, cuius aetatis esset puella, quum eidem viro exstitit desponsata, quum dicatur, quod circiter XII annos habebat, utrumne prudentia tunc in illa suppleret aetatem: fraternitati tuae taliter respondemus, quod si puella tunc nubilis erat aetatis et inter eam et primum virum legitimus intervenit de praesenti consensus, absque dubio inter eos erat legitimum matrimonium contractum, etsi car-*

---

[1]) Auch in c. 13 X. 4, 17 heisst es: *Quia tamen desponsatio per testes legitimos comprobata eos matrimonialiter fuisse conjunctos ostendit, sive desponsatio ipsa fuerit de praesenti ut per consensum legitimum per verba de praesenti expressum copula matrimonii inter eos fuerit celebrata, sive per verba de futuro carnali copula subsecuta* etc. Für das letztere bezieht er sich auf c. 6 X. 4, 2: *quae (decretalis) in casu dissimili loquitur* etc.

[2]) Vgl. S. 219 und 223.

nalis copula non fuerit subsecuta. Si vero puella nubilis non erat aetatis, quum saepefatus vir desponsavit eandem et aetatem in ea prudentia non supplebat, procul dubio inter eos non conjugium, sed sponsalia contracta fuerunt, quamvis ab ipso viro eadem puella fuerit subarrata. Quod circa si iuxta primum modum matrimonium cum illo contraxit, eo vivente non potuit rite cum alio foedus contrahere conjugale; quod si iuxta modum secundum sponsalitia solum modo contracta fuerunt, conjugium, quod inter illam et alium exstitit celebratum, debet legitimum reputari, dummodo aliud canonicum non obsistat.

Derselbe Formalact also, der bei Mündigkeit des Mädchens unter Voraussetzung des *Consensus de praesenti* die Ehe endgültig schliesst, wird bei Unmündigkeit desselben als Eheversprechen erklärt. Das *Matrimonium contractum* ist gegenüber gestellt den *Sponsalia*, beide beruhen auf denselben ehelichen Rechtsgeschäfte, auf formell derselben Willenserklärung, dem *Consensus de praesenti;* die eherechtliche Wirkung ist jedoch bei Mündigkeit des Mädchens eine andere als bei Unmündigkeit desselben, im einen Fall jene der *Desponsatio de praesenti,* in anderen trotz der eheschliessenden Form jene der *Despons. de futuro.* Innocenz III. hat somit die von Huguccio und Bernard vertretene Auffassung aufgenommen, wonach ersterer zwar nur bei Mündigkeit eines Theils oder irrthümlicher Anwendung der *Verba praesenti temporis,* letzterer jedoch ganz allgemein die *Desponsatio de praesenti impuberum* als *Desp. de futuro* betrachtet. Die Art dieser Auslegung ist insoferne eine willkürliche, als hier bei Unmündigkeit der Contrahenten Absicht und Willenseinigung als auf künftige Ehe gerichtet, nicht aber als unmittelbar wirksamer Consens angenommen wird. Dies erscheint aber theilweise begründet in der von Innocenz III. acceptirten Eheschliessungslehre der Doctrin, welche für die *Desponsatio de praesenti* als den das *Matr. ratum* begründenden eigentlichen Eheschliessungsact die Mündigkeit der Contrahenten voraussetzt, während der *Consensus de futuro a septennio in antea* giltig erklärt werden kann.

Hienach hätte Innocenz aber consequent nichtige *Sponsalia de praesenti* annehmen müssen, da ein *Consensus de futuro* thatsächlich nicht vorlag. Damit wäre er jedoch in directen Widerspruch mit den Decretalen seiner Vorgänger getreten, welche bei Vollzug der Copula Unlöslichkeit des Verhältnisses auch bei der *Despons. impuberum* annahmen, selbst wenn in gesetzlichem Alter Dissens erfolgte. Es war somit kein anderer Ausweg gegeben als *Despons. de praesenti impuberum* als *Spons. de futuro* aufrecht zu erhalten, welche durch Vollzug der Copula in Ehe übergiengen, sonst aber löslich waren. Um also nicht zugeben zu müssen, dass eine nichtige Ehe durch Copula revalidire, interpretirte er dahin, dass der bei der *Despons. impuberum* auf gegenwärtige Ehe gerichtete Consens wegen der Unfähigkeit der Contrahenten nur ein Versprechen künftiger Ehe beabsichtige und begründen könne, daher die diesem zukommenden Wirkungen anzunehmen seien. Selbstverständlich erscheint nach meinem Dafürhalten diese Auslegung nicht, da der Wille, etwas jetzt zu thun, bei Unmöglichkeit der Handlung für die Gegenwart nicht an sich schon ein Versprechen derselben für den Zeitpunkt der Möglichkeit begründet, sondern es hiezu eines neues selbständigen Willensenschlusses bedarf. Vgl. S. 254.

Die bisherige Auffassung der Kirche hatte mit dem *Consensus de praesenti* nur eine verstärkte Gebundenheit der Contrahenten, das *Impedimentum ligaminis* und eine sofortige Wirksamkeit des Rechtes auf Ehevollziehung, kurz gesagt das *Matr. contractum*, aber nicht die wahre christliche Ehe im Sinne des *Matr. ratum* entstehen lassen. Bisher war die *Despons. impuberum* eine giltige *Desponsatio* gewesen, die wenn sie *de praesenti* erfolgte, mit der vollen nur durch eine Lösungsmöglichkeit beschränkten eherechtlichen Wirkung ausgestattet war; jetzt wird sie unter allen Umständen als *Desponsatio de futuro* aufgefasst. Da die Doctrin, welche mit der *Desponsatio de praesenti* die unauflösliche Ehe verband, diesen Lösungsgrund einer giltigen *Desponsatio de praesenti* nicht mehr anerkennen konnte, griff sie in dem Bestreben, jede vom Recht der Kirche gestattete Lösungsmöglichkeit auf die *Desponsatio de futuro* zu beziehen oder aus dem Titel der Nichtigkeit zu erklären, auch hier zu dem Mittel, die Desponsirung Unmündiger als *Despons. de futuro* mit der Begründung, zu interpretiren, dass hier eigentlich nur ein Versprechen künftiger Ehe, nicht eine Eheschliessung beabsichtigt sei. Es war dies nur eine specielle Folge der ganzen durch die Doctrin eingeleiteten Rechtsentwicklung, auf Grund welcher man dem bisherigen einfachen Eheversprechen unter der Bezeichnung einer ehelichen Consenserklärung *de futuro* die Bedeutung eines eherechtlichen Formalactes und allmählig auch die Wirkungen des ehemaligen *Matr. contractum* zuzusprechen begann. Die Entscheidung Innocenz III. machte der ganzen durch den Widerspruch zwischen Doctrin und Recht der Decretalen hervorgerufenen Unklarheit, wie für die allgemeine Eheschliessungslehre so auch im besonderen für die *Desponsatio impuberum* ein Ende und bildet für letztere auch den Schlusspunkt der ganzen bisher verfolgten Entwicklung und Beurtheilung in Recht und Doctrin.

105. Die anderen Decretalen dieses Papstes ergeben keine neuen Momente für unsere Frage. In c. 25 X. 4, 1 sagt Innocenz III. hinsichtlich der Fähigkeit zum Eheschluss: *Nam surdi et muti possunt contrahere matrimonium per consensum mutuum sine verbis et pueri ante annos legitimos per verba sola non contrahunt, cum intelligantur minime consentire.* Es kommt eben alles darauf an: *Quod matrimonium in veritate contrahitur per legitimum viri et mulieris consensum, sed necessaria sunt quantum ad ecclesiam verba consensum exprimentia de praesenti.* In cap. 13 X. 4, 2 sagt er: *Ad dissolvendum, quod factum fuerat inter J. et S. super matrimonio contrahendo — interloquendo pronunciamus inter dictos iuvenem et puellam nec matrimonium nec sponsalia fuisse contracta, quum constet, puellam nondum ad septennium pervenisse.* Diese an c. 5 X. 4, 2 erinnernde Ausdrucksweise will eben nur besagen, dass weder eine Eheschliessung noch Eheversprechen vor dem siebten Jahre erfolgen konnten, nicht darf jedoch daraus gefolgert werden, dass erstere nach dem *Septennium* schon vollwirksam erfolgen könnte. Nach diesem Zeitpunkte würde Innocenz nach c. 15 ib. nur *Sponsalia* annehmen, Eheschliessung aber erst *Post legitimos annos* (c. 25 X. 4, 1) oder *Si prudentia aetatem supplet*, wenn also die Ehefähigkeit (und hier ist wohl das Vermögen zur wirksamen und freien Einwilligung unter *Prudentia* verstanden, c. 14 X. 4, 2) thatsächlich schon früher vorliegt. Nach Innocenz entsteht das *Imped. publ. honestatis* auch aus der *Desponsatio impuberum* somit aus *Sponsalia de futuro*. So heisst es in c. 7 X. 4, 13: *Divortii sententiam approbamus, quam in eam canonice promulgasti, qui illam sibi postea copulare praesumpsit, cuius antea sororem adhuc septennem, contractis sponsalibus, extraordinaria libidine noscitur polluisse.* Hier könnte noch *Despons. de futuro* mit *Copula subsecuta*, also Ehe und *Affinitas* gemeint sein. Lösung der *Despons. impuberum* durch *Affinitas superveniens* bestimmt c. 8 ib.: *Ex literis — accepimus quod G. lator earum matrem puellae, quam infra nubiles annos desponsaverat in uxorem, carnaliter saepe cognovit et post carnali commixtione puellam tractavit adultam.* Innocenz verfügt die Trennung dieser Ehe, gestattet aber nur der *Puella* und dieser nur, wenn sie, *Postquam novit viri et matris delictum*, nicht eingewilligt habe, eine anderweitige Ehe. Da unter *Desponsare in uxorem* wol eine *Despons. de praesenti* verstanden ist, Innocenz für eine solche die Lösung durch *Affinitas, quae post contractum legitime matrimonium inter virum et uxorem inique contrahitur* aber nach c. 6 ib. nicht zulässt, so interpretirt er auch hier diese *Despons. impuberum* als *Despons. de futuro* und gestattet daher auch eine anderweitige Ehe. Im folgenden c. 9 ib. spricht er nur von einen wirklichen Eheversprechen: *Veniens ad apostolicam sedem E. laicus — proposuit quod cum olim tempore infantiae suae de consilio amicourm quandam puellam se ducturum iuraverit in uxorem, quam cito ad legitimam pervenisset aetatem, pater puellae confoederatione huiusmodi fideiussorum obligatione hinc inde firmata, eum in propria domo recepit et nutrivit insimul cum puella. Deinde ex conversatione diutina — sorori puellae, cui se iuraverat fore maritum — carnaliter se conjunxit. Tandem amicorum suorum devictus instantia, quam iuraverat, in uxorem accepit et nuptiis celebratis, quando se illi opportunitas ingerebat, cognoscebat utramque.* Hier handelt es sich um ein einfaches ohne den Formalact der Desponsatio, erfolgtes beschworenes Eheversprechen, das der *Desponsatio per verba futuri temporis* der Wirkung nach gleichgestellt ist.

Die Unterscheidung in *Desponsatio de praesenti* und *de futuro* war nunmehr nichts anderes als ein bequemes Mittel, einen formellen Eheschliessungsact unter gewissen Voraussetzungen für ein allerdings mit eherechtlichen Wirkungen ausgestattetes Eheversprechen zu erklären, während die eigentliche Bedeutung dieser Unterscheidung, wie sie in der S. Coloniensis und S. Sicardi besonders hervortritt, in der Trennung des römischrechtlichen Sponsalienbegriffes von jenem des canonischen Rechtes zu suchen war.

106. Die Nachfolger Innocenz III. haben nicht nur an dessen Anschauung festgehalten, sondern sie nur noch präciser zum Ausdrucke gebracht, so dass sie bis heute noch Geltung geniesst. Meistens beziehen sich die vorhandenen Decretalen auf das *Imped. publ. honeasttis*. Bemerkenswert ist der von Honorius III. in c. 3 Comp. 3. 4, 1 entschiedene Fall: *Tuis nobis literis intimasti, quod P. civis Esculanus matrem cuiusdam puellae, quae desponsata et traducta ab eodem ante novem annos ab ipso incognita debitum carnis exsolvit, iam secundo iuravit ducere in uxorem mutuo interveniente consensu, dummodo id posset legitime adimpleri. Respondemus quod esse non potest matrimonium inter eos.* Es war somit eine wirkliche Eheschliessung erfolgt. Gregor IX. endlich sagt in c. 11 X. 4, 13. dass eine *de futuro* contrahirte und vollzogene Ehe mit einem 10jährigen Mädchen wegen *Affinitas superveniens* nicht getrennt werden solle. Bonifaz VIII. hat in c. un. *De despons. impub.* in VI (4, 2) die ganze Lehre kurz in folgenden Worten zusammengefasst: *Si infantes ad invicem vel unus maior septennio et alter minor, sponsalia contraxerint, ipsi vel parentes pro eis, nisi per cohabitationem eorum mutuam, seu alias verbo vel facto ipsorum liquido appareat, eosdem in eadem voluntate factos maiores septennio perdurare: sponsalia huiusmodi, quae ab initio nulla erant, per lapsum dicti temporis minime convalescunt*[1]) *et ideo quum sint nulla, ratione defectus consensus publicae honestatis iustitiam non inducunt.* § 1. *Idem quoque si pubes et impubes vel duo impuberes*

---

[1]) Vgl. hiezu c. 4 X. 4, 2. S.

non proximi pubertati et in quibus aetatem malitia non supplebat, per verba contraxerint de praesenti. Sponsalia enim illa, quae iuris interprètatione tantum fuerunt sponsalia de futuro licet verba consensum exprimentia de praesenti haberent et matrimonium contrahere intenderent contrahentes, per adventum pubertatis in matrimonium non transeunt de praesenti. Nec matrimonium, quod ut matrimonium aetate non tenuit prohibente, per lapsum dicti temporis convalescit, nisi per carnis copulam subsecutam vel aliquem modum alium contrahentes eosdem cum eiusdem perseverantia voluntatis ad pubertatis tempora pervenisse constiterit evidenter,[1]) *per dictum tamen contractum, qui valuit, ut potuit, non sicuti agebatur, publicae honestatis iustitia est inducta.* Diese Decretale gibt somit die deutlichste Bestätigung, dass die Beurtheilung der *Desponsatio de praesenti impuberum* oder eines thatsächlichen *Matr. impuberum* als *Juris interpretatio* aufgefasst wurde, nach welcher jeder unter Unmündigen oder mit einem Unmündigen erfolgte Eheschliessungsact nicht entsprechend seiner Form und der Willenserklärung der Parteien, sondern lediglich nach Massgabe der wahrscheinlichen Absicht der Contrahenten als ein in eheschliessender Form abgegebenes Eheversprechen gelten sollte, das bei erkennbar gewordene Zustimmung nach erreichter Heiratsfähigkeit oder durch *Copula carnalis* in Ehe übergehen konnte, ohne dass eine Widerholung des schon vorliegenden Formalactes nöthig wurde. Es ist somit lediglich die beschränkte Wirkung jenes Moment, welches eine *Desp. de praesenti impuberum* von der Eheschliessung Heiratsfähiger unterscheidet. Die Kirche hatte sich hier der Doctrin angeschlossen, welche aus dem Ehecharakter des durch *Desp. de praesenti* begründeten Verhältnisses die richtige Folgerung gezogen hatte, dass Unmündige dasselbe nicht eingehen können. Dass man diese als Eheschluss nichtige *Spons. de praesenti impuberum* dennoch als *Spons. de futuro* aufrecht erhielt, war eine Folge der Beurtheilung, welche der gallicanischen Distinction zu Theil wurde. Die Schule beachtete

---

[1]) Vgl. hiezu c. 21 X. 4, 1. S. 151.

nicht, dass P. Lombardus hier unter gleichem Namen zwei vollständig verschiedene eheliche Rechtsgeschäfte, weil aus verschiedener Form und Willensrichtung bestehend, unterschied — das Eheversprechen (die römischrechtlichen Sponsalien) und die Eheschliessung (die *de praesenti* erfolgte eheliche Consenserklärung des canonischen Rechtes) — sondern sie legte einem und demselben Ehevertrage verschiedene eherechtliche Wirkungen bei, je nachdem aus der Form der erfolgten Willenserklärung auf die verlobende oder eheschliessende Absicht der Parteien geschlossen werden konnte.[1] Ob diese Auslegung nun in der einen oder der anderen Richtung erfolgte, stets bezog man sie auf denselben Act der Desponsatio und wurde sich des Widerspruchs nicht bewusst, der darin lag, innerhalb des Begriffes eines Rechtsgeschäftes zwischen zwei Willensrichtungen zu unterscheiden, da jeder dieser doch nur ein anderes Rechtsgeschäft selbst entspricht. Erst allmählig wurde in Recht und Doctrin die Ansicht geltend, dass hier zwei verschiedene Rechtsacte: Ehevertrag *(Contractus matrimonii)* und Eheversprechen *(Sponsalia)* angenommen werden müssen. Aber die bisherige verfehlte Auffassung hatte schon dazu geführt, dem Eheversprechen der *Sponsalia de futuro* die eherechtlichen Wirkungen des früheren *Matr. contractum desponsatione* zuzusprechen, dagegen eine bedingte Abgabe des *Consensus de praesenti* ebenso wie die *Desponsatio de praesenti impuberum* als *Desponsatio de futuro* zu erklären. Man fasste eben diese letztere als denselben formellen wenngleich mit beschränkter Wirkung bekleideten Rechtsact auf, obwohl derselbe überhaupt nur ein Eheversprechen war, aber keine Eheschliessung. Daher sagt auch noch Bonifaz VIII.: *Per dictum tamen contractum, qui valuit, ut potuit, non sicuti agebatur*, nämlich *(agebatur) per verba de praesenti*. Somit kam man zur seltsamen Inconsequenz, die *Desponsatio impuberum de praesenti* nicht als einen Eheschliessungsact, welcher ja formell giltig und in Wirklichkeit vorlag, sondern als Eheversprechen, also als ein der Form *(Verba futuri temporis)* und dem Willens-

---

[1] Vgl. hierüber die Bemerkungen Huguccio's, oben S. 205.

inhalte *(Consensus futuri conjugii)* verschiedenes eheliches Rechtsgeschäft zu interpretiren und wirken zu lassen.

H. Die eherechtliche Literatur nach Innocenz III.

107. Nachdem Innocenz III. die Eheschliessungslehre der Schule auch für das Recht der Kirche zur Geltung gebracht hatte, bot das Gebiet des Eherechtes der Doctrin wenig Anlass mehr zur Erörterung neuer Rechtsfragen. Dieselbe beschränkte sich hauptsächlich darauf, die eherechtlichen Bestimmungen in monographischer Darstellung zusammenzufassen, ohne sich viel in eine Kritik derselben mehr einzulassen. Nach der nunmehrigen Auffassung der Kirche waren die *Sponsalia de praesenti*, (oder wie sie jetzt eigentlich genannt werden und was sie in der That enthielten, der *Contractus matrimonii*), der endgültige eheschliessende Act, welcher, wenn man von der einen ausnahmsweisen Lösung durch *Transitus ad religionem* absieht, das eheliche Rechtsverhältnis mit allen seinen Wirkungen ins Dasein ruft, ohne dass es der Herstellung thatsächlicher Lebensgemeinschaft oder der Vollziehung des Beischlafs noch weiters zur Existenz der wahren, unauflöslichen Ehe bedurft hätte. Die in diese Zeit fallende Entwicklung des Dispensationsrechtes des Papstes *A matrimonio nondum consummato* und die Lösungsmöglichkeit durch Klostereintritt blieben jedoch als Inconsequenzen der neuen Eheschliessungslehre fortbestehen und haben sich, vielfach bekämpft und beklagt, bis auf den heutigen Tag in demselben erhalten.

Besonderes Augenmerk richtete die jetzt langsam ihrem Verfalle entgegengehende Schule nur noch auf die Rechtsentwicklung der *Sponsalia de futuro*, welche nunmehr als eigentliche *Sponsalia* dem *Contractus matrimonii* als dessen *praeparatoria*, wie man sie mit Huguccio bezeichnete, gegenüber gestellt werden. Obwohl dieselben nach Form und Inhalt nur als reines Versprechen der Ehe betrachtet werden, begann die Doctrin allmählig dieselben mit immer weitergehenderen eherechtlichen Wirkungen auszustatten und namentlich die freie Löslichkeit derselben durch die Willkür der Contrahenten auf einzelne Fälle einzuschränken. Es macht sich bezüglich derselben eine analoge Entwicklung geltend, wie jene, welche sich seit Gratians Decret für das *Matrimonium contractum* der Consummationstheorie ergeben hat. Hatten die meisten Decretisten aus *Spons. de futuro* nur eine moralische Verpflichtung, deren Bruch unter Kirchenstrafe stand, also nur ein *Non debere cum alia matrimonium fieri*, ein *Non licet* gegenüber dem *Non potest resilire* der *Sponsalia de praesenti* entstehen lassen, so trat schon Huguccio für eine stärkere Gebundenheit auf Grund derselben sehr energisch ein, so dass ein Rücktritt nicht *Sine peccato mortali* erfolgen sollte. Die dort angeführten Controversen bilden auch jetzt noch den Gegenstand lebhafter Discussion, indem bald auf Grund von c. 17 X. 4, 1 (Lucius III.) für ein *Monere potius quam cogere*, bald mit Huguccio und c. 7 Comp. 2. 2, 16 für ein *Compellere per sententiam excommunicationis* die Ansichten sich entscheiden. Hiebei wird dann noch in echt scholastischer Weise unterschieden, ob die *Sponsalia* von *Maiores* oder *Minores* geschlossen wurden, ob ein *Iuramentum* oder eine *Simplex fides vel promissio* vorliege, endlich ob es sich um einseitigen Rücktritt oder *Se mutuo absolvere* handelt.

Da nunmehr die von der *Desp. impuberum* handelnden Decretalen stets als von *Sponsalia de futuro* redend aufgefasst werden, deren willkürliche Löslichkeit jedoch nun negirt wird, so beschäftigte sich die Doctrin ausser der allgemeinen Frage über die Verbindlichkeit der *Sponsalia de futuro* auch damit, das dort dem minderjährig Desponsirten gestattete Rücktrittsrecht mit dem für erstere vertheidigten Ausschluss freier Löslichkeit in Einklang zu bringen.

108. In der Summa Decretalium des Damasus Boemus[1]) (1210—1215) finden wir zu c. 7 X. 4, 2 diese Frage in folgender Weise behandelt und beantwortet: *Queritur de illa decr. extr. I. de desponsatione impuberum: De illis, ubi dicitur quod si minor contrahat cum maiore, maior non poterit resilire, minor autem poterit, cum venerit ad legitimam aetatem, resilire, utrum sint*

---

[1]) Benützt nach der Copie J. Ficker's aus Cod. Bamberg, P. II. 15 f. 24 ff., vgl. Schulte, Rechtsquellen I. S. 194, 230. Lit. Geschichte W. S. Ber. Bd. 66. S. 138 ff.

inter eos sponsalia vel non? Si sint, qui sic contrahunt, nullo modo poterunt resilire, ex quo semel sponsalia tenuerunt, immo per excommunicationem cogendi sunt servare illa ut extr. I. de spons. Ex literis (= c. 10 X. 4, 1.) *extra II. Item si quis* (c. 7 Comp. 2. 2. 16). *Si non sint sponsalia poterit ergo maior cum alia contrahere, quia sponsalia de facto contracta cum minore etiam cum consangiunea eiusdem sponsa matrimonia vel sponsalia contrahenda impedire non possunt ut extr. I. de despons. impub. Literas* (= c. 4 X. 4, 2) *et c. Accessit* (c. 5 ib.) *et ita videtur decr. illa in neutro casu posse intellegi et ita nihil dicere videtur* [1]) *per alias sequentes decretales eiusdem tituli.* Da Damasus die freie Löslichkeit der *Spons. de futuro* bestreitet, stellt er die Frage, ob in jener Decretale rechtsgiltige Sponsalia gemeint seien oder nicht *(Spons. de facto).* Im ersteren Falle könne auch der *Minor* nicht zurücktreten, im letzteren Falle sei auch der *Maior* nicht gebunden und könne auch kein *Imp. publ. honestatis* entstehen. *Sponsalia de facto* wären also jene rechtsunwirksamen Sponsalia, welche *ante septennium* oder ohne Consens geschlossen werden. Damasus beruft sich nun auf Huguccio und Laurentius Hispanus,[2]) um hier eine Lösung zu geben: *Solutio. Dixit Huguccio, quod tenuerunt sponsalia, habet tamen minor hanc praerogativam, quod, cum venerit ad aetatem legitimam, poterit rescindere. Verior autem est intellectus Laurentii, qui intelligit in eo casu, ubi nulla fuerunt sponsalia, et tenetur maior expectare ratione promissionis. Nec valet haec argumentatio. Non valuit contractus, ergo resilire poterit uterque. Recipit enim instantiam hoc argumentum puta: si ego et tu habeamus fundum communem et tu sine meo consensu concedas in illo servitutem alicui non valet concessio, tamen resilire non poteris, usque dum ego consumem vel infirmem illud, quod actum est. ff. de ser(vit). r(ust.). p(raed). per fundum* (= fr. 11 Dig. VIII. 3.) Damasus kann sich also mit der Ansicht Huguccio's nicht befreunden. Dieser sagt zu jener Decretale [3]), dass der *Maior* wie der *Minor*

---

[1]) Andere Lesart: *licet invetur*, Schulte, Lit. Gesch. S. 151.
[2]) Schulte, Rechtsquellen I. S. 190. [3]) Vgl. oben S. 209.

hier *vinculo desponsationis* gebunden seien: *Quod neuter debet discedere, sed uterque potest discedere, sed cum peccato et plus in discessione peccat pubes quam impubes et plus est cogendus pubes, ne resiliat, quam impubes et ideo forte Alexander dixit, quod minor potest discedere et maior non potest, id est non debet, quia facilius minori hoc conceditur quam maiori* etc. Damasus schliesst sich vielmehr der Ansicht des Laurentius Hispanus an, der gar keine Sponsalien annimmt, sondern nur eine Verbindlichkeit in Folge des Versprechens gegeben sein lässt. Das angeführte civilistische Beispiel zeigt, mit welchen weit hergeholten privatrechtlichen Analogien die Schule in Fragen des Eherechts zu operiren begann.

Auch zu der von Innocenz III. in c. 14 X. 4, 2 gegebenen Entscheidung für die *Desp. impuberum de praesenti* sucht Damasus unter Herbeiziehung römischrechtlicher Belegstellen in bekannter scholastischer Methode eine *Solutio* zu construiren. Er führt zuerst den Beweis, dass man statt der nichtigen Ehe hier Sponsalien entstehen lassen könne, gibt dann Gegengründe dafür an und zieht endlich den Schluss zu der gestellten Frage: §. *Queritur circa illam decr. extr. III. e. t. tuae: utrum si minores XIV. annis contrahant matrimonium, cum non possint, intelligantur sponsalia contrahere, et videtur hoc expressum in illa decr. Tuae, videtur hoc etiam per aliam decr. extr. I. e. t. A nobis.* Er folgert also ganz richtig aus c. 8 X. 4, 2, wo von *Matrimonium confirmatur* und Unlöslichkeit in Folge der Copula die Rede ist, dass hier mindestens *Sponsalia de futuro* angenommen sind. Weiters bringt er eine civilrechtliche Analogie: *Item per rationem hoc probatur, quia illa acceptilationem faciat inutilem, orietur tamen ex illa acceptilatione pactum tacitum ut ff. de pact. si annus § si acceptilatio, et ita licet non valeat eo modo, quo agit, tamen alio modo, quo valere potest.* (Vgl. die oben S. 268 angeführte Decretale Bonifaz VIII.) Der Act könne also stillschweigend als jener gelten, dessen der Unmündige fähig ist, nämlich des *Contractus sponsalium*, wenn auch nicht des beabsichtigten Eheschliessungsactes: *Ita et hic, licet non possint contrahere matrimonium, quod intendunt contrahere, propter impedimentum aetatis, intelliguntur tamen sponsalia contraxisse.*

Seine Einwendung richtet sich wie bei Huguccio gegen diese Präsumption und stützt sich darauf, dass, weil *Sponsalia* nicht beabsichtigt seien, man sie auch nicht annehmen könne. Er führt hier Stellen aus den Digesten an, welche ich am einschlägigen Orte schon erwähnt habe.[1]   Es heisst diesbezüglich weiter: §. *Contra. Matrimonium, quod contrahere intendunt, contrahere non possunt, sponsalia vero, quae contrahere possunt, non contrahunt et ita nihil agunt ut extr. III. cum super abbatia* (= c. 23 X. 1, 29)[2] *et est hoc expressum ff. de spons. Quaesitum* (= c. 9 D. 23, 1) *et de donat. inter virum et uxorem: Cum hic status* (= l. 32 § 27 D. 24. 1). *Verba enim in sponsalibus prolata in eo sensu sunt intelligenda, in quo recte intelliguntur ut. extr. 1. de sponsalibus: Ex literis* (= c. 7 X. 4, 1). Alexander III. erklärt in dieser Decretale: *Si alter non intellexerit, quod alter proposuit, ad communem verbi intelligentiam recurratur et cogatur uterque verba prolata in eo sensu retinere, quem solent recte intelligentibus generare.* In den betreffenden Digestenstellen sagt Ulpian (l. XXXV. ad Edictum): *Quaesitum est apud Julianum, an sponsalia sint ante duodecimum annum, si fuerint nuptiae collatae? Et semper Labeonis sententiam probavi existimantis, si quidem praecesserint sponsalia, durare ea, quamvis in domo loco nuptae esse coeperit: si vero non praecesserint, hoc ipso, quod in domum deducta est, non videri sponsalia facta, quam sententiam Papinianus quoque probat.* Ebenso sagt er im liber XXIII. ad Sabinum: *Si quis sponsam habuerit, deinde eandem uxorem duxerit, cum non liceret: an donationes quasi in sponsalibus factae valeant, videamus? Et Julianus tractat hanc quaestionem in minore duodecim annis, si in domum quasi mariti immatura sit deducta: Ait enim hanc sponsam esse, etsi uxor non sit Sed est verius, quod Labeoni videtur et a nobis et a Papiniano libro.*

---

[1] Vgl. oben S. 18 ff.

[2] Diese Decretale Innocenz III. sagt: *Voluntate ac potestate sibi mutuo adversantibus, cum noluerit, quod potuerit et quod voluerit, adimplere nequiverit, quod a duobus factum fuerat, effectum non potuit de iure obtinere.* Widerstreit von Wollen und Können benehmen einer Handlung ihre rechtliche Wirksamkeit.

decimo quaestionum probatum est, ut si quidem praecesserint sponsalia, durent, quamvis iam uxorem esse putet, qui duxit: Si vero non praecesserint, neque sponsalia esse, quoniam non fuerunt, neque nuptias, quod nuptiae esse non potuerunt. Ideoque si sponsalia antecesserint, valet donatio: si minus, nulla est, quia non quasi ad extraneam, sed quasi ad uxorem fecit. Die römischen Juristen waren also genauer und consequenter als Innocenz und die späteren Canonisten. Doch ergibt sich schon aus obiger Erörterung [1]) und der folgenden Solutio, dass auch Damasus mit dieser Entscheidung Innocenz III. nicht ganz einverstanden war und dieselbe nur für den Fall annimmt, dass *Sponsalia* wirklich beabsichtigt waren. Er schliesst nämlich: §. *Solutio. Intelligentur sponsalia contrahere, si hoc intendebant facere, et in illa: Tuae hoc intendebant.* Dies ist auch die Ansicht Huguccio's, der jedoch hier zwischen *Desponsatio de praesenti* bei Unmündigkeit nur eines Contrahenten und der Desponsirung zweier Unmündiger unterscheidet und für ersten Fall stets *D. de futuro,* für letzteren diese nur bei irrthümlichem Gebrauch der *Verba de praesenti* und eigentlicher Absicht auf Sponsalienschluss annimmt.[2]) Nach Damasus sind aber nach obiger Erörterung auch dann keine *Sponsalia* vorhanden, wenn ein Theil mündig und Eheschliessung beabsichtigt war. Er convertirt also nicht interpretationsweise *Matrimonium* in *Sponsalia,* sondern nimmt überhaupt von Anfang an andere Willensrichtung und damit ein anderes Rechtsgeschäft als Eheschliessung hier an. Dieses als *Sponsalia de futuro* zu erklären, lag nahe, da sich dieser Act formell nur durch die *Verba de futuro* von Eheschliessung unterschied.

109. Die spätere eherechtliche Literatur hat sich auch über die Consequenzen dieser Frage hinweg gesetzt und die Entscheidung Innocenz III., das freie einseitige Rücktrittsrecht des *Minor* nach den früheren Decretalen und die nunmehr verfochtene Unlöslichkeit der *Sponsalia de futuro* durch Willkür der Contrahenten dadurch mit einander in Einklang gebracht, dass dieses Rücktrittsrecht zu

---

[1]) Vgl. oben S. 244. Huguccio gegen Laurentius Hispanus.
[2]) Vgl. oben S. 205.

jenen Ausnahmsfällen gezählt wird, in welchen eine Lösung der *Sponsalia de futuro* durch *Iudicium ecclesiae* möglich ist. Dies gilt auch für den Fall, dass die Desponsirten *Se mutuo absolverint*. In diesem Sinne entscheidet die Summa de matrimonio des Tancred (1210—1214).[1] Dort heisst es: *Ad quod notandum est, quod sponsalia semel contracta semper tenent et ligant: ita quod si contrahat sponsalia postmodum cum alia et non est processum ad carnalem copulam cum secunda, compellendus est redire ad primam, ut extra III. de sponsalibus. 4. 1, sicut ex literis I.* (= c. 22 X. 4, 1). *Si vero carnaliter cognovit secundam, cum jam matrimonium esse dicatur, debet remanere cum secunda et non redire ad primam ut extra 1 de sponsa duorum 4, 4. Tua, § 1, 7.* (c. 4 X. 4, 4) *extra 1 de sponsalibus 4, 1. Consuluit 3. Solvuntur vero sponsalia in quibusdam casibus. Primus est si alter sponsorum altero invito velit transire ad religionem ante carnalem copulam, ille, qui remanet in saeculo, absolvitur a vinculo sponsalium etiamsi fuerint sponsalia de praesenti ut extra I. de conv. conjug. 5, 28, ex publico 7* (c. 7 X. 3, 32) *extra I. de sponsa duorum 4, 4, licet praeter solitum 3* (c. 3 X. 4, 4). Obwohl er von *Spons. de praesenti* sagt: *Improprie dicuntur sponsalia, sed vere est matrimonium, ita quod, licet eam carnaliter non cognoscat, non licet alicui eorum alii nubere,* zählt er sie hier in Folge der Lösung durch *Religio* zu den *Sponsalia* im Allgemeinen und sucht sich so über diesen Widerspruch mit der Lehre von der Unlöslichkeit christlicher Ehe hinwegzusetzen. Als *Quintus Casus* führt er an: *Si mutuo se absolverint ut extra I. de spons, 4, 1, praeterea 11.* (c. 2 X. 4, 1) und bemerkt: *Quidam tamen casum istum non recipiunt et dicunt, quod illa decretalis non est decretalis vel de permissione comparativa intelligunt.* Zu diesen *Quidam* gehörten Huguccio und Damasus, auch Robertus Flamesburiensis schloss sich ihnen an. Tancred fährt fort: *Octavus casus est, quando minor venit ad aetatem adultam et petit absolvi a vin-*

---

[1] ed. Agathon Wunderlich, Tancredi Summa de matrimonio, Göttingen 1841, ib. p. 9.

culo spoulium et dari sibi licentiam nubendi alteri, ut extra I. de desp. imp. 4, 2 de illis. 9, a nobis 10 (c. 7, 8, X. 4, 2.) *Ipso iure* trete eine Lösung nur bei *Retigio* und bei späterer consummirter Ehe ein, während: *In ceteris vero casibus solvenda sunt per iudicium ecclesiae.* Im übrigen ist diese Summa grösstentheils eine Compilation aus Bernards Summa Decretalium und den anderen Summen.

Die Eheschliessung, welche nur im mündigen Alter erfolgen kann, wird bei Unmündigen als *Sponsalia* aufrecht erhalten: *Ceterum aetas ad contrahendum matrimonium legitima est in puella duodecim annorum, in puero quatuordecim, ut extra I de desp. imp. 4, 2 si puella 11. Et si ante coniunguntur, non est matrimonium sed sponsalia, nisi ita fuerint nubili aetati proximi, quod potuerunt carnaliter commisceri, cum aetatem videatur supplevisse malitia, ut extra I. de desp. imp. 4, 2 de illis autem § 2* (c. 9 X. 4, 1).[1]) Es gilt also im Allgemeinen die gesetzliche Altersgrenze, doch ist der Gegenbeweis thatsächlicher Pubertät zugelassen.[2]) Für die Giltigkeit der *Sponsalia* gilt das *Septennium: Quoniam tunc dicuntur habere discretionem tam pueri quam puellae et tunc placent eis sponsalia, ut extra I de desp. imp. 4, 2 literas 5* (c. 4 X. 10, 2). Vorher geschlossene können *post septennium* durch nachträgliche Genehmigung Giltigkeit erlangen. Sind die Sponsalien giltig und unter Mündigen geschlossen, so sind letztere wenn *Iuramentum intervenit — compellendi per excommunicationem consummare matrimonium, ut extra II. de iure iurando 2, 16 item si quis iuravit 7.* Bei Mangel des *Iuramentum* sind sie bloss *Monendi, non cogendi, quia invitae nuptiae malos consueverunt habere proventus, ut XXXI qu. 2 § 1. et c. 1 et 2.* Sind die Contrahenten unmündig und die Sponsalien gelten nicht *(ante septennium,* ob nun bei beiden oder nur einem dies der Fall ist), so kann der Rücktritt gestattet werden durch das *Iu-*

---

[1]) ib. p. 5.

[2]) Er fasst die *Aetas* mit *Impotentia coeundi* zusammen und zwar als *Impotentia naturalis* im Gegensatz zur *accidentalis* bei *Maleficium frigiditas* etc. und als *temporalis quae est in puero, quamdiu inest, ei non potest contrahere* ib. p. 61.

dicium ecclesiae: possunt petere absolutionem ante tempus pubertatis ut extra I. de desp. imp. 4, 2. Accessit 6 (c. 5 X. 4. 2). Sind die Sponsalien giltig, so muss der mündige Contrahent oder jener, welcher die Mündigkeit zuerst erreicht, den Anderen erwarten, und wenn dann auf Seite eines oder beider Contrahenten Widerspruch erfolgt, können die *Sponsalia* durch das *Iudicium ecclesiae,* getrennt werden. Tancred beruft hier alle für die *Desponsatio impuberum* einschlägigen Decretalen und bemerkt sodann: *Quamvis quidam magistrorum illas decretales aliter intelligere nitantur, tamen intelliguntur, sicut dictum est, et ipsa litera hoc manifeste declarat.* Diese *Quidam* sind meines Erachtens jene Canonisten, welche die *Desp. impuberum* als *Matr. claudicans* betrachteten und daher jene Decretalen in obigem Sinne auslegten.[1])

110. Auch Robertus Flamesturiensis hält in seiner Summa de matrimonio[2]) (1207) daran fest, dass eine Lösung von *Sponsalia impuberum* vor erreichter Mündigkeit nur *Auctoritate praelati sui id est episcopi ad minus,* nach der Mündigkeit aber *Sola sua voluntate* erfolgen könne. Sonst entscheidet er sich mit der bei Huguccio gegebenen Begründung für die unbedingte Wartepflicht bis zur Mündigkeit: *Ante pubertatem*[3]) *contraxerunt aliqui sponsalia: numquid adveniente pubertate possunt ab invicem discedere et se a iuramento absolvere? Secundum quosdam possunt, cum ita sit in aliis contractibus. Dico, quod non possunt, quia sponsalia sunt praeparatoria matrimonii et ideo censentur eiusdem iuris cum illo, quod non potest dirimi sola voluntate conjugatorum.* (Vielleicht hat Robertus hier die *Dispensatio a matrimonio nondum consummato* im Auge.) *Compellendi ergo sunt impuberes, ut servent sponsalia et*

---

¹) Anders Freisen a. a. O. S. 203, welcher Taucred hier von jenen reden lässt, welche die Lösung der Sponsalien der Willkür der Contrahenten entziehen wollten und das Widerspruchsrecht des *Minor* daher bestritten.

²) ed. Schulte in: Decretistarum Jurisprudentiae Specimen, Gissae 1868, p. 11.

³) ib. p. 24.

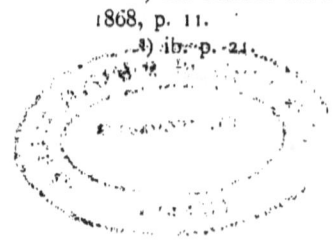

sese invicem debent respectare, sive ambo sint impuberes sive alter tantum. Alii dicunt quod ammonendi sunt, sed non compellendi, quia libera debent esse matrimonia. Sed hoc de primo consensu (nämlich dem zu den *Sponsalia*) *dicitur, quia, postquam consenserint, compellendi sunt. Ambo adulti contraxerunt sponsalia; ante carnalem copulam possunt se ab invicem absolvere, sed non auctoritate sua, sed praetati sui id est episcopi ad minus ut videtur. Eodem modo possunt se invicem absolvere impuberes.* Die Wartepflicht kann also durch *Iudicium ecclesiae* aufgehoben werden; haben jedoch die Eltern die *Sponsalia* beschworen, so ist vor der Pubertät keine Lösung gestattet: *A simili parentibus, qui iuraverunt, sponsalia tenentur obedire impuberes, ut nunquam possint ab invicem recedere usque ad pubertatem.* Der Consens zu den *ante septennium* erfolgten Sponsalien kann nicht erzwungen werden, daher tritt nur eine Verbindlichkeit der Eltern ein. Nach erreichter Mündigkeit ist der Rücktritt frei: *Tunc uterque in principio suae pubertatis potest sola sua voluntate commanere vel recedere, quia tunc primo possunt consentire in matrimonium.* Zur Ehefähigkeit ist jedoch körperliche und geistige Reife erfordert. Fehlt eines der beiden Momente, so kann die Ehe nicht *rite* geschlossen werden. Daher sagt Robert: *In matrimonio contrahendo duo sunt necessaria, ut possint consentire et commisceri. Unde minores XII. annis et castrati et frigidi non possunt contrahere matrimonium. Furiosi et adulti non doli capaces possunt commisceri, sed non consentire, unde non possunt contrahere matrimonium.*[1] Die *Doli capacitas* oder *Discretio* ist also das Vermögen zur Einwilligung. Diesbezüglich kennt Robert noch die alte Controverse bezüglich des *Tempus discretionis*. Die Unterscheidung in *Sponsalia de praesenti* und *de futuro* erwähnt Robert nur mehr vereinzelnt, im allgemeinen behandelt er die *Sponsalia de futuro* ersteren gleich, doch präjudiciren letztere jenen. Bei Consummirung der *Sponsalia de futuro* lässt er schon ausnahmslos die Vermutung für Ehe

---

[1] ib. p. 21.

sprechen, wie Gregor IX. dies später (in c. 30 X. 4, 1) bestätigt hat. Robert begründet die Bedeutung der Copula fast im Sinne der Consummationstheorie: *Quia si sponsalia secuta est carnalis copula, consummatum est matrimonium nec unquam dirimetur. Et hoc dico, si maritali affectu convenerint; alioquin puto, non est matrimonium, sed tamen semper praeiudicabitur illis et stabitur pro matrimonio.* Er verlangt aber nicht nur den *Maritalis affectus*, sonder auch den *Consensus corporum* zur giltigen Eheschliessung und erklärt: dass ohne solchen die Ehe nicht zu Stande komme: *Tria exiguntur ad matrimonium: consensus animorum, consensus corporum id est consensus in carnalem copulam et personarum habilitas ad contrahendum. — Ubi ergo deest aliquid istorum trium, non est matrimonium.*

So war der Zusammenhang mit der alten Consummationstheorie im Principe scheinbar wieder hergestellt, wie ja auch die eigentliche *Desponsatio*, mit der Bezeichnung und Bedeutung der *Sponsalia de futuro*, nunmehr zum *Matrimonium contractum* im Sinne der *Desponsatio* Gratians und der Consummationstheorie geworden ist. Die *Sponsalia de praesenti* verschwinden in der Theorie, wie zugleich auch im practischen Leben der Folgezeit der Brauch einer von den *Nuptiae* getrennten Eheschliessung abkommt, und nur *Sponsalia* und *Nuptiae* (Eheversprechen und Eheschluss) mehr vorliegen. In diesem Sinne sagt eine Decretale Pius V. c. 2 in VII. 4, 1: *Matrimonia per verba de praesenti contracta non tamen consummata quae interdum sponsalia appellantur.*

Die lebhafte Thätigkeit der Schule, wie sie bisher, ich möchte fast sagen, in der classischen Entwicklungsperiode canonistischer Jurisprudenz von so bestimmendem Einflusse auf das Recht der Kirche gewesen war, rostete langsam ein, seit der Autorität der Doctrin durch die Machtentfaltung der päpstlichen Gesetzgebung der Boden entzogen war.

Ueberblick und Gesammtresultat.

111. Durch die bisher dargestellte allgemeine Entwicklung war im Wesentlichen die Grundlage geschaffen, auf welcher das Eherecht der Kirche heute noch beruht. Dass für die Form der Eheschliessung durch die Reformen des tridentinischen Concils eine neue gesetzliche Vorschrift gegeben wurde, kann hier nicht in Betracht kommen. Wie für die Grundzüge der Eheschliessungslehre, so sind auch für unsere specielle Rechtsfrage die Decretalen des canonischen Rechtsbuches im Allgemeinen massgebende Richtschnur geblieben. Es möge mir nunmehr gestattet sein zum Schlusse die ganze Rechtsentwicklung der *Desponsatio impuberum* im Zusammenhang mit der jeweiligen Auffassung der Kirche über Eheschliessung überhaupt in einem gedrängten Ueberblicke zusammenzufassen. Ich bemerke hiezu, dass ich mich hier auf die Hauptmomente dieses Entwicklungsganges beschränken muss, da die Berücksichtigung aller einzelnen Phasen, Controversen, Beweggründe und Folgerungen, die sich im Laufe dieser Bearbeitung ergeben haben, durch die wechselvolle Manigfaltigkeit und ihre oft nur im detaillirten Zusammenhang resultirende Bedeutung nicht leicht möglich und in Vielem auch nur eine unnöthige Wiederholung sein würde.

Die erste Thätigkeit der Kirche auf eherechtlichem Gebiete gieng dahin, die formellen und materiellen Bestimmungen des weltlichen Eherechts, mit welcher sich die Kirche im Beginne ihrer Entwicklung zurechtfinden musste, im Sinne christlicher Moral und biblischer Anschauung zu interpretiren, dort, wo sie einzuschreiten für nöthig fand, erst durch sittliche Regeln für das christliche Leben, allmählig dann in Form von autonomen Rechtssätzen die Beobachtung bestimmter Formen und Pflichten einzuschärfen, die Verletzung christlicher Sitte und kirchlicher Gebote und Verbote mit Strafen zu ahnden, derart nach und nach selbständige und ihrer Anschauung entsprechende rechtliche Bestimmungen über Eheschliessung, Ehehindernisse, Lösung des Verhältnisses, Ehefähigkeit u. s. w. zu schaffen und mit ihrer ganzen Autorität für die Geltung und Anwendung derselben einzutreten.

Was im besonderen die **Voraussetzungen der Ehefähigkeit** und die **Beurtheilung der Verbindungen Unmündiger** betrifft, so hielt das **römische Recht** an dem Grundsatze fest, dass nur Mündige eine rechtgiltige Ehe schliessen können, ein Verlöbnis aber als einfaches Eheversprechen, welches nur ein eheähnliches persönliches Verhältnis begründete, vom siebten Lebensjahre an oder überhaupt bei Vorhandensein der nöthigen Einsicht des Kindes wirksam erfolgen könne. Die Mündigkeit der Nupturienten war jedoch lediglich eine Voraussetzung für Giltigkeit und Rechtsfolgen der Ehe. Das römische Recht betrachtete letztere rein vom rechtlichen Standpunkte aus; um die natürliche und sittliche Seite des ehelichen Verhältnisses kümmerte es sich nicht. Eine frühzeitig erfolgte Eheschliessung hatte zwar keine Rechtsfolgen, das Verhältnis brauchte jedoch nicht gelöst zu werden, sondern gieng vielmehr in rechtsgiltige Ehe über, wenn die Verbindung über das mündige Alter hinaus ohne Widerspruch des unmündiggewesenen Nupturienten fortgesetzt wurde und sonst keine Voraussetzung fehlte. Die Ansicht, dass dieselbe als *Sponsalia* zu gelten habe, wurde zwar aufgestellt, ist aber nicht durchgedrungen. Das **déutsche Recht** regelt die Ehe nur in ihrer Bedeutung als **Gewaltverhältnis**, das mit bestimmten Rechtsfolgen verbunden war, welche aber erst mit Vollziehung der thatsächlichen Lebensvereinigung wirksam wurden. Die Ehe als **natürliches Verhältnis** und die Eheschliessung als Begründung desselben war Sache der Contrahenten. Die Mündigkeit war hier nur Voraussetzung für den Bestand der Ehe, wenn der Unmündige selbständig eine muntlose Ehe schloss, oder der geküre Vormund zustimmte und das Mundium übertrug. Die geborenen Vormünder hatten jedoch das Recht für ihre Kinder auch **vor** erreichter Mündigkeit das eheliche **Gewaltverhältnis** giltig zu begründen. Die Eltern hatten hier willkürliches Verlobungsrecht, während nach römischem Rechte der Consens des Hauskindes gefordert wurde. Nach deutschem Rechte konnte somit eine frühzeitig geschlossene, muntlose Ehe durch nachträglichen Erwerb des Mundiums Rechtsfolgen erhalten und umgekehrt die Ehe als rechtliches Gewaltverhältnis schon in frühestem Alter durch Mitwirkung der Eltern giltig begründet werden, wobei der Hinzutritt der thatsächlichen Lebensgemeinschaft als Sache der Verlobten betrachtet wurde. Mit diesen Auffassungen der für die Rechtsentwicklung der Kirche massgebend gewesenen weltlichen Eherechte weisen auch die canonischrechtlichen Bestimmungen und die in Praxis, Literatur und Gesetzgebung allmählig zum Durchbruche gelangte Anschauung der Kirche über Eheschliessung mehrere Berührungspunkte auf. Es kann jedoch nicht gesagt werden, dass das Eheschliessungsrecht der Kirche direct den Standpunkt eines der bezeichneten weltlichen Rechte recipirt habe, vielmehr ist dasselbe in seiner Gänze das Resultat einer wechselvollen Entwicklungsperiode und muss umso eher als auf selbständiger Grundlage beruhend bezeichnet werden, als schon frühzeitig sich Abweichungen von den Auffassungen der genannten weltlichen Rechte sich geltend machten. Die Bestimmungen der Kirche, welche sich naturnothwendig vorerst nur auf den Eintritt des Ehestandes und das eheliche Leben als solches beziehen mussten und lediglich vom Standpunkte der Moral erfolgten, beschränken sich daher, soweit unsere besondere Frage in Betracht kommt, in erster Zeit darauf, die Eingehung des ehelichen Verhältnisses vor Erreichung des mündigen Alters zu verbieten und nur ausnahmsweise aus besonderen Rücksichten zu dulden.

112. Die Ehefähigkeit muss gegeben sein für den Beginn der Ehe. Bezüglich des Zeitpunktes, mit welchem die wahre christliche Ehe vorliegt, ergab sich die erste Abweichung von der Anschauung des römischen Rechtes. Dieses betrachtet als Eheschliessung und Anfang der Ehe die Ausführung der vorher in einem Verlöbnisse oder Ehevertrage erklärten ehelichen Willenseinigung durch die Herstellung der thatsächlichen Lebensgemeinschaft. Die blosse eheliche Consenserklärung begründete nur ein frei lösliches persönliches Verpflichtungsverhältnis und enthielt nur ein Versprechen künftiger Ehe. Die Kirche suchte jedoch die Verlöbnistreue besonders zu betonen und die Löslichkeit einer giltig erfolgten Verlobung soviel als möglich einzuschränken. Diese Betonung der bei der Desponsatio vorliegenden ehelichen Willenserklärung führte dazu, dass die Kirche schon mit dieser den Anfang der Ehe als **Rechtsverhältnisses** gegeben betrachtete, so dass nach ihrer Auffassung aus der die **künftige** Ehe versprechenden Willenserklärung des römischen Rechtes eine den **Beginn der Ehe** begründende Willenserklärung, somit **Ehebegründung**, also ein Stadium der Eheschliessung wurde. Die nach römischem Rechte geforderte Ausführung des Ehelichungswillens durch *Traductio* wurde nun für den **Beginn der Ehe** nicht mehr berücksichtigt. Dieselbe hatte nur die Bedeutung, dass das geschlossene eheliche Verhältnis noch schwerer löslich wurde. An ihrer Stelle hob die Kirche im Anschlusse an biblische Auffassung die körperliche Einigung als jenen Act hervor, mit dem das **rechtlich geschlossene** Verhältnis zur **vollendeten** und im christlichen Sinne unlöslichen Ehe wird. Vor diesem thatsächlichen Vollzuge des geschlossenen ehelichen Rechtsverhältnisses liegt daher noch nicht die Ehe nach christlicher Auffassung, sondern nur ein unfertiges Verhältnis vor, mit welchem die Kirche jedoch schon die Bezeichnung Ehe und den Eintritt des rechtlichen Inhaltes des ehelichen Verhältnisses verband. Wir haben daher zu unterscheiden zwischen **Beginn des ehelichen Rechtsverhältnisses durch Desponsatio** und **Beginn der wahren christlichen Ehe durch Verwirklichung der thatsächlichen Lebenseinigung in Folge der Consummation** des ersteren Verhältnisses. Die Desponsatio ist kein eigentliches Verlöbnis im Sinne eines Eheversprechens, sondern bewirkt begonnene, rechtlich geschlossene Ehe. In den Quellen finden wir dies ausgedrückt mit: *Cum initiatur conjugium, tunc conjugii nomen adsciscitur. Non enim defloratio virginitatis facit conjugium sed pactio conjugalis. Denique cum iungitur puella, conjugium est, non cum viri admistione cognoscitur* (C. 5 C. 27 qu. 2 Ambrosius.) *Conjuges verius appellantur a prima desponsationis fide, quamvis adhuc ignoretur inter eos conjugalis concubitus.* (Isidor Etym. c. 6 ib.) *In omni matrimonio conjunctio intelligitur spiritualis, quam* *confirmat et perficit conjunctorum commixtio corporalis.* (Ambrosius c. 36 ib.) *Cum societas nuptiarum ita a principio sit instituta, ut praeter commixtionem sexuum non habeant in se nuptiae conjunctionis Christi et ecclesiae sacramentum, non dubium est, illam mulierem non pertinere ad matrimonium cum qua docetur non fuisse nuptiale ministerium* (Leo papa c. 17 ib. ebenso c. 16 Augustinus und v. a.)

Für das Gebiet der gallicanischen Kirche entsprach diese Unterscheidung von bloss contrahirter und consummirter Ehe vollständig der Auffassung des weltlichen Rechtes, da die deutschen Rechtsquellen die Wirksamkeit der Rechtsfolgen einer mit Uebertragung des Mundium geschlossenen Ehe erst an die Consummirung knüpfen, die Ehe jedoch schon vorher durch Verlobung (in deutschrechtlichem Sinne) giltig geschlossen war. Nach canonischem Rechte war jedoch auch die endgiltige eheliche Gebundenheit und damit das characteristische Moment der christlichen Ehe, die Unlöslichkeit des ehelichen Bandes, an die Consummirung geknüpft und lag vorher keine vollendete eigentliche Ehe vor. Die Vertreter der gallicanischen Kirche sind sich dieses Widerspruches, der in der Annahme der Eheschliessung oder des Ehebeginnes auf Grund der Desponsatio, ohne damit die eigentliche unlösliche Ehe entstehen zu lassen, lag, sehr bald und vielleicht in Folge der consequenteren Auffassung des deutschen Rechtes bewusst geworden. Sie begannen aus dem Satze: die Desponsatio ist Beginn der Ehe, und dem Principe: die wahre Ehe ist unauflöslich, die Consequenz zu ziehen, dass die Unauflöslichkeit demnach mit der Desponsatio vorliegen müsse, also mit dem Ehevertrage, wie dies im deutschen Rechte der Fall war. Sie dachten richtig: Die Ehe beginnt entweder vollständig und unlöslich oder gar nicht, eine unvollkommene Eheschliessung, die nicht wahre, also unlösliche Ehe begründet, ist ein Unding. Damit war nun einerseits die Bedeutung der Copula für die Eheschliessung geleugnet und ihr nur sacramentale, symbolische Bedeutung beigelegt. Andererseits war es dadurch nothwendig geworden, den nunmehr verschiedenen Thatbestand der kirchlichen Desponsatio, welche als Eheschliessung aufgefasst wurde, von jenem der römischrechtlichen Sponsalia, in welchen die

Ehe nur als künftige versprochen wurde, auseinander zu halten und diesen Unterschied durch eine bestimmte Formulirung hervorzuheben. Dies erfolgte von Seite der Vertreter der gallicanischen Consenstheorie dadurch, dass man erklärte, der bei der Desponsatio abgegebene eheliche Consens könne die Ehe entweder als z u k ü n f t i g e versprechen oder als g e g e n w ä r t i g e sofort begründen wollen. E r s t e r e Desponsatio sei nur eine *Pactio et promissio futuri matrimonii, futuri consensus.* Hier wird der *Consensus maritalis* erst versprochen und besteht dann in der *Impletio promissionis et pactionis exhibitio.* L e t z t e r e Desponsatio sei der *Contractus matrimonii, quando conjugium consensu maritali sancitur.* Bei ersterer könne man nur von einer *Uxor futura* sprechen, weil nur der *futurus conjugium faciendum consensus* versprochen wird; ein eigentliches *Conjugium verum nec postea imperfectum* liegt erst mit letzterer Desponsatio vor. Vgl. Hugo a S. Victore, oben S. 44. Petrus Lombardus hat diese Unterscheidung in der Formulirung: *Desponsatio de praesenti* und *Despons. de futuro (scil. conjugio)* oder *Consensus per verba de praesenti expressus* und *C. p. v. de futuro expr.* zum Ausdruck gebracht, indem er zugleich den Gebrauch bestimmter Worte *Accipio* und *Accipiam* als dieser verschiedenen Willensrichtung entsprechend und dieselbe bekundend bezeichnete.

Auf r ö m i s c h r e c h t l i c h e m Gebiete hat sich der Sache nach auch die Unterscheidung in einen ehelichen Consens, der den Willen eine Ehe zu schliessen als ein *Praesens firmare* erscheinen lässt, und in jenen, der blos ein *futurum promittere* im Auge hat, ausgebildet, indem man das Erfordernis der *Verba de praesenti* für die Erklärung des *Consensus nuptialis* aufstellte. Innocenz II. 1130—1143 sagt noch in c. 10 Comp. 1. 4, 1: *Dico, quod legitimo consensu interveniente ex eo statim coniux sit, quo spontanea concessione sese conjugem esse asserit. Non enim futurum promittebatur, sed praesens firmabatur.* Der *legitimus consensus* war somit noch auf zukünftige Ehe gerichtet gewesen. Die Richtung auf die Gegenwart wird aber sehr deutlich als massgebend betont, wie auch bereits Alexander III. in c. 9 X. 4, 1 das *Ab eo tempore pro conjuge tenere* als Inhalt der eheschliessenden Consenserklärung bezeichnet. Doch ist man ziemlich spät zu dieser Auffassung gekommen, da das weltliche Recht nicht zwischen contrahirter Ehe und Consummation unterschied, sondern der *Consensus sponsalitius* einfach durch *Nuptiae* in *Consensus nuptialis* übergieng. *Nuptiae* und Consummirung hatten eben die gleiche Bedeutung, indem hiemit sowohl nach römischem Recht wie nach Auffassung der Kirche die giltige Ehe vorlag. Wir begegnen hier demnach bald dem Unterschiede in *Fides pactionis (desponsationis)* und *F. carnalis unionis* (Roland, S. Coloniensis vgl. Thaner p. 128, Scheurl S. 166), wobei unter Desponsatio oft noch das blosse Eheversprechen gemeint ist. Aehnliches hat wohl auch eine allerdings unsichere Stelle (angeblich aus Augustinus, bei dem sich dieselbe jedoch nicht findet) im Auge, nämlich Palea c. 51 C. 27 qu. 2 (= c. 1 X. 4, 4), wo zwischen *Fides pactionis (quando aliquis promittit alicui fidem quod eam ducet — vel pro consensu)* und *Fides consensus (quando — corde tamen et ore consentit ducere et mutuo se concedunt unus alii et mutuo se suscipiunt.)* Damit ist eben auch der Unterschied von eheversprechender und eheschliessender Consenserklärung gemeint und hat daher die spätere Doctrin ihre von Petrus Lombardus herüber genommene Unterscheidung in *Sponsalia de futuro* und *de praesenti* thatsächlich hierauf gestützt. Hiezu sagt Huguccio bezeichnend: *Palea est, sed utilior quam granum. Dubitant quidam, an ista verba sint Augustini, quia, ut dicunt, nec in illo libro nec in alio libro Augustini inveniuntur. Sed a quocunque veritas proferatur, amplexanda est.* Diese Richtung, welcher schon Gratian in seinen Dicta zum Decrete erwähnt, kommt in der Controverse zum Ausdruck, welche sich über die Frage entspann, ob *Inter sponsos* Ehe vorliege, und gewann später unter den ersten Decretisten eine solche Geltung, dass Alexander III. unter Anwendung der Distinction des Petrus Lombardus auch für das Recht der Kirche eine Annäherung an diese Doctrin zur Geltung brachte. Mit seinen Reformen hat er jedoch nicht den früheren Standpunkt der Kirche geändert, welcher eben der der Consummationstheorie war, sondern er forderte nur für die i r r i t i r e n d e W i r k u n g der Desponsatio die feierliche Abgabe des *Consensus de praesenti*, ohne die ehevollziehende Bedeutung der *Copula carnalis* aufzugeben und mit der gallicanischen Kirche die Consequenz zu ziehen, dass mit der *Desponsatio de praesenti* die wahre und daher unlösliche Ehe vorliege. Auch die in dieser Form erfolgte Desponsatio war nur Beginn des ehelichen Rechtsverhältnisses, nur Ehebegründung, nicht aber vollendete Eheschliessung, welche das *Matr. ratum* bewirkt.

113. Aus diesem Entwicklungsgange und den sich gegenüberstehenden Anschauungen über Eheschliessung ergaben sich von selbst die Folgen für die Frage der Fähigkeit des Mündigen zur Eheschliessung und zur Desponsatio. Da die wirkliche Ehe erst mit der Consummirung vorlag, betonte die Kirche vor allem die körperliche Reife als wesentliches Moment der **Ehefähigkeit**. Letztere war die **Fähigkeit zur Vollziehung der Ehe**. Der Begriff Ehefähigkeit fiel somit zusammen mit dem der geschlechtlichen Reife und diese, nicht das Alter hat daher die Kirche als massgebend für erstere gehalten. Von Ehefähigkeit verschieden war jedoch der Begriff der **Fähigkeit zur Desponsatio, dem rechtlichen Schlusse der Ehe**. Solange Kirche und Doctrin in der Desponsatio nur die Begründung der Ehe, den Beginn des ehelichen Rechtsverhältnisses, nicht aber der wahren Ehe sahen, war es nicht inconsequent, wenn die vom römischen Rechte für die Giltigkeit der ehelichen Consenserklärung, also für die Fähigkeit zum Sponsalienschlusse, gegebene Zeitbestimmung auch für die kirchliche Desponsatio acceptirt wurde, obwohl Thatbestand und Wirkung der römischrechtlichen *Sponsalia* als einer eheversprechenden Consenserklärung und Begründung eines nur eheähnlichen Verhältnisses von jener *Desponsatio* im Sinne der Kirche sehr verschieden war. Dieser Anschluss an die römischrechtliche Bestimmung erfolgte auf dem Gebiete der gallicanischen Kirche, selbst auch damals noch, als die Consenstheorie so weit ausgebildet war, dass man mit der *Desponsatio* bereits ein *Conjugium ex majori parte per desponsationis foedus inter duas personas ex utrorumque voluntate compactum* vorliegen liess.

Sobald jedoch die Vertreter dieser den Consens betonenden Richtung die Folgerung zogen, dass mit der *Desponsatio de praesenti*, dem «sich gegenseitig Empfangen,» als der eheschliessenden Consenserklärung die Unlöslichkeit des begründeten ehelichen

Bandes gegeben sein müsse, weil Ehebeginn und Löslichkeit der begonnenen Ehe mit dem Dogma der Unauflöslichkeit der Ehe nicht in Einklang gebracht werden konnte, musste sich auch der Begriff der Fähigkeit zur Desponsatio in den Begriff der Fähigkeit zur Ehe verwandeln und damit auch die Mündigkeit als nothwendige Voraussetzung der Giltigkeit der Eheschliessung und des Zustandekommens der Ehe erklärt werden. Wir finden daher bei Hugo a St. Victore und Petrus Lombardus die Eheschliessung als nur unter Mündigen möglich erklärt. Da aber die Unmündigkeit kein eigentliches p o s i t i v e s Ehehindernis ist, sondern nur ein uneigentliches, aus dem Wesen der Ehe sich ergebendes Hindernis, nämlich die Negierung eines unbedingten Erfordernisses der Eheschliessung, welches jedoch im Verlaufe der Zeit hinzutreten kann, so fühlte man sich, vielleicht gedrängt durch die Anforderungen des practischen Lebens, welche hier durch das weltliche Recht gestützt waren, bewogen, die Trennung der Verbindung nur als erlaubt, nicht aber als nothwendig hinzustellen und bei späterem Erfolgen der ehelichen Consenserklärung, wenn auch nur in Form einer Genehmigung der eingegangenen Verbindung, die Ehe als neu und giltig geschlossen und daher als unlöslich anzunehmen.

Auf römischrechtlichem Gebiete ist man zwar nicht auf demselben Wege, aber doch in Folge der besonderen Betonung des *Consensus de praesenti* dazu gekommen, die Desponsatio Unmündiger, auch wenn sie nach dem siebten Jahre giltig erfolgt war, nicht mehr wie die Desponsatio Mündiger zu behandeln. Wir können hier in den Werken der Decretisten deutlich die Entwicklung verfolgen, welche den Entscheidungen Alexander III. vorangieng.

Soweit die Canonisten an der Consummationstheorie fest hielten, nahmen sie auch keinen Anstand, wie bisher die *Desponsatio* vom siebten Jahre an zu gestatten, die Mündigkeit jedoch nur für das *Nuptias celebrare*, für die Ehevollziehung zu fordern. Die Anhänger der anderen den Consens betonenden Richtung, welche sich unabhängig von jener der *Ecclesia Gallicana* entwickelte und nun immermehr hervortrat, unterscheiden hier meist schon das *Nuptias contrahere* von den *Sponsalia* und beziehen das *Septennium* nur auf letztere oder geben, ohne sich für eine Anschauung zu entscheiden, nur die einzelnen Controversen über die Fragen, ob die Mündigkeit wesentliches Erfordernis zur Eheschliessung sei, ob hiefür das Alter oder die körperliche Reife massgebend sei, und über andere streitige Ansichten. Insbesondere wird die Frage erörtert, ob eine consummirte Verbindung wegen der *Impubertas* getrennt und eine Verbindung zwischen einem Mündigen und Unmündigen als Ehe angesehen werden könne. Hier gerade musste Consens- und Consummationstheorie zusammentreffen, da nach der Consenstheorie der Mündige ja durch seinen Consens bereits endgültig gebunden wird und nicht mehr zurücktreten kann. Johann Faventin entscheidet sich hier für ein *Non plene legitimum conjugium*, bei welchem auf einer Seite ein nicht wirksamer Eheconsens vorliege *(Consensus non efficax.)* Die Summa Coloniensis zählt eine derartige Verbindung zu den *Coniugia imparia*, weil nur auf einer Seite Ehe vorliege. Damit kam der Begriff des *Matrimonium claudicans* auf, den die Doctrin noch sehr lange festhielt.

Alexander III. hat auch hier im Sinne seiner Reformen entschieden, ohne den Boden der Consummationstheorie zu verlassen. Die *Desponsatio de praesenti* war durch ihn nicht als der die wahre Ehe bewirkende Act erklärt worden, sondern hatte nur verstärkte Wirkung erhalten, in dem eine anderweitige Verbindung dadurch gehindert wurde und so die Gebundenheit der Contrahenten der Willkür derselben entzogen war. Da die Kirche jedoch immermehr die Freiheit der Eheschliessung betonte, das Mitwirkungsrecht der Eltern in den Hintergrund trat und den durch sie erfolgten eherechtlichen Acten keine verpflichtende Wirkung für die Kinder mehr beigemessen wurde, wenn dieselben nicht in mündigem Alter ihre Zustimmung gaben, da endlich die Wirkung der Desponsatio auch insoferne verstärkt wurde, dass sie ein erzwingbares Anrecht auf sofortige Ehevollziehnng gewährte, so wurde die Kirche von selbst dazu gedrängt, einer unter Unmündigen erfolgten *Desp. de praesenti* die Wirkung der Begründung einer endgültigen Gebundenheit zu versagen und diese vielmehr an die Zustimmung der Contrahenten nach erreichter Mündigkeit zu knüpfen, wenn aber ein

Widerspruch erfolgte, die Lösung des Verhältnisses zu gestatten. Die *Desponsatio impuberum* verpflichtete den unmündigen Contrahenten bis zur Mündigkeit und bei Unterlassung des Widerspruches und Fortsetzung der Ehe überhaupt endgültig; der etwa mündige Contrahent war von Anfang an definitiv gebunden, die Ehe war für ihn endgültig geschlossen, wenn nicht der Widerspruch des Minderjährigen erfolgte. Trat dieser nicht ein, so brauchte der Formalact nicht wiederholt zu werden. Aus der *Desponsatio impuberum* entstand das *Imped. publicae honestatis*, es waren somit alle Wirkungen der Eheschliessung Mündiger gegeben, mit Ausnahme der mit dem *Consensus de praesenti* sonst verbundenen irritirenden Wirkung, indem die Eingehung einer anderweitigen Ehe durch den Unmündigen nach erreichter Mündigkeit als Widerspruch gelten musste.

Die *Desponsatio impuberum* war somit, soferne sie nach dem siebten Jahre und *per verba de praesenti* erfolgte, eine giltige *Desponsatio de praesenti*, welche jedoch wegen Mangels der bei gehöriger Altersreife abgegebenen Consenserklärung keine irritirende Wirkung hatte, sondern durch Willkür des minderjährig Desponsirten löslich war. Diese Lösung war auch möglich, wenn ein Theil mündig war, da dessen Desponsatio auch noch nicht das *Matr. ratum* begründete. Entsprechend der Bedeutung der Consummirung musste die Kirche aber, da für die Ehefähigkeit nur die körperliche Fähigkeit als massgebend errachtet wurde, bei Erfolgen der Copula unlösliche Ehe eintreten lassen, wenn auch das Alter der Mündigkeit noch nicht erreicht war. Für die Unlöslichkeit der consummirten *Desponsatio impuberum* hatte sich auch die Doctrin entschieden, soweit sie nicht auf dem Standpunkte der strengen Consenstheorie stand. Denn letztere hielt die *Desponsatio impuberum* wegen Mangel der Ehefähigkeit für eine nichtige Eheschliessung. Alexander III. hat sich jedoch in seinen Entscheidungen der Auffassung des Johann Faventin angeschlossen, dessen Summa kurz vorher entstanden war und grossen Einfluss durch ihre weite Verbreitung und allgemeine Benützung erlangt hatte.

114. Die spätere Doctrin suchte die neuen Entscheidungen Alexander III. soviel als möglich im Sinne ihrer Anschauung über

Eheschliessung sich zurecht zu legen. Sie schloss sich hier im Allgemeinen der Doctrin des Petrus Lombardus an, wagte jedoch dessen Consequenz, dass die *Desponsatio de praesenti,* wenn sie Ehe schliesse, auch unlöslich sei, nicht zu ziehen, da die klaren Bestimmungen des älteren Rechts derselben wiedersprachen. Das ganze Bestreben der Schule characterisirt sich allerdings darin, die von der Kirche für die *Desponsatio de praesenti* noch zugelassenen Lösungsgründe zu beseitigen und aus derselben das *Matr. ratum* entstehen zu lassen. Die *Desponsatio de praesenti* sollte nicht mehr Beginn des ehelichen Rechtsverhältnisses und blosse Ehebegründung, die des thatsächlichen Vollzugs bedurfte, sondern Entstehungsact der wahren unlöslichen Ehe sein. Um die widersprechenden Entscheidungen des Decretalenrechts im Sinne der eigenen Anschauung zu interpretiren, bediente sich die Schule der Unterscheidung des Petrus Lombardus und wendete dieselbe in der Weise an, dass alle Decretalen, die die Lösung einer Desponsatio zuliessen, auf *Sponsalia de futuro* bezogen wurden. ohne dass man sich viel darum kümmerte, dass diese den vollständig verschiedenen Thatbestand der eheversprechenden Consenserklärung des römischen Rechtes, nicht aber den einer eheschliessenden Consenserklärung nach der Auffassung des Petrus Lombardus besassen und nach dem Decretalenrechte eine *Promissio de futuro* nur als reines Eheversprechen ohne Formalact der Desponsatio in Betracht gezogen wurde.

In derselben Weise wusste die Theorie sich auch mit der Beurtheilung einer *Desp. impuberum de praesenti* zurechtzufinden. Waren beide Theile unmündig, so dachte man nur an *Sponsalia de futuro* oder erachtete die *Desponsatio* als bis zur Mündigkeit verbindlich und dann durch beiderseitigen Einspruch löslich. Man hatte hier wenig Grund zu einem Widerspruche mit der kirchlichen Auffassung. Die Doctrin hätte consequent *Sponsalia de praes.* unter Unmündigen als nichtig ansehen müssen; dass die Zulassung der Gebundenheit bis zur Mündigkeit aber dem Character der *Sponsalia de futuro* als einer nur moralisch verpflichtenden Verlobung widerspreche, beachtete man entweder nicht oder suchte diese im Decretalenrecht deutlich zum Ausdruck gebrachte Wirkung der *Desp. impuberum* damit zu erklären, dass jede vor Erreichung der Mündigkeit geschlossene zweite Desponsatio gleich ungiltig sei und daher die zuerst geschlossene den Vorrang habe. Später war man consequenter. So nahm Huguccio entweder irrthümlichen Gebrauch der *Verba de praesenti* und dann *Sponsalia de futuro* an oder erklärte die Eheschliessung für nichtig, wenn eigentliche *Sponsalia* nicht beabsichtigt waren. Andere sprachen wiederum durchweg nur von *Sponsalia de futuro* bei der *Desp. impuberum*. Auch die Wirkung, welche mit der Annahme des *Imp. publ. honestatis* sich ergab, bezog man nunmehr nur auf *Sponsalia de futuro;* die Unlöslichkeit der consummirten *Desp. impuberum* gab man jedoch zu, indem man hier Mündigkeit und intervenirenden *Consensus de praesenti* vermutete.

Schwieriger gestaltete sich die Beurtheilung der *Desp. impuberum* bei Mündigkeit eines Contrahenten. Nach dem Rechte der Kirche war für den Mündigen nur der Eintritt der durch den *Consensus de praesenti* verstärkten Wirkung der Desponsatio gegeben, nämlich die endgültige Gebundenheit gegenüber einer anderweitigen Ehe und überhaupt die Unlöslichkeit durch eigene Willkür. Eine Lösungsmöglichkeit konnte nur entstehen durch den dem minderjährig Desponsirten gestatteten Einspruch; diese ausnahmsweise Lösung widersprach aber durchaus nicht der Auffassung der Kirche, da die *Desp. de praesenti* nach ihr kein *Matr. ratum* begründete. Nach der Lehre der Schule war jedoch der Mündige durch seinen *Consensus de praesenti* nicht nur definitiv gebunden, sondern es lag für ihn die Ehe schon als *Matr. ratum* vor, welches überhaupt keine Lösung zuliess. Auf Seite des Unmündigen aber, welcher nicht ehefähig und daher auch des eheschliessenden *Consensus de praesenti* nicht fähig war, lag weder definitive Gebundenheit, noch auch die moralische Verpflichtung der *Sponsalia de futuro,* sondern eine nichtige Eheschliessung vor. Hierüber bildeten sich nun in der Theorie zwei Meinungen, welche mit verschiedenen Gründen gestützt wurden. Die eine spricht von einem *Matr. claudicans* und behandelt eine derartige *Desp. impuberum* wie eine Ehe zwischen einem Freien und Unfreien, einem Gläubigen und Ungläubigen, bei welchen Ehen es dem Contrahenten, für den keine giltige Ehe entsteht, gestattet ist, die Nichtig-

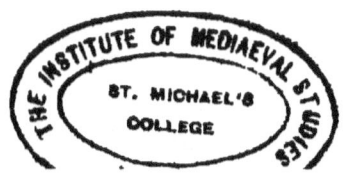

erklärung der Ehe zu verlangen oder den Nichtigkeitsgrund nicht geltend zu machen, während der andere Contrahent definitiv gebunden ist. Diese Ansicht gerieth also in den Widerspruch, für den einen Contrahenten eheliche Gebundenheit anzunehmen, obwol noch keine giltige Ehe zu Stande gekommen war. Die andere Richtung entschied sich consequenter dafür, dass auch für den Mündigen keine Ehe vorliege, weil diese unlöslich sei, hier aber eine Lösung durch den Widerspruch des Minderjährigen zugestanden war. Consequent hätte man sagen sollen, die Eheschliessung sei für beide Theile nichtig und es liege auch kein Verlöbnis vor, da dieses nicht beabsichtigt war. Dies wagte und konnte die Doctrin jedoch nicht gegenüber dem klaren Wortlaute der Decretalen direct aussprechen, weil diese sowol endgültige Gebundenheit für den Mündigen wie für den Unmündigen bis zur Zeit der Mündigkeit aussprachen und durch *Copula carnalis* Unlöslichkeit des Verhältnisses eintreten liessen. Die Doctrin erklärte daher, die Gebundenheit des mündigen Contrahenten und die irritirende Wirkung derselben trete in Folge einer *Specialis ecclesiae prohibitio* oder *Juris auctoritas i. e. decretalis Alexandri III.* ein.

Zum Durchbruche gelangte die andere Ansicht, welche unter Hinweis auf einige, wie es scheint, misverstandene römischrechtliche Belegstellen die nichtige Ehe als Verlöbnis aufrecht erhielt und erklärte, dass für beide Theile ein Eheversprechen entstehe, dessen Lösung zwar unerlaubt, aber nicht ausgeschlossen sei. Damit war auch der Zusammenhang mit den die Unlöslichkeit der consummirten *Desp. impuberum* aussprechenden Decretalen gegeben, da die Consummirung allein eine nichtige Ehe nach Ansicht der Doctrin nicht hätte revalidiren können, *Sponsalia de futuro* aber auch nach Auffassung der Kirche, wenn auch in Folge eines anderen Gesichtspunktes, in Ehe übergiengen. Mit der Inconsequenz, welche die Consenstheorie durch Annahme dieser Bedeutung der Copula begieng, suchte sie, wie oben erwähnt, sich dadurch zurecht zu finden, dass hier der Hinzutritt des *Consensus de praesenti* bei der Copula vermutet wurde, welche Vermutung die spätere Decretalengesetzgebung, um die Schwäche dieses von ihr acceptirten Standpunktes zu beseitigen, als unwiderlegliche erklärte.

115. Die ganze Eheschliessungslehre der Schule hat Innocenz III. wie im Allgemeinen, so auch in unserer Frage, in das Recht der Kirche eingeführt. Seine Decretale c. 14 X. 4, 2 entschied, dass eine Eheschliessung Unmündiger oder mit einem Unmündigen auch bei Gebrauch der *Verba de praesenti* nur als Verlobung zu Stande komme. Im Anschlusse hieran hat die Schule der *Desp. impuberum* nur mehr die Wirkungen der *Sponsalia de futuro* beigelegt, obwohl diese nur ein reines Eheversprechen enthalten. Die Thätigkeit der Doctrin, welche nun ihre Auffassung der *Sponsalia de praesenti* als *Matrimonium contractum et ratum* durch die Gesetzgebung sanctionirt sah, beschränkte sich nun darauf, auch die freie Löslichkeit der *Sponsalia de futuro* zu beseitigen und die Trennung derselben dem *Iudicium ecclesiae* zu überantworten. Es ist dies, wie bereits betont wurde, die gleiche Entwicklung, welche vorher die Desponsatio des Decrets durch die Decretisten, Alexander III. und dessen unmittelbare Nachfolger erfahren hat. Die Schule suchte nunmehr die auf dem früher nicht beachteten Eheversprechen beruhenden *Sponsalia de futuro* zu einer eherechtlichen Institution für dieselben zu gestalten und die meisten eherechtlichen Wirkungen des *Matr. contractum* der früheren kirchlichen Auffassung eintreten zu lassen. Es war dies nur eine Folge der bisherigen Methode der Schule, welche alle Decretalen und Quellenbelege, welche eine Lösung des *Matr. contractum* zulassen, auf die *Sponsalia de futuro* bezog.

116. In den modernen Werken über die Eheschliessungslehre des canonischen Rechtes, von welchen nur wenige die ganze Frage eingehender berühren, wird die eigentümliche Entscheidung Innocenz III. über die *Desponsatio impuberum* in verschiedener Weise zu erklären versucht. So sieht Sohm[1]) in dieser Behandlung der *Desponsatio impuberum* die Fiction einer anderen Zeitbestimmung, indem es sich rechtlich von selbst verstanden habe, dass unter *Impuberes* die Eheschliessung nur für die Zukunft gemeint wäre, weil die *Impuberes* zwar des Ehevertrags fähig, aber doch des ehelichen Verhältnisses unfähig waren. Schon

---

[1]) Sohm, das Recht der Eheschliessung aus dem deutschen und canonischen Recht geschichtlich entwickelt. Weimar 1875. S. 140.

v. Scheurl[1]) und Freisen[2]) entgegnen hier Sohm, welcher diese Beurtheilung der *Desponsatio impuberum* als Beleg für die von ihm behauptete Identität von *Sponsalia de praesenti* und *de futuro* benützt, mit dem Einwande, dass diese Praxis der Kirche in anderen Dingen ihren Grund habe. Da es selbstverständlich sei, dass eine Verlobung, wobei der eine Theil eheunmündig sei, eben deshalb nicht als Eheschliessung, sondern nur als Verlöbnis im eigentlichen Sinne gelten könne, sei die Kirche dazu gekommen, eine solche etwa *In praesens* concipirte Verlobung durch Auslegung in ein Verlöbnis zu convertiren, denn der Wille, eine Ehe jetzt zu schliessen, enthalte den Willen in sich, dies künftig zu thun, wenn es jetzt nicht möglich ist. Da *Impuberes* nun eine *Desp. de praesenti* nicht schliessen können, wurde mit Recht eine *Desponsatio de praesenti* unter *Impuberes* als *Despons. de futuro* aufrecht erhalten. Nach meinem Dafürhalten ist diese Interpretation weder eine selbstverständliche noch eine nothwendige. Vielmehr stellt sich der Wille jetzt eine Ehe zu schliessen, d. h. von jetzt an eine Ehe entstehen zu lassen, gerade in Folge dieser Zeitbestimmung als ein so eng begrenzter dar, dass nicht angenommen werden kann, derselbe enthalte auch den Willen die Ehe künftig, d. h. für den eventuellen Fall der Unmöglichkeit gegenwärtiger Eheschliessung einzugehen. Hiezu bedarf es eines neuen Willensentschlusses, welcher in dem Momente eintritt, in welchem man die Kenntnis der Unmöglichkeit jetziger Eheschliessung erhält. Ist die Unmöglichkeit dauernd, so wird der Wille künftiger Eheschliessung sicher nie vorhanden sein. Ist obige Kenntnis schon bei der Erklärung des Eheschliessungswillens vorhanden, so lässt sich allerdings annehmen, dass zugleich der Wille gefasst ist, die Ehe nur zu versprechen, und nur die Form auf Eheschliessung deutet. Geben und Versprechen können aber nicht eine einzige Folge eines und desselben Willens, sondern nur zwei getrennte Acte auf Grund zweier verschiedener Willensentschlüsse sein.

---

[1]) v. Scheurl, die Entwicklung des kirchlichen Eheschliessungsrechts 1877. S. 101.

[2]) Geschichte des canonischen Eherechtes bis zum Verfall der Glossenliteratur. Tübingen 1887. S. 211 Anm. 20.

Nach der gegebenen Darstellung aber ergibt sich die Entscheidung der Kirche nicht als eine selbstverständliche Interpretation, sondern als Resultat und Schlusspunkt einer mit der Ausbildung der canonischrechtlichen Eheschliessungslehre Hand in Hand laufenden Rechtsentwicklung der Desponsatio impuberum. Die seither massgebend gebliebene Beurtheilung einer derartigen Eheschliessung stellt sich einerseits nur als die directe Consequenz der allmählig zur Geltung gelangten Consenstheorie dar, welche mit den früheren Bestimmungen der Kirche nicht fertig werden konnte, andererseits bot diese Auslegung der Kirche den einzigen annehmbaren Ausweg, die im Mittelalter weit verbreitete Sitte frühzeitiger Verehelichung unmündiger Kinder mit der strengrechtlichen Auffassung der kirchlichen Eheschliessungslehre in Einklang zu bringen, ohne mit einem in Folge der vielfach ins Spiel kommenden wichtigen Interessen unthunlichen Verbote gegen diesen Brauch aufzutreten. Mit dem Verschwinden des letzteren und des elterlichen Mitwirkungs- und Verlobungsrechtes ist auch die practische Bedeutung dieser Frage und der von der Kirche gegebenen Entscheidung verloren gegangen.

www.ingramcontent.com/pod-product-compliance
Lightning Source LLC
Chambersburg PA
CBHW032115230426
43672CB00009B/1742